舰船水压场

张志宏 顾建农 邓 辉 著

科 学 出 版 社
北 京

版权所有,侵权必究

举报电话:010-64030229;010-64034315;13501151303

内 容 简 介

本书系统地介绍了舰船水压场的最新发展和研究成果,包括舰船水压场的理论解析模型、数值计算方法和实验测试系统,提供了许多有价值的实验资料和计算结果,总结了舰船水压场的分布特征和变化规律,所建立的舰船水压场理论模型和计算方法均已得到有效验证。本书分 3 篇共 10 章内容,基于船舶水动力学中的势流理论,第 1 篇建立了舰船水压场的控制方程,在浅水条件下利用 Boussinesq 方程、KP 方程及其简化形式,通过积分变换方法和有限差分方法对舰船水压场进行了解析建模和数值求解;第 2 篇采用 Kelvin 源和 Rankine 源格林函数,通过边界元方法和积分变换方法对有限水深条件下的舰船、潜艇和气垫船水压场进行了理论建模和数值计算;第 3 篇采用相似理论和现代测试技术,建立了压力场、波浪场和速度场的测量系统和直接或间接获取舰船水压场的方法,最后简要介绍了舰船水压场预报软件的实现及其工程应用。

本书物理概念清晰,理论方法严密,内容深入浅出,可作为高等学校兵器、船舶、海洋、航道、港口等工程专业的研究生和高年级本科生的教材,也可供相关专业的学生和从事教学、科研及工程技术的人员参考。

图书在版编目(CIP)数据

舰船水压场/张志宏,顾建农,邓辉著.—北京:科学出版社,2016.6
ISBN 978-7-03-049350-7

Ⅰ.①舰… Ⅱ.①张… ②顾… ③邓… Ⅲ.①军用船—水压力学—研究 Ⅳ.①U674.7

中国版本图书馆 CIP 数据核字(2016)第 152198 号

责任编辑:王雨舸 / 责任校对:董艳辉
责任印制:彭 超 / 封面设计:苏 波

科学出版社 出版
北京东黄城根北街 16 号
邮政编码:100717
http://www.sciencep.com

武汉市首壹印务有限公司印刷
科学出版社发行 各地新华书店经销

*

开本:787×1092 1/16
2016 年 9 月第 一 版 印张:13 3/4
2016 年 9 月第一次印刷 字数:321 000
定价:69.00 元
(如有印装质量问题,我社负责调换)

前　言

　　舰船航行于水中时，将使舰船周围的速度场和压力场发生变化，这种由于舰船运动引起的流场压力变化称为舰船水压场。舰船水压场具有自身难于消除、也难于人工模拟的特点，因而自第二次世界大战以来，借助舰船水压场信号特征而触发引爆的水压水雷已被各国海军广泛使用。开展舰船水压场特别是舰船在水底引起的压力分布特征和变化规律研究，可为沉底水雷水压引信设计、水压扫雷具研制以及舰船自身防护提供依据，因而具有重要的意义。

　　本书分3篇共10章，系统地总结了作者近三十年来特别是近十几年来的舰船水压场研究成果。研究对象包括水面舰船、水下潜艇和气垫船，运动速度涵盖亚临界、跨临界和超临界航速，水深范围适用浅水、有限水深和无限水深，流场边界涉及开阔海域、阶梯航道和开挖航道等多种情况，研究方法综合采用了理论建模、解析求解、数值计算和模型实验等方法，提供了典型舰船模型的水压场实验资料，分析了舰船水压场的变化规律和分布特征，利用所建立的理论模型和计算方法编制了实用化的计算程序，可用于不同条件下的舰船水压场特性预报，计算结果得到了模型实验结果的直接验证或其他文献结果的间接验证。

　　本书能够出版，首先应该感谢作者的硕士生导师、海军工程大学流体力学教研室的郑学龄教授和邱永寿教授，他们在舰船水压场基础研究方面较早地开展了卓有成效的工作，并带领作者进入了这一具有挑战性的研究领域，同时还要感谢作者的博士生导师、海军工程大学水雷反水雷教研室的龚沈光教授，他洞悉水中兵器的工程应用和发展前沿，使得作者能将舰船水压场的理论研究与实际应用结合起来。研究团队中的刘巨斌副教授、王冲副教授、卢再华副教授、孟庆昌博士、胡明勇博士以及作者的博士生缪涛、李宇辰、李启杰和硕士生王鲁峰、黎昆、金永刚、孙帮碧、鹿飞飞、丁志勇等也做出了许多贡献，合作单位中的李庆民教授、刘忠乐教授、姜礼平教授、罗祎副教授等提供了许多帮助，在此一并表示衷心感谢。

　　此外，还要感谢国家自然科学基金项目（编号：51479202，11502297，51309230，51179195）和海军工程大学学术专著出版基金项目的资助。感谢目标及其环境特性项目办公室和水中军用目标特性国防科技重点实验室对我们研究工作持续的支持。

海军工程大学　张志宏
2016年6月

目 录

第1篇 浅水舰船水压场

第1章 舰船水压场控制方程 ········· 3
1.1 大地坐标系下的基本方程 ········· 3
1.1.1 连续性方程和 Euler 方程 ········· 3
1.1.2 Laplace 方程和 Lagrange 积分 ········· 4
1.1.3 边界条件 ········· 4
1.1.4 水波势流运动基本方程 ········· 5
1.2 船体动坐标系下的基本方程 ········· 5
1.2.1 大地坐标系与船体动坐标系的关系 ········· 5
1.2.2 水波势流运动基本方程 ········· 6
1.3 Boussinesq 浅水波动方程 ········· 7
1.4 KP 浅水波动方程 ········· 10

第2章 浅水舰船水压场解析模型 ········· 13
2.1 不计色散效应的舰船水压场解析模型 ········· 13
2.1.1 理论模型 ········· 13
2.1.2 开挖航道的解析模型 ········· 16
2.1.3 阶梯航道的解析模型 ········· 19
2.1.4 结果分析与讨论 ········· 21
2.1.5 小结 ········· 25
2.2 计及色散效应的亚-超临界航速舰船水压场解析模型 ········· 26
2.2.1 理论模型 ········· 26
2.2.2 内外域速度势求解 ········· 28
2.2.3 内外域压力场求解 ········· 30
2.2.4 结果分析与讨论 ········· 33
2.2.5 小结 ········· 38

2.3 计及色散效应的超-超临界航速舰船水压场解析模型 38
 2.3.1 理论模型 38
 2.3.2 内外域速度场 39
 2.3.3 内外域压力场 40
 2.3.4 结果分析与讨论 41
 2.3.5 小结 44
2.4 计及色散效应的亚-亚临界航速舰船水压场解析模型 45
 2.4.1 理论模型 45
 2.4.2 内外域速度势求解 47
 2.4.3 内外域压力场求解 49
 2.4.4 特殊条件下的退化验证 50
 2.4.5 小结 51

第3章 浅水舰船水压场的数值计算 52
3.1 不计色散效应的亚临界航速舰船水压场数值计算 52
 3.1.1 数学问题 52
 3.1.2 解析模型 52
 3.1.3 有限差分法 54
 3.1.4 结果分析与讨论 54
 3.1.5 小结 56
3.2 计及色散效应的亚临界航速舰船水压场数值计算 56
 3.2.1 数学问题 56
 3.2.2 解析模型 56
 3.2.3 数值计算 57
 3.2.4 结果分析与讨论 58
 3.2.5 小结 61
3.3 计及色散和非线性效应的亚临界航速舰船水压场数值计算 61
 3.3.1 数学问题 62
 3.3.2 数值计算 62
 3.3.3 结果比较与分析 62
 3.3.4 小结 65
3.4 计及色散效应的超临界航速舰船水压场数值计算 65
 3.4.1 数学问题 66
 3.4.2 解析模型 66
 3.4.3 数值计算 66

	3.4.4 结果比较与分析	66
	3.4.5 小结	70
3.5	计及色散和非线性效应的超临界航速舰船水压场数值计算	70
	3.5.1 数学问题	70
	3.5.2 数值计算	71
	3.5.3 结果比较与分析	72
	3.5.4 小结	74
3.6	阶梯航道中计及色散效应的舰船水压场数值计算	75
	3.6.1 数学问题	75
	3.6.2 数值计算	76
	3.6.3 结果分析与讨论	77
	3.6.4 小结	79

第2篇 有限水深舰船、潜艇和气垫船水压场

第4章 基于薄船理论的有限水深舰船水压场 …… 83
4.1	有限水深 Kelvin 源 Green 函数	83
	4.1.1 Green 函数积分表达式	83
	4.1.2 Green 函数的偏导数	87
	4.1.3 Green 函数及其偏导数的无因次化	88
	4.1.4 双重积分的处理方法	89
	4.1.5 单重积分的处理方法	92
4.2	双重积分与单重积分的计算	94
	4.2.1 双重积分中内层积分 Q_1 的计算	94
	4.2.2 单重积分中被积函数 Q_2 的计算	95
	4.2.3 Green 函数偏导数的计算结果	96
4.3	舰船水压场计算公式	97
4.4	舰船水压场特性分析	98
	4.4.1 计算程序编制说明	98
	4.4.2 余项截断法和 Laguerre 积分法计算结果的比较	98
	4.4.3 舰船水压场计算与实验结果的比较	99
本章附录 Laguerre 求积公式		105

第5章 基于面元法的有限水深舰船水压场 …… 107
5.1	有限水深 Kelvin 源 Green 函数另一表达式	107
	5.1.1 Rankine 源集合	108

  5.1.2 局部扰动项 …………………………………………………………… 109
  5.1.3 波函数项 ……………………………………………………………… 112
 5.2 Kelvin 源 Green 函数计算结果的验证 ……………………………………… 113
  5.2.1 Green 函数导数值与差分值比较 …………………………………… 113
  5.2.2 薄船兴波阻力计算结果的比较 ……………………………………… 113
 5.3 利用面元法离散船体表面 …………………………………………………… 114
 5.4 水面兴波与水底压力的计算 ………………………………………………… 116
  5.4.1 水面兴波 ……………………………………………………………… 116
  5.4.2 水底压力 ……………………………………………………………… 116
  5.4.3 水面兴波及其对应的水底压力 ……………………………………… 117

第 6 章 有限水深潜艇水压场 ……………………………………………………… 120
 6.1 潜艇艇体水压场计算模型 …………………………………………………… 120
  6.1.1 细长体模型 …………………………………………………………… 120
  6.1.2 回转体模型 …………………………………………………………… 121
  6.1.3 有限水深 Kelvin 源 Green 函数方法 ……………………………… 129
  6.1.4 小结 …………………………………………………………………… 134
 6.2 带附体潜艇不计兴波影响的水压场计算模型 ……………………………… 135
  6.2.1 数学问题 ……………………………………………………………… 135
  6.2.2 Hess-Smith 方法 ……………………………………………………… 136
  6.2.3 编程计算与结果验证 ………………………………………………… 139
  6.2.4 船模 C 水压场的计算 ………………………………………………… 144
  6.2.5 小结 …………………………………………………………………… 145
 6.3 带附体潜艇计及兴波影响的水压场计算模型 ……………………………… 145
  6.3.1 计算模型 ……………………………………………………………… 145
  6.3.2 SUBOFF 潜艇水压场计算结果及分析 ……………………………… 146
  6.3.3 船模 C 水压场计算结果及分析 ……………………………………… 150
  6.3.4 小结 …………………………………………………………………… 152

第 7 章 有限水深气垫船水压场 ………………………………………………… 153
 7.1 数学问题 ……………………………………………………………………… 153
 7.2 求解方法 ……………………………………………………………………… 153
 7.3 不同气垫面引起的水底压力变化 …………………………………………… 155
  7.3.1 矩形气垫 ……………………………………………………………… 155
  7.3.2 椭圆形气垫 …………………………………………………………… 158

7.4 气垫船水压场特性分析 ··· 158

第3篇 舰船水压场特性获取方法及其工程应用

第8章 基于压力测量方法获取舰船水压场 ··· 163
 8.1 船模及波浪水压场实验方法 ·· 163
  8.1.1 相似原理 ··· 163
  8.1.2 测量方法 ··· 165
 8.2 船模水压场纵向通过曲线 ·· 168
  8.2.1 船模A ·· 168
  8.2.2 船模B ·· 173
  8.2.3 船模C ·· 177
 8.3 波浪水压场特性曲线 ·· 180
  8.3.1 规则波水压场 ··· 180
  8.3.2 非规则波水压场 ··· 181
  8.3.3 船模B及其与规则波相互作用的水压场 ························· 182
  8.3.4 船模B及其与非规则波相互作用的水压场 ······················ 184

第9章 基于波浪和速度测量方法获取舰船水压场 ······································ 187
 9.1 基于水面波形测量方法 ·· 187
 9.2 基于有限水深海浪谱方法 ·· 193
 9.3 基于扰动速度测量方法 ·· 195

第10章 舰船水压场预报软件的实现及其应用 ··· 199
 10.1 舰船水压场预报软件的实现 ·· 199
  10.1.1 软件功能 ··· 199
  10.1.2 结果验证 ··· 200
 10.2 舰船水压场预报软件的应用 ·· 201
  10.2.1 负压延时预报 ··· 201
  10.2.2 危险航速预报 ··· 202

参考文献 ··· 204

第1篇　浅水舰船水压场

本篇在理想不可压缩流体无旋运动条件下,建立舰船水压场的理论数学模型,在浅水条件下得到 Boussinesq(布西内斯克)方程、Kadomtsev-Petviashvili(卡东穆塞夫-彼得韦亚斯维利)方程(简称 KP 方程)及其简化形式,通过 Fourier(傅里叶)积分变换方法对浅水舰船水压场进行解析求解,通过有限差分方法进行数值求解,从而获取浅水舰船水压场的影响因素和变化规律。

第 1 章 舰船水压场控制方程

设舰船在水中以速度 V 作匀速直线运动,水深恒为 h,取大地坐标系 $O_0 x_0 y_0 z_0$,$O_0 x_0 y_0$ 平面与静水面重合,x_0 轴指向舰船运动方向,z_0 轴垂直向上,如图 1.1 所示。

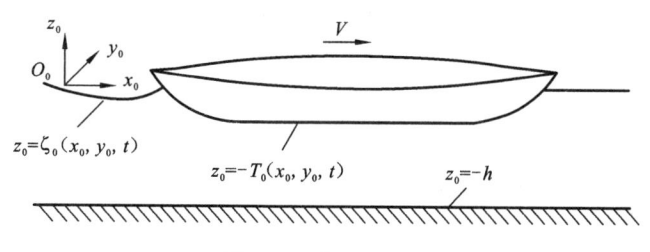

图 1.1 大地坐标系

取动坐标系 $Oxyz$ 固结于船体,坐标原点 O 位于舰船水线中心,在初始时刻动坐标系 $Oxyz$ 与大地坐标系重合,相对于船体动坐标系,等价于来流以速度 V 反向绕船体运动,如图 1.2 所示。

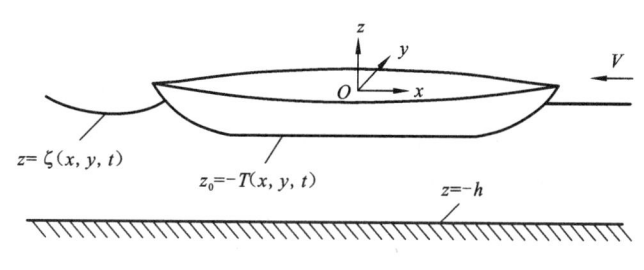

图 1.2 船体动坐标系

1.1 大地坐标系下的基本方程

1.1.1 连续性方程和 Euler 方程

依据船舶水动力学理论,建立大地坐标系下流体运动的基本方程[1-2]。不可压缩流体运动的连续性方程为

$$u_{x_0} + v_{y_0} + w_{z_0} = 0 \tag{1.1}$$

理想不可压缩流体的运动方程即 Euler(欧拉)方程为

$$u_t + uu_{x_0} + vu_{y_0} + wu_{z_0} + \frac{1}{\rho}p_{x_0} = 0 \tag{1.2}$$

$$v_t + uv_{x_0} + vv_{y_0} + wv_{z_0} + \frac{1}{\rho}p_{y_0} = 0 \tag{1.3}$$

$$w_t + uw_{x_0} + vw_{y_0} + ww_{z_0} + \frac{1}{\rho}p_{z_0} + g = 0 \tag{1.4}$$

式中：下标 t 和 x_0, y_0, z_0 代表对时间和空间求导，(u, v, w) 为速度场，p 为压力场，ρ 为密度，g 为重力加速度。

1.1.2　Laplace 方程和 Lagrange 积分

假设流动无旋，则流动存在速度势，且有 $u = \phi_{x_0}$，$v = \phi_{y_0}$，$w = \phi_{z_0}$，代入式(1.1)中，得

$$\phi_{x_0 x_0} + \phi_{y_0 y_0} + \phi_{z_0 z_0} = 0 \tag{1.5}$$

式(1.5)即为 Laplace(拉普拉斯)方程。它是线性偏微分方程，这个性质使得方程存在基本解，而且可以采用叠加方法求解。

在理想、不可压、重流体、沿流线、定常运动条件下，对 Euler 方程积分，得 Bernoulli(伯努利)方程为

$$0.5\rho(\phi_{x_0}^2 + \phi_{y_0}^2 + \phi_{z_0}^2) + \rho g z_0 + p = C_l \tag{1.6}$$

式中：C_l 是流线常数。

在理想、不可压、重流体、无旋、非定常运动条件下，对 Euler 方程积分，得 Lagrange(拉格朗日)积分为

$$\rho \phi_t + 0.5\rho(\phi_{x_0}^2 + \phi_{y_0}^2 + \phi_{z_0}^2) + \rho g z_0 + p = C(t) \tag{1.7}$$

对水波问题，式(1.7)较 Bernoulli 方程使用更为广泛，因为水波运动通常可视为是无旋的非定常运动。$C(t)$ 仅依赖于时间 t 而变化，为将 $C(t)$ 吸收在速度势中，这里记

$$\phi = \Phi - \frac{p_a}{\rho}t + \int_0^t C(t)\mathrm{d}t$$

与速度势相关的方程全部用 Φ 表示，然后将 Φ 再用原来的 ϕ 表示，注意这并不影响速度场[2]，所以得式(1.7)的另一种形式是

$$\rho \phi_t + 0.5\rho(\phi_{x_0}^2 + \phi_{y_0}^2 + \phi_{z_0}^2) + \rho g z_0 + p - p_a = 0 \tag{1.8}$$

式中：p_a 为自由表面上的压力。

1.1.3　边界条件

(1) 自由表面运动学条件：即自由表面上的液体质点永远保持在自由面上，所以在 $z_0 = \zeta_0(x_0, y_0, t)$ 上，有 $D[\zeta_0(x_0, y_0, t) - z_0]/Dt = 0$，即

$$\zeta_{0t} + u_f \zeta_{0x_0} + v_f \zeta_{0y_0} - w_f = 0 \tag{1.9}$$

或

$$\zeta_{0t} + \phi_{x_0} \zeta_{0x_0} + \phi_{y_0} \zeta_{0y_0} - \phi_{z_0} = 0 \tag{1.10}$$

式中:(u_f,v_f,w_f)是自由面上液体的速度分量。

(2) 自由表面动力学条件:即自由面上恒为大气压力条件,即 $p = p_a$,所以在 $z_0 = \zeta_0(x_0,y_0,t)$ 上,由式(1.8),得

$$\phi_t + 0.5(\phi_{x_0}^2 + \phi_{y_0}^2 + \phi_{z_0}^2) + g\zeta_0 = 0 \tag{1.11}$$

(3) 水底不可穿透条件:即理想流体可沿水底边界滑移,但不能沿其法线方向穿透水底边界。所以在 $z_0 = -h$ 上,有

$$\phi_{z_0} = 0 \tag{1.12}$$

(4) 船体不可穿透条件:即理想流体沿船体表面滑移条件,所以在船体沾湿表面 $z_0 = -T_0(x_0,y_0,t)$ 上,有 $D[T_0(x_0,y_0,t) + z_0]/Dt = 0$,即

$$T_{0t} + u_s T_{0x} + v_s T_{0y} + w_s = 0 \tag{1.13}$$

或

$$T_{0t} + \phi_x T_{0x} + \phi_y T_{0y} + \phi_z = 0 \tag{1.14}$$

式中:(u_s,v_s,w_s)是船体表面上液体的速度分量。

1.1.4 水波势流运动基本方程

综上分析,除船体边界条件外,对于理想不可压缩重流体的势流运动,水波运动基本方程可以完整描述如下:

$$\left.\begin{array}{l}\phi_{x_0 x_0} + \phi_{y_0 y_0} + \phi_{z_0 z_0} = 0, \; -h \leqslant z_0 \leqslant \zeta_0 \\ \left.\begin{array}{l}\zeta_{0t} + \phi_{x_0}\zeta_{0 x_0} + \phi_{y_0}\zeta_{0 y_0} - \phi_{z_0} = 0 \\ \phi_t + 0.5(\phi_{x_0}^2 + \phi_{y_0}^2 + \phi_{z_0}^2) + g\zeta_0 = 0 \end{array}\right\} \; z_0 = \zeta_0(x_0,y_0,t) \\ \phi_{z_0} = 0, \; z_0 = -h \end{array}\right\} \tag{1.15}$$

上述方程是严格成立的,但是没有解析解,求解的主要困难在于未知的自由表面存在非线性边界条件。

对微幅波,式(1.15)可线性化为

$$\left.\begin{array}{l}\phi_{x_0 x_0} + \phi_{y_0 y_0} + \phi_{z_0 z_0} = 0, \; -h \leqslant z_0 \leqslant \zeta_0 \\ \left.\begin{array}{l}\zeta_{0t} - \phi_{z_0} = 0 \\ \phi_t + g\zeta_0 = 0 \end{array}\right\} \; z_0 = \zeta_0(x_0,y_0,t) \\ \phi_{z_0} = 0, \; z_0 = -h \end{array}\right\} \tag{1.16}$$

1.2 船体动坐标系下的基本方程

1.2.1 大地坐标系与船体动坐标系的关系

采用如图1.2所示船体动坐标系,建立流体运动需要满足的基本方程。在大地坐标系 $O_0 x_0 y_0 z_0$ 和船体动坐标系 $Oxyz$ 中($t = 0$ 时,两坐标系重合)存在如下变换关系

$$x = x_0 - Vt, \quad y = y_0, \quad z = z_0 \tag{1.17}$$

在大地坐标系下,质点导数为

$$\frac{D}{Dt} = \frac{\partial}{\partial t} + u\frac{\partial}{\partial x_0} + v\frac{\partial}{\partial y_0} + w\frac{\partial}{\partial z_0} \tag{1.18}$$

在动坐标系下,质点导数为

$$\frac{D}{Dt} = \frac{\partial}{\partial t} + (u-V)\frac{\partial}{\partial x} + v\frac{\partial}{\partial y} + w\frac{\partial}{\partial z} \tag{1.19}$$

注意:式中 (u,v,w) 是大地坐标系下的速度分量。

在图 1.2 所示的大地坐标系下和船体动坐标系之间,还存在如下关系[3]

$$\frac{\partial}{\partial x_0} = \frac{\partial}{\partial x}, \quad \frac{\partial}{\partial y_0} = \frac{\partial}{\partial y}, \quad \frac{\partial}{\partial z_0} = \frac{\partial}{\partial z} \tag{1.20}$$

$$\left.\frac{\partial}{\partial t}\right|_{\text{earth}} = \left(\frac{\partial}{\partial t} - V\frac{\partial}{\partial x}\right)\bigg|_{\text{ship}} \tag{1.21}$$

式(1.21)左端是针对大地坐标系中的物理量,右端是针对船体动坐标系中的物理量,$-V$ 意味着流体反向绕舰船沿 x 轴负方向运动。

1.2.2 水波势流运动基本方程

根据大地坐标系与船体动坐标系的关系,从式(1.5)、式(1.10) ~ 式(1.12)、式(1.14)出发,得到船体动坐标系下严格满足如下方程的绕船体的势流流动。即扰动速度势 ϕ 应满足

Laplace 方程

$$\phi_{xx} + \phi_{yy} + \phi_{zz} = 0, \quad \text{在} -h \leqslant z \leqslant \zeta \text{内} \tag{1.22}$$

自由表面运动学边界条件

$$\zeta_t + (\phi_x - V)\zeta_x + \phi_y\zeta_y - \phi_z = 0, \quad \text{在} z = \zeta(x,y,t) \text{上} \tag{1.23}$$

自由表面动力学边界条件

$$\phi_t - V\phi_x + 0.5(\phi_x^2 + \phi_y^2 + \phi_z^2) + g\zeta = 0, \quad \text{在} z = \zeta(x,y,t) \text{上} \tag{1.24}$$

水底边界条件

$$\phi_z = 0, \quad \text{在} z = -h \text{上} \tag{1.25}$$

船体边界条件

$$T_t + (\phi_x - V)T_x + \phi_y T_y + \phi_z = 0, \quad \text{在} z = -T(x,y,t) \text{上} \tag{1.26}$$

保留上述方程非定常项的原因是尽管舰船作定常航行,但仍有可能引起非定常兴波(如孤立波)和舰船水动力特性的变化。上述非线性问题式(1.22) ~ 式(1.26)的求解通常采用面元法。该方法采用 Laplace 方程的基本解 Rankine(兰金)源,并将它分布在整个流场的边界上。求解的主要困难在于未知的自由表面边界条件如何满足,以及在计算域的截断边界上如何设计合理的边界条件。

在流场的扰动速度势已求出后,由式(1.8)出发,可以得到船体动坐标系下计算流场压力分布的 Largrange 积分,即

$$\rho\phi_t - \rho V\phi_x + 0.5\rho(\phi_x^2+\phi_y^2+\phi_z^2) + \rho g z + p - p_a = 0, \quad 在 -h \leqslant z \leqslant \zeta 内 \quad (1.27)$$

根据式(1.23)、式(1.24),可得线性化的自由表面运动学和动力学条件分别为

$$\zeta_t - V\zeta_x - \phi_z = 0, \quad 在 z=0 上 \quad (1.28)$$

$$\phi_t - V\phi_x + g\zeta = 0, \quad 在 z=0 上 \quad (1.29)$$

根据 Neumann-Kelvin(诺依曼 - 开尔文)线化理论,恒定水深、舰船定常绕流问题可描述成

$$\left.\begin{array}{l} \phi_{xx} + \phi_{yy} + \phi_{zz} = 0, \ -h \leqslant z \leqslant 0 \\ \left.\begin{array}{l} V\zeta_x + \phi_z = 0 \\ -V\phi_x + g\zeta = 0 \end{array}\right\}, \ z=0 \\ \phi_z = 0, \ z=-h \\ (\phi_x - V)T_x + \phi_y T_y + \phi_z = 0, \ z=-T(x,y) \end{array}\right\} \quad (1.30)$$

上述问题的优点在于可以找到称之为 Kelvin 源格林函数的基本解,因而求解方程式(1.30)时仅需将 Kelvin 源分布在沾湿的船体表面上。因此,与边界截断相关联的困难问题将消失。严格而言,Neumann-Kelvin 线化理论仅对舰船兴波为微幅波时才有效。

1.3 Boussinesq 浅水波动方程

为求解浅水条件下的舰船水压场,首先导出浅水波动的 Boussinesq(布西内斯克)方程[1,4-6]。根据式(1.22)~式(1.26),在船体动坐标系下,重写舰船航行引起的势流运动应该严格满足的控制方程和边界条件如下

$$\phi_{xx} + \phi_{yy} + \phi_{zz} = 0, \quad -h \leqslant z \leqslant \zeta \quad (1.31)$$

$$\zeta_t + (\phi_x - V)\zeta_x + \phi_y\zeta_y - \phi_z = 0, \quad z = \zeta(x,y,t) \quad (1.32)$$

$$\phi_t - V\phi_x + 0.5(\phi_x^2+\phi_y^2+\phi_z^2) + g\zeta = 0, \quad z = \zeta(x,y,t) \quad (1.33)$$

$$\phi_z = 0, \quad z=-h \quad (1.34)$$

$$T_t + (\phi_x - V)T_x + \phi_y T_y + \phi_z = 0, \quad z = -T(x,y,t) \quad (1.35)$$

假设初始状态流体为静止,则初始条件可写为

$$\phi = 0, \zeta = 0, \quad 当 t=0 时 \quad (1.36)$$

扰动衰减条件是

$$\nabla\phi \to 0, \quad 当 x \to \pm\infty 时 \quad (1.37)$$

根据式(1.27),得到流体中的动压变化是

$$\Delta p = \rho g z + p - p_a = \rho[V\phi_x - \phi_t - 0.5(\phi_x^2+\phi_y^2+\phi_z^2)] \quad (1.38)$$

通常深水中水波的色散效应比非线性效应重要,而在浅水问题中,水波的色散和非线性效应同样重要,在某些情况下,有时非线性效应更为重要。为了同时反映浅水问题中的色散效应和非线性效应,需要引入两个小参数。分别记为

$$\mu = h/L, \quad \varepsilon = A/h \tag{1.39}$$

式中：L 为船长，A 为波幅。

小参数 μ 和 ε 分别代表色散程度的大小和非线性程度的强弱，在这两个小参数中包含了 3 个独立的特征尺度。将两个小参数之比定义为 Ursell（厄塞尔）数，即

$$U_r = \varepsilon/\mu^2 \tag{1.40}$$

Ursell 数在划分不同的浅水波近似理论中起着关键作用。当 $U_r \gg 1$ 时，可得非线性、非色散的长波模型，属 Airy（艾里）长波理论；当 $U_r \ll 1$ 时，可得线性、色散波的理论模型；当 $U_r \approx 1$ 时，可得非线性、色散波相互平衡的 Boussinesq 理论模型。

根据流场的特征尺度，将船体附近及远离船体的流场划分为近场和远场。远场尺度的无因次化，纵向和横向的参考尺度用船长 L，垂向的参考尺度用水深 h；近场尺度的无因次化，横向和垂向用水深 h，纵向用船长 L。

根据浅水波特点，在远场对以下变量无因次化

$$\begin{aligned}(\hat{x}, \hat{y}) = (x, y)/L, \quad \hat{z} = z/h, \quad \hat{\zeta} = \zeta/A, \quad \hat{\phi} = \phi/(\varepsilon L \sqrt{gh}) \\ \hat{t} = t\sqrt{gh}/L, \quad \Delta \hat{p} = \Delta p/\rho g h, \quad F_h = V/\sqrt{gh}\end{aligned} \tag{1.41}$$

式中：F_h 是水深 Froude（弗劳德）数，符号"^"代表无因次量。

通常定义：$F_h < 1$ 为亚临界航速，$F_h = 1$ 为临界航速，$F_h > 1$ 为超临界航速。

无因次扰动速度分量为

$$(\hat{\phi}_{\hat{x}}, \hat{\phi}_{\hat{y}}, \hat{\phi}_{\hat{z}}) = (\phi_x, \phi_y, \mu \phi_z)/(\varepsilon \sqrt{gh}) \tag{1.42}$$

对式(1.31)～式(1.34)进行无因次化，得

$$\mu^2(\hat{\phi}_{\hat{x}\hat{x}} + \hat{\phi}_{\hat{y}\hat{y}}) + \hat{\phi}_{\hat{z}\hat{z}} = 0, \qquad 在 -1 < \hat{z} < \varepsilon\hat{\zeta} 内 \tag{1.43}$$

$$\hat{\phi}_{\hat{z}} = \mu^2[\hat{\zeta}_{\hat{t}} + (\varepsilon\hat{\phi}_{\hat{x}} - F_h)\hat{\zeta}_{\hat{x}} + \varepsilon\hat{\phi}_{\hat{y}}\hat{\zeta}_{\hat{y}}], \qquad 在 \hat{z} = \varepsilon\hat{\zeta} 上 \tag{1.44}$$

$$\mu^2(\hat{\phi}_{\hat{t}} + \hat{\zeta} - F_h\hat{\phi}_{\hat{x}}) + \frac{1}{2}\varepsilon[\mu^2(\hat{\phi}_{\hat{x}}^2 + \hat{\phi}_{\hat{y}}^2) + \hat{\phi}_{\hat{z}}^2] = 0, \qquad 在 \hat{z} = \varepsilon\hat{\zeta} 上 \tag{1.45}$$

$$\hat{\phi}_{\hat{z}} = 0, \qquad 在 \hat{z} = -1 上 \tag{1.46}$$

将有因次势函数展开为垂向坐标的幂级数形式，即

$$\phi(x, y, z, t) = \sum_{n=0}^{\infty}(z+h)^n \phi_n(x, y, t) \tag{1.47}$$

式中：$\phi_n(x, y, t) = \dfrac{1}{n!}\dfrac{\partial^n \phi(x, y, z, t)}{\partial z^n}\bigg|_{z=-h}$。

因为

$$\phi_{zz} = \begin{cases} 0, & n = 0, 1 \\ \sum\limits_{n=2}^{\infty} n(n-1)(z+h)^{n-2}\phi_n(x, y, t), & n \geqslant 2 \end{cases} \tag{1.48}$$

$$= \sum_{n=0}^{\infty}(n+2)(n+1)(z+h)^n \phi_{n+2}(x, y, t)$$

记 $\nabla = (\partial/\partial x, \partial/\partial y)$ 为水平梯度符号,则

$$\nabla^2 \phi(x,y,z,t) = \sum_{n=0}^{\infty} (z+h)^n \nabla^2 \phi_n(x,y,t) \tag{1.49}$$

将式(1.48)、式(1.49)代入到式(1.31)即 Laplace 方程中,得

$$\phi_{n+2}(x,y,t) = -\frac{\nabla^2 \phi_n(x,y,t)}{(n+2)(n+1)} \quad (n=0,1,2\cdots) \tag{1.50}$$

式中:$\phi_1(x,y,t) = \dfrac{\partial \phi(x,y,z,t)}{\partial z}\bigg|_{z=-h} = 0$。

由递推关系式(1.50),得

$$\phi_1 = \phi_3 = \phi_5 = \cdots = 0 \tag{1.51}$$

将式(1.51)代入式(1.47)中,并利用式(1.50),得

$$\begin{aligned}\phi(x,y,z,t) &= \phi_0 + (z+h)^2 \phi_2 + (z+h)^4 \phi_4 + \cdots \\ &= \phi_0 - \frac{1}{2}(z+h)^2 \nabla^2 \phi_0 + \frac{1}{4!}(z+h)^4 \nabla^4 \phi_0 + \cdots\end{aligned} \tag{1.52}$$

将式(1.52)写成无因次形式,得

$$\hat{\phi}(\hat{x},\hat{y},\hat{z},\hat{t}) = \hat{\phi}_0 - \frac{1}{2}\mu^2(\hat{z}+1)^2 \hat{\nabla}^2 \hat{\phi}_0 + \frac{1}{4!}\mu^4(\hat{z}+1)^4 \hat{\nabla}^4 \hat{\phi}_0 + \cdots \tag{1.53}$$

式中:$\phi_0 = \phi_0(x,y,t)$,$\hat{\phi}_0 = \hat{\phi}_0(\hat{x},\hat{y},\hat{t})$ 分别代表有因次和无因次的水底速度势;$\hat{\nabla} = (\partial/\partial \hat{x}, \partial/\partial \hat{y})$ 为无因次的水平梯度符号。

式(1.53)的导出已应用了 Laplace 方程和水底条件,将 $\hat{\phi}$ 的表达式代入到自由表面条件式(1.44)和式(1.45)中,保留 $O(\varepsilon)$ 和 $O(\mu^2)$ 量阶项,得

$$\hat{\zeta}_{\hat{t}} - F_h \hat{\zeta}_{\hat{x}} + \varepsilon(\hat{\phi}_{0\hat{x}}\hat{\zeta}_{\hat{x}} + \hat{\phi}_{0\hat{y}}\hat{\zeta}_{\hat{y}}) + (1+\varepsilon\hat{\zeta})\hat{\nabla}^2 \hat{\phi}_0 - \frac{1}{6}\mu^2 \hat{\nabla}^4 \hat{\phi}_0 = 0 \tag{1.54}$$

$$\hat{\phi}_{0\hat{t}} + \hat{\zeta} - F_h \hat{\phi}_{0\hat{x}} + \frac{1}{2}\varepsilon(\hat{\phi}_{0\hat{x}}^2 + \hat{\phi}_{0\hat{y}}^2) + \frac{1}{2}\mu^2(F_h \hat{\nabla}^2 \hat{\phi}_{0\hat{x}} - \hat{\nabla}^2 \hat{\phi}_{0\hat{t}}) = 0 \tag{1.55}$$

在以上两式中消去 $\hat{\zeta}$,并保留 $O(\varepsilon)$ 和 $O(\mu^2)$ 量阶项,得

$$\hat{\nabla}^2 \hat{\phi}_0 - F_h^2 \hat{\phi}_{0\hat{x}\hat{x}} + 2F_h \hat{\phi}_{0\hat{x}\hat{t}} - \hat{\phi}_{0\hat{t}\hat{t}} - \varepsilon\Big[\frac{1}{2}(\hat{\nabla}\hat{\phi}_0 \cdot \hat{\nabla}\hat{\phi}_0)_{\hat{t}} - \frac{F_h}{2}(\hat{\nabla}\hat{\phi}_0 \cdot \hat{\nabla}\hat{\phi}_0)_{\hat{x}} -$$

$$F_h \hat{\nabla}\cdot(\hat{\phi}_{0\hat{x}}\hat{\nabla}\hat{\phi}_0) + \hat{\nabla}\cdot(\hat{\phi}_{0\hat{t}}\hat{\nabla}\hat{\phi}_0)\Big] - \frac{1}{2}\mu^2 \hat{\nabla}^2(2F_h \hat{\phi}_{0\hat{x}\hat{t}} - \hat{\phi}_{0\hat{t}\hat{t}} - F_h^2 \hat{\phi}_{0\hat{x}\hat{x}} + \frac{1}{3}\hat{\nabla}^2 \hat{\phi}_0) = 0$$

$$\tag{1.56}$$

式(1.56)为水底速度势 $\hat{\phi}_0(\hat{x},\hat{y},\hat{t})$ 应满足的浅水波动控制方程,它的导出应用了 Laplace 方程、水底条件和自由表面条件。

为进一步简化式(1.56),这里引入无因次的沿深度平均的速度势 $\bar{\phi}(\hat{x},\hat{y},\hat{t})$,记

$$\bar{\phi}(\hat{x},\hat{y},\hat{t}) = \frac{1}{1+\varepsilon\hat{\zeta}}\int_{-1}^{\varepsilon\hat{\zeta}} \hat{\phi}(\hat{x},\hat{y},\hat{z},\hat{t})\mathrm{d}\hat{z} \tag{1.57}$$

式中:$\bar{\phi}(\hat{x},\hat{y},\hat{t}) = \phi(x,y,t)/(\varepsilon L\sqrt{gh})$,而 $\phi(x,y,t)$ 为有因次的深度平均速度势。

将式(1.53)代入上式,得

$$\bar{\phi} = \hat{\phi}_0 - \frac{1}{6}\mu^2\,\hat{\nabla}^2\hat{\phi}_0 + \cdots \tag{1.58}$$

或

$$\hat{\phi}_0 = \bar{\phi} + \frac{1}{6}\mu^2\,\hat{\nabla}^2\bar{\phi} + \cdots \tag{1.59}$$

式(1.59)说明水底速度势 $\hat{\phi}_0$ 与深度平均速度势 $\bar{\phi}$ 之间相差 $O(\mu^2)$ 以上高阶小量。将式(1.59)代入式(1.56),得

$$\begin{aligned}&\hat{\nabla}^2\bar{\phi} - F_h^2\bar{\phi}_{\hat{x}\hat{x}} + 2F_h\bar{\phi}_{\hat{x}\hat{t}} - \bar{\phi}_{\hat{t}\hat{t}} - \varepsilon\Big[\frac{1}{2}(\hat{\nabla}\bar{\phi}\cdot\hat{\nabla}\bar{\phi})_{\hat{t}} - \frac{F_h}{2}(\hat{\nabla}\bar{\phi}\cdot\hat{\nabla}\bar{\phi})_{\hat{x}} \\ &- F_h\hat{\nabla}(\bar{\phi}_{\hat{x}}\hat{\nabla}\bar{\phi}) + \hat{\nabla}(\bar{\phi}_{\hat{t}}\hat{\nabla}\bar{\phi})\Big] - \frac{1}{3}\mu^2\,\hat{\nabla}^2(2F_h\bar{\phi}_{\hat{x}\hat{t}} - \bar{\phi}_{\hat{t}\hat{t}} - F_h^2\bar{\phi}_{\hat{x}\hat{x}}) = 0\end{aligned} \tag{1.60}$$

式(1.60)即为无因次的用深度平均速度势 $\bar{\phi}(\hat{x},\hat{y},\hat{t})$ 描述的浅水控制方程,该方程也称为 Boussinesq 浅水波动方程,对所有的 $F_h = O(1)$ 的情况均适用。

在式(1.56)和式(1.60)两个方程中,如果忽略含 $O(\varepsilon)$ 和 $O(\mu^2)$ 的高阶项,保留主要量阶项,则它们形式上完全一样;如果保留主要量阶项和含 $O(\varepsilon)$ 的高阶项,忽略 $O(\mu^2)$ 高阶项,两个方程形式上仍然一致,它们仅在 $O(\mu^2)$ 项上有差别。

关于对 Boussinesq 方程的求解,已有不少工作,但由于该方程非常复杂,往往需要进一步简化。如果舰船在均匀水深中匀速航行,只要其航速不接近临界速度,就不会产生周期性的孤立波,则在动坐标系中的船波运动为定常,因而可以忽略方程(1.60)中与时间有关的项,即

$$(1 - F_h^2)\bar{\phi}_{\hat{x}\hat{x}} + \bar{\phi}_{\hat{y}\hat{y}} + \varepsilon F_h(3\bar{\phi}_{\hat{x}}\bar{\phi}_{\hat{x}\hat{x}} + 2\bar{\phi}_{\hat{y}}\bar{\phi}_{\hat{x}\hat{y}} + \bar{\phi}_{\hat{x}}\bar{\phi}_{\hat{y}\hat{y}}) + \mu^2\frac{F_h^2}{3}(\bar{\phi}_{\hat{x}\hat{x}\hat{x}\hat{x}} + \bar{\phi}_{\hat{x}\hat{x}\hat{y}\hat{y}}) = 0 \tag{1.61}$$

上式为定常运动的 Boussinesq 方程,原则上对不产生孤立波的所有 $F_h = O(1)$ 情况均适用。

1.4 KP 浅水波动方程

如果舰船在航道中以近临界航速运动,并周期性地推出孤立波,由于船生孤立波的非定常运动在动坐标系中是一个缓变过程,故可引入一个慢时间变量 τ,且记

$$\hat{t} = \hat{\tau}/\mu^2 \tag{1.62}$$

式中:$\hat{\tau} = \tau\sqrt{gh}/L$。

将式(1.62)代入到式(1.60)中,保留 $O(\varepsilon)$ 和 $O(\mu^2)$ 量阶项,得

$$2\mu^2 F_h\bar{\phi}_{\hat{x}\hat{\tau}} + (1-F_h^2)\bar{\phi}_{\hat{x}\hat{x}} + \bar{\phi}_{\hat{y}\hat{y}} + \varepsilon F_h(3\bar{\phi}_{\hat{x}}\bar{\phi}_{\hat{x}\hat{x}} + 2\bar{\phi}_{\hat{y}}\bar{\phi}_{\hat{x}\hat{y}} + \bar{\phi}_{\hat{x}}\bar{\phi}_{\hat{y}\hat{y}}) + \mu^2\frac{F_h^2}{3}(\bar{\phi}_{\hat{x}\hat{x}\hat{x}\hat{x}} + \bar{\phi}_{\hat{x}\hat{x}\hat{y}\hat{y}}) = 0$$

$$\tag{1.63}$$

式(1.63)与式(1.61)不同之处在于保留了第一项缓变时间量,如果考虑的是定常问

题,则式(1.63)退化到(1.61)式。式(1.63)适用所有 $F_h = O(1)$ 的情况。

进一步假设占优势的波浪传播是在 x 方向,沿 y 方向传播变化较缓慢,故可进一步引入横向慢变量 Y,即令

$$\hat{y} = \hat{Y}/\mu \tag{1.64}$$

式中:$\hat{Y} = Y/L$。

将式(1.64)代入到式(1.63)中,保留 $O(\varepsilon)$ 和 $O(\mu^2)$ 量阶项,得

$$2\mu^2 F_h \bar{\phi}_{\hat{x}\hat{t}} + (1-F_h^2)\bar{\phi}_{\hat{x}\hat{x}} + \mu^2 \bar{\phi}_{\hat{Y}\hat{Y}} + 3\varepsilon F_h \bar{\phi}_{\hat{x}} \bar{\phi}_{\hat{x}\hat{x}} + \mu^2 \frac{F_h^2}{3}\bar{\phi}_{\hat{x}\hat{x}\hat{x}\hat{x}} = 0 \tag{1.65}$$

式(1.65)即为无因次的用深度平均速度势 $\bar{\phi}(\hat{x},\hat{y},\hat{t})$ 描述的 KP 浅水波动方程。

返回到有因次形式的 KP 方程为

$$\frac{2V}{gh}\phi_{xt} + (1-F_h^2)\phi_{xx} + \phi_{yy} + \frac{3V}{gh}\phi_x\phi_{xx} + \frac{F_h^2 h^2}{3}\phi_{xxxx} = 0 \tag{1.66}$$

式中:$\phi = \phi(x,y,t)$ 为有因次的深度平均速度势。

KP 方程在浅水船波问题中得到广泛应用。方程(1.66)左端第 1 项为非定常项,说明即使扰动源(舰船)以跨临界航速定常运动也会产生非定常波动的原因;第 4 项为非线性项,其作用是使波峰变陡;第 5 项为色散项,其作用是使不同波长的波弥散开来;第 4 和第 5 项的平衡作用是构成孤立波生成和周期性传播的内在条件。在孤立波形成阶段,色散效应较弱,流体能量以长波的形式由扰动源传播出去,其传播速度大约等于扰动物体的速度。由于舰船不断对流体作功,附近流体获得的能量不断累积,波幅逐渐升高。在波高达一定程度后,非线性效应促使波动以其波幅相当的相速度向前传播,该相速度能够超过船速,以至于船首波从船头分离后形成一个新的孤立波。

从 KP 方程推导过程可知,该方程原则上只适用于跨临界航速范围,但通过调整某些项,可以使 KP 方程适用于更广的甚至和 Boussinesq 方程同样大的水深 Froude 数范围。根据舰船航行速度和流动特点,KP 方程可进一步相应简化,具体简化形式如下。

1. SKP 方程

SKP 方程(steady state KP equation)即为定常状态下的 KP 方程,省去式(1.65)中的非定常项,得无因次的 SKP 方程为

$$(1-F_h^2)\bar{\phi}_{\hat{x}\hat{x}} + \mu^2 \bar{\phi}_{\hat{Y}\hat{Y}} + 3\varepsilon F_h \bar{\phi}_{\hat{x}}\bar{\phi}_{\hat{x}\hat{x}} + \mu^2 \frac{F_h^2}{3}\bar{\phi}_{\hat{x}\hat{x}\hat{x}\hat{x}} = 0 \tag{1.67}$$

返回到有因次形式的 SKP 方程为

$$(1-F_h^2)\phi_{xx} + \phi_{yy} + \frac{3V}{gh}\phi_x\phi_{xx} + \frac{F_h^2 h^2}{3}\phi_{xxxx} = 0 \tag{1.68}$$

2. NTSW 方程

省略式(1.67)中的色散项,即得无因次的非线性跨临界航速浅水波动方程

(nonlinear transcritical speed shallow water wave equation,NTSW)为

$$(1-F_h^2)\bar{\phi}_{\hat{x}\hat{x}} + \mu^2 \bar{\phi}_{\hat{Y}\hat{Y}} + 3\varepsilon F_h \bar{\phi}_{\hat{x}} \bar{\phi}_{\hat{x}\hat{x}} = 0 \tag{1.69}$$

返回到有因次形式的 NTSW 方程为

$$(1-F_h^2)\phi_{xx} + \phi_{yy} + \frac{3V}{gh}\phi_x\phi_{xx} = 0 \tag{1.70}$$

3. LTSW 方程

省略式(1.67)中的非线性项,即得无因次的线性跨临界航速浅水波动方程(linear transcritical speed shallow water wave equation,LTSW)为

$$(1-F_h^2)\bar{\phi}_{\hat{x}\hat{x}} + \mu^2 \bar{\phi}_{\hat{Y}\hat{Y}} + \mu^2 \frac{F_h^2}{3} \bar{\phi}_{\hat{x}\hat{x}\hat{x}\hat{x}} = 0 \tag{1.71}$$

返回到有因次形式的 LTSW 方程为

$$(1-F_h^2)\phi_{xx} + \phi_{yy} + \frac{F_h^2 h^2}{3}\phi_{xxxx} = 0 \tag{1.72}$$

4. SSW 方程

省略式(1.67)中的非线性项和色散项,即得无因次的线性亚临界或超临界航速浅水波动方程(subcritical or supercritical speed shallow water wave equation,SSW)为

$$(1-F_h^2)\bar{\phi}_{\hat{x}\hat{x}} + \mu^2 \bar{\phi}_{\hat{Y}\hat{Y}} = 0 \tag{1.73}$$

返回到有因次形式的 SSW 方程为

$$(1-F_h^2)\phi_{xx} + \phi_{yy} = 0 \tag{1.74}$$

在上述 SKP 方程、NTSW 方程、LTSW 方程和 SSW 方程中,$\bar{\phi}=\bar{\phi}(\hat{x},\hat{y})$,$\phi=\phi(x,y)$分别为无因次和有因次的深度平均速度势。

根据式(1.31)~式(1.34)建立了浅水波动的 Boussinesq 方程,并逐渐简化得到了 KP 方程、SKP 方程、NTSW 方程、LTSW 方程和 SSW 方程,这些方程既适用于亚临界航速,也适用于超临界航速情况。在附加船体边界条件式(1.35)后,可以根据不同特点选用上述方程用于求解流场的深度平均扰动速度势,并进一步得到流场的扰动速度场、压力场和水面波高等参数。

忽略高阶小量,由式(1.38)可得定常状态下线化的流体动压系数为

$$C_p = \frac{\Delta p}{\frac{1}{2}\rho V^2} = \frac{2\phi_x}{V} \tag{1.75}$$

依据式(1.33),忽略高阶小量,得定常状态下线化的自由表面波高为

$$\zeta = \frac{V\phi_x}{g} \tag{1.76}$$

由式(1.75)和式(1.76),得动压变化与波高之间的关系为

$$\Delta p = \rho g \zeta \tag{1.77}$$

第 2 章　浅水舰船水压场解析模型

关于早期的舰船水压场研究工作已有总结[7],这些研究主要针对均匀水深、开阔海域、低速舰船进行。文献[8]建立了浅水开阔海域舰船水压场的一种新算法,之后相继开展了舰船水压场的换算方法研究[9-12],针对实际存在的舰船高速航行、非均匀水深和岸壁等因素的影响研究还很少涉及。本章在 Tuck[13]、Beck[14,15]、Gourlay[16-18] 等研究舰船水动力和预测舰船下蹲的基础上,进一步将船体表面的压力分布和水动力计算推广到整个流场中的压力计算,将内外域亚-亚临界航速流动问题拓展到亚-超和超-超临界航速流动情况,并逐步考虑色散效应影响,分别建立不计色散效应及考虑色散效应的开阔海域、矩形航道、开挖航道和阶梯航道的舰船水压场解析模型,通过积分计算获取不同水域和不同混合流动组合条件下的水压场特征。

2.1　不计色散效应的舰船水压场解析模型

不计色散效应影响,建立开挖航道和阶梯航道下的舰船水压场解析模型,通过特殊条件退化得到开阔海域和矩形航道下的舰船水压场解析模型,并分别对亚-亚、亚-超和超-超临界航速流动情况下的舰船水压场进行解析求解,并与典型实验结果进行对比验证[19-21]。

2.1.1　理论模型

假设舰船航行速度 V 恒定,船长为 L(或 $2l$),船宽为 $2b$,水深恒为 h,水域开阔。取动坐标系固结于船体,坐标原点 O 位于船体水线中心,x 轴正向指向舰船运动方向,z 轴垂直向上,坐标系 $Oxyz$ 符合右手法则,如图 2.1 所示。由于考虑的流场左右对称,以下仅讨论 $y \geqslant 0$ 的情况。

图 2.1　船体动坐标系

假设海水是理想不可压缩流体,运动无旋。这里忽略非定常性、非线性和色散效应,求解舰船水压场采用最简单的 SSW 浅水波动方程(1.74),即

$$(1-F_h^2)\phi_{xx} + \phi_{yy} = 0 \tag{2.1}$$

除了跨临界航速范围外,式(2.1)对预测舰船升沉和纵倾均具有较好的适用性。在亚临界或超临界航速时,式(2.1)分别对应为椭圆型或双曲型方程。根据这两类方程的特点可知,亚临界航速 $F_h < 1$ 时,在上下游及横向无穷远处需满足扰动衰减条件,即

$$\phi(x,y) \to 0, \quad \text{当 } x \to \pm\infty \text{ 或 } y \to +\infty \text{ 时} \tag{2.2}$$

超临界航速 $F_h > 1$ 时,需满足扰动向后传播条件,即

$$\phi(x,y) = \psi(x + \beta_2 y) \tag{2.3}$$

式中:$\beta_2 = \sqrt{F_h^2 - 1}$。

对不同形状的限制水域,还需给定相应的边界条件。如图 2.2～图 2.4 所示为开挖航道、阶梯航道和矩形航道。定义水深 h 和 H 的水域分别为内域和外域,相应地内外域扰动速度势分别用 ϕ 和 Φ 表示。另记内域宽度 $w_h = 2w_1$,外域宽度(即整个航道宽度)$w_H = 2w_2$。在内外域交界的阶梯截面处,流动还需满足扰动速度势相等、横向体积流量相等的连续匹配条件[14,17],即

$$\phi(x, w_1 - 0) = \Phi(x, w_1 + 0) \tag{2.4}$$

$$h\phi_y(x, w_1 - 0) = H\Phi_y(x, w_1 + 0) \tag{2.5}$$

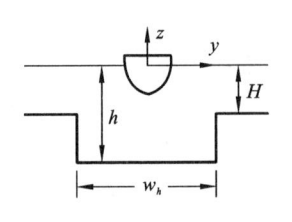

图 2.2　开挖航道剖面 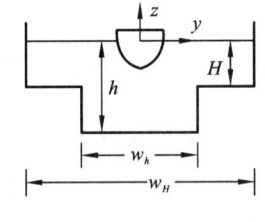　　　图 2.3　阶梯航道剖面 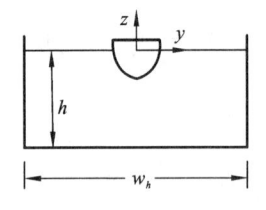　　　图 2.4　矩形航道剖面

在阶梯航道岸壁 $y = w_2$ 和矩形航道岸壁 $y = w_1$ 上,需满足流动沿岸壁法向不可穿透条件,即

$$\Phi_y(x, y) = 0 \tag{2.6}$$

采用薄船假定时,船体边界条件式(1.35)成为

$$\phi_y(x, 0) = -V f_x(x), \quad \text{当 } |x| \leqslant l \text{ 时} \tag{2.7}$$

式中:$y = f(x)$ 为船体水线方程。

采用 Fourier(傅里叶)积分变换方法求解上述数学问题,内外域 Fourier 积分变换对的形式取为

$$\tilde{\phi}(k, y) = \int_{-\infty}^{\infty} \phi(x, y) e^{ikx} dx, \quad \tilde{\Phi}(k, y) = \int_{-\infty}^{\infty} \Phi(x, y) e^{ikx} dx \tag{2.8}$$

$$\phi(x, y) = \frac{1}{2\pi} \int_{-\infty}^{\infty} \tilde{\phi}(k, y) e^{-ikx} dk, \quad \Phi(x, y) = \frac{1}{2\pi} \int_{-\infty}^{\infty} \tilde{\Phi}(k, y) e^{-ikx} dk \tag{2.9}$$

在求得扰动速度势后,即可计算舰船周围的速度场、压力场,进一步可以得到舰船所受的水动力、升沉和纵倾等。由式(2.9)得内外域纵向扰动速度分量为

$$\phi_x(x, y) = -\frac{i}{2\pi} \int_{-\infty}^{\infty} k\tilde{\phi}(k, y) e^{-ikx} dk, \quad \Phi_x(x, y) = -\frac{i}{2\pi} \int_{-\infty}^{\infty} k\tilde{\Phi}(k, y) e^{-ikx} dk \tag{2.10}$$

内外域压力系数分别表示为 $C_p = 2\phi_x/V$ 和 $C_p = 2\Phi_x/V$,进一步可写为

$$C_p = \frac{2}{V}\int_0^\infty \widetilde{\phi}_0(k,y)\mathrm{d}k, \quad C_p = \frac{2}{V}\int_0^\infty \widetilde{\Phi}_0(k,y)\mathrm{d}k \tag{2.11}$$

式中:内外域积分核 $\widetilde{\phi}_0(k,y)$ 和 $\widetilde{\Phi}_0(k,y)$ 可由式(2.10)导出。

针对图 2.2 和图 2.3,一般有 $h \geqslant H$,即 $F_h \leqslant F_H$,这里 $F_H = V/\sqrt{gH}$。根据水深和航速不同,内外域通常存在亚-超、亚-亚和超-超临界航速三种流动情况。记

$$\beta_1 = \sqrt{1-F_h^2}, \quad F_h < 1; \quad \beta_2 = \sqrt{F_h^2-1}, \quad F_h > 1;$$

$$\beta_3 = \sqrt{1-F_H^2}, \quad F_H < 1; \quad \beta_4 = \sqrt{F_H^2-1}, \quad F_H > 1;$$

$$c_1 = H\beta_4/(h\beta_1), \quad c_2 = H\beta_3/(h\beta_1), \quad c_3 = H\beta_4/(h\beta_2)$$

当 $F_h < 1$ 时,对式(2.1)进行 Fourier 变换,并利用式(2.2),得

$$\widetilde{\phi}_{yy}(k,y) - \beta_1^2 k^2 \widetilde{\phi}(k,y) = 0, \quad F_h < 1 \tag{2.12}$$

上式通解为

$$\widetilde{\phi}(k,y) = A(k)\mathrm{e}^{y|k|\beta_1} + B(k)\mathrm{e}^{-y|k|\beta_1}$$

当 $F_h > 1$ 时,对式(2.1)进行 Fourier 变换,并利用式(2.2),得

$$\widetilde{\phi}_{yy}(k,y) + \beta_2^2 k^2 \widetilde{\phi}(k,y) = 0, \quad F_h > 1 \tag{2.13}$$

上式通解为

$$\widetilde{\phi}(k,y) = C(k)\mathrm{e}^{\mathrm{i}y|k|\beta_2} + D(k)\mathrm{e}^{-\mathrm{i}y|k|\beta_2}$$

利用 Fourier 变换,式(2.2)成为

$$\widetilde{\phi}(k,y) \to 0, \quad 当 x \to \pm\infty 或 y \to +\infty 时 \tag{2.14}$$

式(2.4)~式(2.7)分别成为

$$\widetilde{\phi}(k,w_1-0) = \widetilde{\Phi}(k,w_1+0) \tag{2.15}$$

$$h\widetilde{\phi}_y(k,w_1-0) = H\widetilde{\Phi}_y(k,w_1+0) \tag{2.16}$$

$$\widetilde{\Phi}_y(k,y)|_{y=w_2} = 0 \text{ 或 } \widetilde{\Phi}_y(k,y)|_{y=w_1} = 0 \tag{2.17}$$

$$\widetilde{\phi}_y(k,0) = \mathrm{i}Vk\widetilde{f}(k) \tag{2.18}$$

式中:$\widetilde{f}(k) = \int_{-\infty}^{\infty} f(x)\mathrm{e}^{\mathrm{i}kx}\mathrm{d}x$。

采用 Wigley(威格利)数学船型时,$f(x) = b[1-(x/l)^2]$,积分可得

$$\widetilde{f}(k) = -\frac{4b}{l^2}\left[\frac{l\cos(kl)}{k^2} - \frac{\sin(kl)}{k^3}\right] \tag{2.19}$$

浅水条件下,近似有 $b = S_{\max}/(2h)$,其中 $S_{\max}$ 为舰船最大横截面积。$\widetilde{f}(k)$ 是关于 k 的偶函数。

2.1.2　开挖航道的解析模型

1. 亚-超临界流动

设内外域为亚-超临界流动。在内域,根据式(2.12)的通解和式(2.18),得

$$\tilde{\phi}(k,y) = 2B(k)\cosh(y|k|\beta_1) + \frac{\mathrm{i}V\tilde{f}(k)}{\beta_1}\mathrm{sgn}(k)\mathrm{e}^{y|k|\beta_1} \qquad (2.20)$$

式中:sgn 为符号函数。

在外域,根据式(2.13)的通解和式(2.16),这里用 $\tilde{\Phi}$ 代替 $\tilde{\phi}$,用 β_4 代替 β_2,得

$$\tilde{\Phi}(k,y) = \begin{cases} D(k)\mathrm{e}^{-\mathrm{i}yk\beta_4}, & k>0 \\ C(k)\mathrm{e}^{-\mathrm{i}yk\beta_4}, & k<0 \end{cases} \qquad (2.21)$$

利用匹配条件式(2.15)和式(2.16),确定系数 $B(k)$,$C(k)$ 和 $D(k)$ 后,式(2.20)和式(2.21)成为

$$\tilde{\phi}(k,y) = -\mathrm{i}V\tilde{f}(k)g_1(k,y)g_2(k) \qquad (2.22)$$

$$\tilde{\Phi}(k,y) = -\mathrm{i}V\tilde{f}(k)g_2(k)\mathrm{e}^{-\mathrm{i}k\beta_4(y-w_1)} \qquad (2.23)$$

式中

$$g_1(k,y) = \cosh[k\beta_1(y-w_1)] - \mathrm{i}c_1\sinh[k\beta_1(y-w_1)],$$
$$g_2(k) = 1/\{\beta_1[\sinh(k\beta_1 w_1) + \mathrm{i}c_1\cosh(k\beta_1 w_1)]\}$$

由式(2.9)得内外域的扰动速度势分别为

$$\phi(x,y) = -\frac{\mathrm{i}V}{2\pi}\int_{-\infty}^{\infty}\tilde{f}(k)g_1(k,y)g_2(k)\mathrm{e}^{-\mathrm{i}kx}\mathrm{d}k \qquad (2.24)$$

$$\Phi(x,y) = -\frac{\mathrm{i}V}{2\pi}\int_{-\infty}^{\infty}\tilde{f}(k)g_2(k)\mathrm{e}^{-\mathrm{i}k[x+\beta_4(y-w_1)]}\mathrm{d}k \qquad (2.25)$$

利用式(2.10),得开挖航道内外域亚-超临界航速舰船水压场式(2.11)中的积分核分别为

$$\tilde{\phi}_0(k,y) = -\frac{V}{\pi}k\tilde{f}(k)[\cos(kx)g_3(k,y) - c_1\sin(kx)\cosh(k\beta_1 y)]g_4(k),$$

$$F_h < 1 \qquad (2.26)$$

$$\tilde{\Phi}_0(k,y) = -\frac{V}{\pi}k\tilde{f}(k)g_4(k)g_5(k,y), \quad F_H > 1 \qquad (2.27)$$

式中

$g_3(k,y) = \sinh(k\beta_1 w_1)\cosh[k\beta_1(y-w_1)] - c_1^2\cosh(k\beta_1 w_1)\sinh[k\beta_1(y-w_1)]$
$g_4(k) = 1/\{\beta_1[\sinh^2(k\beta_1 w_1) + c_1^2\cosh^2(k\beta_1 w_1)]\}$
$g_5(k,y) = \sinh(k\beta_1 w_1)\cos[kx+k\beta_4(y-w_1)] - c_1\cosh(k\beta_1 w_1)\sin[kx+k\beta_4(y-w_1)]$

特殊情况简化得开阔海域与矩形航道舰船水压场解析模型如下:

(1) 当 $w_h \to \infty$ 时,只有内流场,此时式(2.26)退化为开阔海域亚临界航速结果,舰

船水压场的压力系数为

$$C_p = -\frac{2}{\pi\beta_1}\int_0^\infty k\tilde{f}(k)\mathrm{e}^{-yk\beta_1}\cos(kx)\mathrm{d}k, \quad F_h < 1 \tag{2.28}$$

(2) 当 $w_h = 0$ 时,只有外流场,此时 $h = H$, $c_1\beta_1 = \beta_4$,式(2.27)退化为开阔海域超临界航速结果,从而

$$C_p = \frac{2}{\pi\beta_4}\int_0^\infty k\tilde{f}(k)\sin[k(x+y\beta_4)]\mathrm{d}k, \quad F_H > 1 \tag{2.29}$$

(3) 当 $H = 0$ 时,有 $c_1 = 0$,此时只有内流场,式(2.26)退化为矩形航道亚临界航速结果[22,23],从而

$$C_p = -\frac{2}{\pi\beta_1}\int_0^\infty \frac{k\tilde{f}(k)\cosh[k\beta_1(y-w_1)]}{\sinh(k\beta_1 w_1)}\cos(kx)\mathrm{d}k, \quad F_h < 1 \tag{2.30}$$

(4) 当 $F_H = 1$ 时,有 $\beta_4 = 0$, $c_1 = 0$,式(2.26)仍然退化为式(2.30),说明此时外流场的作用与矩形航道壁面的作用相当。

2. 亚-亚临界流动

设内外域为亚-亚临界流动。在内域,内域解 $\tilde{\phi}(k,y)$ 与式(2.20)形式相同。在外域,根据式(2.12)的通解和式(2.2),并用 $D(k)$, β_3 分别代替 $B(k)$ 和 β_1,得

$$\tilde{\Phi}(k,y) = D(k)\mathrm{e}^{-y|k|\beta_3} \tag{2.31}$$

利用式(2.15)和式(2.16)确定系数 $B(k)$ 和 $D(k)$ 后,式(2.20)和式(2.31)成为

$$\tilde{\phi}(k,y) = -\mathrm{i}V\tilde{f}(k)\mathrm{sgn}(k)g_6(k,y)g_7(k) \tag{2.32}$$

$$\tilde{\Phi}(k,y) = -\mathrm{i}V\tilde{f}(k)\mathrm{sgn}(k)g_7(k)\mathrm{e}^{-|k|\beta_3(y-w_1)} \tag{2.33}$$

式中

$$g_6(k,y) = c_2\sinh[|k|\beta_1(w_1-y)] + \cosh[k\beta_1(w_1-y)]$$

$$g_7(k) = 1/\{\beta_1[c_2\cosh(k\beta_1 w_1) + \sinh(|k|\beta_1 w_1)]\}$$

内外域的扰动速度势分别为

$$\phi(x,y) = -\frac{\mathrm{i}V}{2\pi}\int_{-\infty}^\infty \tilde{f}(k)\mathrm{sgn}(k)g_6(k,y)g_7(k)\mathrm{e}^{-\mathrm{i}kx}\mathrm{d}k \tag{2.34}$$

$$\Phi(x,y) = -\frac{\mathrm{i}V}{2\pi}\int_{-\infty}^\infty \tilde{f}(k)\mathrm{sgn}(k)g_7(k)\mathrm{e}^{-\mathrm{i}kx-|k|\beta_3(y-w_1)}\mathrm{d}k \tag{2.35}$$

所以,开挖航道内外域亚-亚临界航速舰船水压场式(2.11)中的积分核分别为

$$\tilde{\phi}_0(k,y) = -\frac{V}{\pi}k\tilde{f}(k)g_6(k,y)g_7(k)\cos(kx), \quad F_h < 1 \tag{2.36}$$

$$\tilde{\Phi}_0(k,y) = -\frac{V}{\pi}k\tilde{f}(k)\mathrm{e}^{-k\beta_3(y-w_1)}g_7(k)\cos(kx), \quad F_H < 1 \tag{2.37}$$

特殊情况简化得开阔海域与矩形航道舰船水压场解析模型如下:

(1) 当 $w_h \to \infty$ 时,只有内域解存在,且内域解式(2.36)退化为开阔海域亚临界航速结果式(2.28)。

(2) 当 $h=H$ 时,有 $\beta_1=\beta_3$,$c_2=1$,内外域解形式相同,退化为开阔海域亚临界航速结果式(2.28)。

(3) 当 $H=0$ 时,有 $c_2=0$,只有内域解存在,且式(2.36)退化为矩形航道亚临界航速结果式(2.30)。

3. 超-超临界流动

设内外域为超-超临界流动。在内域,根据式(2.13)的通解和式(2.18),得

$$\tilde{\phi}(k,y) = 2B(k)\cos(|k|\beta_2 y) + \frac{V\tilde{f}(k)}{\beta_2}\mathrm{sgn}(k)\mathrm{e}^{\mathrm{i}|k|\beta_2 y} \tag{2.38}$$

在外域,根据式(2.13)和式(2.3),得外域解 $\tilde{\Phi}(k,y)$ 与式(2.21)形式相同。利用式(2.15)和式(2.16)确定系数 $B(k)$,$C(k)$ 和 $D(k)$ 后,式(2.38)和式(2.21)分别成为

$$\tilde{\phi}(k,y) = V\tilde{f}(k)g_8(k,y)g_9(k) \tag{2.39}$$

$$\tilde{\Phi}(k,y) = \mathrm{i}V\tilde{f}(k)g_9(k)\mathrm{e}^{\mathrm{i}k\beta_4(w_1-y)} \tag{2.40}$$

式中

$$g_8(k,y) = \mathrm{i}\cos[k\beta_2(w_1-y)] - c_3\sin[k\beta_2(w_1-y)]$$
$$g_9(k) = 1/\{\beta_2[\sin(k\beta_2 w_1) - \mathrm{i}c_3\cos(k\beta_2 w_1)]\}$$

内外域的扰动速度势分别为

$$\phi(x,y) = \frac{V}{2\pi}\int_{-\infty}^{\infty}\tilde{f}(k)g_8(k,y)g_9(k)\mathrm{e}^{-\mathrm{i}kx}\mathrm{d}k \tag{2.41}$$

$$\Phi(x,y) = \frac{\mathrm{i}V}{2\pi}\int_{-\infty}^{\infty}\tilde{f}(k)g_9(k)\mathrm{e}^{-\mathrm{i}k[x+\beta_4(y-w_1)]}\mathrm{d}k \tag{2.42}$$

所以,开挖航道内外域超-超临界航速舰船水压场式(2.11)中的积分核分别为

$$\tilde{\phi}_0(k,y) = \frac{V}{\pi}k\tilde{f}(k)[g_{10}(k,y)\cos(kx) + c_3\cos(k\beta_2 y)\sin(kx)]g_{11}(k), \quad F_h > 1 \tag{2.43}$$

$$\tilde{\Phi}_0(k,y) = \frac{V}{\pi}k\tilde{f}(k)g_{11}(k)g_{12}(k,y), \quad F_H > 1 \tag{2.44}$$

式中

$$g_{10}(k,y) = \cos[k\beta_2(w_1-y)]\sin(k\beta_2 w_1) - c_3^2\sin[k\beta_2(w_1-y)]\cos(k\beta_2 w_1)$$
$$g_{11}(k) = 1/\{\beta_2[\sin^2(k\beta_2 w_1) + c_3^2\cos^2(k\beta_2 w_1)]\}$$
$$g_{12}(k,y) = c_3\cos(k\beta_2 w_1)\sin[kx+k\beta_4(y-w_1)] + \sin(k\beta_2 w_1)\cos[kx+k\beta_4(y-w_1)]$$

特殊情况简化得开阔海域与矩形航道舰船水压场解析模型如下:

(1) 当 $w_h=0$ 时,只有外域解存在,且外域解式(2.44)退化为开阔海域超临界航速结果式(2.29)。

(2) 当 $h=H$ 时,有 $c_3=1$,$\beta_2=\beta_4$,内外域解形式相同,退化为开阔海域超临界航速结果式(2.29)。

(3) 当 $H=0$ 时,有 $c_3=0$,只有内域解存在,内域解式(2.43)退化为矩形航道超临界航速结果,即

$$C_p = \frac{2}{\pi\beta_2}\int_0^\infty \frac{k\widetilde{f}(k)\cos[k\beta_2(y-w_1)]}{\sin(k\beta_2 w_1)}\cos(kx)\mathrm{d}k, \quad F_h > 1 \qquad (2.45)$$

2.1.3 阶梯航道的解析模型

1. 亚-超临界流动

在内域,内域解 $\widetilde{\phi}(k,y)$ 的形式与式(2.20)相同。在外域,利用式(2.13)的通解和式(2.17),并用 β_4 代替 β_2,得

$$\widetilde{\Phi}(k,y) = 2D(k)\mathrm{e}^{-\mathrm{i}|k|\beta_4 w_2}\cos[|k|\beta_4(y-w_2)] \qquad (2.46)$$

利用式(2.15)和式(2.16)确定系数 $B(k)$ 和 $D(k)$ 后,式(2.20)和式(2.46)成为

$$\widetilde{\phi}(k,y) = -\mathrm{i}V\widetilde{f}(k)s_1(k,y)s_2(k) \qquad (2.47)$$

$$\widetilde{\Phi}(k,y) = -\mathrm{i}V\widetilde{f}(k)s_2(k)\frac{\cos[k\beta_4(y-w_2)]}{\cos[k\beta_4(w_1-w_2)]} \qquad (2.48)$$

式中

$$s_1(k,y) = \cosh[k\beta_1(w_1-y)] + c_1\sinh[k\beta_1(w_1-y)]\tan[k\beta_4(w_1-w_2)]$$
$$s_2(k) = 1/\{\beta_1[\sinh(k\beta_1 w_1) + c_1\cosh(k\beta_1 w_1)\tan(k\beta_4(w_1-w_2))]\}$$

内外域的扰动速度势分别为

$$\phi(x,y) = -\frac{\mathrm{i}V}{2\pi}\int_{-\infty}^\infty \widetilde{f}(k)s_1(k,y)s_2(k)\mathrm{e}^{-\mathrm{i}kx}\mathrm{d}k \qquad (2.49)$$

$$\Phi(x,y) = -\frac{\mathrm{i}V}{2\pi}\int_{-\infty}^\infty \widetilde{f}(k)s_2(k)\frac{\cos[k\beta_4(y-w_2)]}{\cos[k\beta_4(w_1-w_2)]}\mathrm{e}^{-\mathrm{i}kx}\mathrm{d}k \qquad (2.50)$$

所以,阶梯航道内外域亚-超临界航速舰船水压场式(2.11)的积分核分别为

$$\widetilde{\phi}_0(k,y) = -\frac{V}{\pi}k\widetilde{f}(k)s_1(k,y)s_2(k)\cos(kx), \qquad F_h < 1 \qquad (2.51)$$

$$\widetilde{\Phi}_0(k,y) = -\frac{Vk\widetilde{f}(k)s_2(k)}{\pi}\frac{\cos[k\beta_4(y-w_2)]}{\cos[k\beta_4(w_1-w_2)]}\cos(kx), \quad F_H > 1 \qquad (2.52)$$

特殊情况简化得开阔海域与矩形航道舰船水压场解析模型如下:

(1) 当 $w_h = w_H$ 或当 $H=0$ 时,此时只有内流场,内域解式(2.51)退化为矩形航道亚临界航速舰船水压场解析模型(2.30)。

(2) 当 $w_h \to \infty$ 时,只有内流场,内域解式(2.51)退化为开阔海域亚临界航速结果式(2.28)。

(3) 当 $w_h = 0$ 时,有 $h=H,\beta_1=\mathrm{i}\beta_4,c_1=\mathrm{i}$。内流场消失,仅余外流场。外域解式(2.52)退化为矩形航道超临界航速结果式(2.45),这里用 β_4 取代 β_2。

(4) 当 $F_H=1$ 时,有 $\beta_4=0,c_1=0$,此时有内外流场。内域解式(2.51)简化为矩形航道亚临界航速结果式(2.30),说明当外流场 $F_H=1$ 时,外流场作用与矩形航道岸壁作用相当。

2. 亚-亚临界流动

在内域，内域解 $\tilde{\phi}(k,y)$ 的形式与式(2.20)相同。在外域，根据式(2.12)的通解和式(2.17)，并用 $D(k)$，β_3 分别代替 $B(k)$ 和 β_1，得

$$\tilde{\Phi}(k,y) = 2D(k)\mathrm{e}^{-|k|\beta_3 w_2}\cosh[|k|\beta_3(y-w_2)] \tag{2.53}$$

利用式(2.15)和式(2.16)确定系数 $B(k)$ 和 $D(k)$ 后，式(2.20)和式(2.53)成为

$$\tilde{\phi}(k,y) = -\mathrm{i}V\tilde{f}(k)s_3(k,y)s_4(k) \tag{2.54}$$

$$\tilde{\Phi}(k,y) = -\mathrm{i}V\tilde{f}(k)s_4(k)\frac{\cosh[k\beta_3(y-w_2)]}{\cosh[k\beta_3(w_1-w_2)]} \tag{2.55}$$

式中

$$s_3(k,y) = c_2\tanh[k\beta_3(w_h-w_H)/2]\sinh[k\beta_1(y-w_1)] + \cosh[k\beta_1(y-w_1)]$$
$$s_4(k) = 1/\{\beta_1[\sinh(k\beta_1 w_1) - c_2\tanh(k\beta_3(w_1-w_2))\cosh(k\beta_1 w_1)]\}$$

内外域的扰动速度势分别为

$$\phi(x,y) = -\frac{\mathrm{i}V}{2\pi}\int_{-\infty}^{\infty}\tilde{f}(k)s_3(k,y)s_4(k)\mathrm{e}^{-\mathrm{i}kx}\mathrm{d}k \tag{2.56}$$

$$\Phi(x,y) = -\frac{\mathrm{i}V}{2\pi}\int_{-\infty}^{\infty}\tilde{f}(k)s_4(k)\frac{\cosh[k\beta_3(y-w_2)]}{\cosh[k\beta_3(w_1-w_2)]}\mathrm{e}^{-\mathrm{i}kx}\mathrm{d}k \tag{2.57}$$

所以，阶梯航道内外域亚-亚临界航速舰船水压场式(2.11)的积分核分别为

$$\tilde{\phi}_0(k,y) = -\frac{V}{\pi}k\tilde{f}(k)s_3(k,y)s_4(k)\cos(kx), \qquad F_h < 1 \tag{2.58}$$

$$\tilde{\Phi}_0(k,y) = -\frac{Vk\tilde{f}(k)s_4(k)}{\pi}\frac{\cosh[k\beta_3(y-w_2)]}{\cosh[k\beta_3(w_1-w_2)]}\cos(kx), \quad F_H < 1 \tag{2.59}$$

特殊情况简化得开阔海域与矩形航道舰船水压场解析模型如下：

(1) 当 $w_h = w_H$ 或 $H = 0$ 时，此时只有内流场，内域解式(2.58)退化为矩形航道亚临界航速舰船水压场结果式(2.30)。

(2) 当 $w_h \to \infty$ 时，只有内流场，内域解式(2.58)退化为开阔海域亚临界航速结果式(2.28)。

(3) 当 $F_H = 1$ 即 $\beta_3 = 0$ 时，内域解式(2.58)与矩形航道亚临界航速结果式(2.30)相同。

(4) 当 $w_h = 0$ 时，有 $\beta_1 = \beta_3$，$c_2 = 1$。内流场消失，仅余外流场。外域解式(2.59)退化为矩形航道亚临界航速结果式(2.30)。

3. 超-超临界流动

在内域，内域解 $\tilde{\phi}(k,y)$ 与式(2.38)的形式相同。外域解 $\tilde{\Phi}(k,y)$ 与式(2.46)的形式相同。利用式(2.15)和式(2.16)确定系数 $B(k)$ 和 $D(k)$ 后，式(2.38)和式(2.46)成为

$$\tilde{\phi}(k,y) = -\mathrm{i}V\tilde{f}(k)s_5(k,y)s_6(k) \tag{2.60}$$

$$\tilde{\Phi}(k,y) = -\mathrm{i}V\tilde{f}(k)s_6(k)\frac{\cos[k\beta_4(y-w_2)]}{\cos[k\beta_4(w_1-w_2)]} \tag{2.61}$$

式中

$$s_5(k,y) = \cos[k\beta_2(y-w_1)] - c_3\tan[k\beta_4(w_h-w_H)/2]\sin[k\beta_2(y-w_1)]$$
$$s_6(k) = 1/\{\beta_2[c_3\tan(k\beta_4(w_1-w_2))\cos(k\beta_2 w_1) - \sin(k\beta_2 w_1)]\}$$

内外域的扰动速度势分别为

$$\phi(x,y) = -\frac{iV}{2\pi}\int_{-\infty}^{\infty}\widetilde{f}(k)s_5(k,y)s_6(k)e^{-ikx}dk \tag{2.62}$$

$$\Phi(x,y) = -\frac{iV}{2\pi}\int_{-\infty}^{\infty}\widetilde{f}(k)s_6(k)\frac{\cos[k\beta_4(y-w_2)]}{\cos[k\beta_4(w_1-w_2)]}e^{-ikx}dk \tag{2.63}$$

所以,阶梯航道内外域超-超临界航速舰船水压场式(2.11)的积分核分别为

$$\widetilde{\phi}_0(k,y) = -\frac{V}{\pi}k\widetilde{f}(k)s_5(k,y)s_6(k)\cos(kx), \qquad F_h > 1 \tag{2.64}$$

$$\widetilde{\Phi}_0(k,y) = -\frac{V}{\pi}k\widetilde{f}(k)s_6(k)\frac{\cos[k\beta_4(y-w_2)]}{\cos[k\beta_4(w_1-w_2)]}\cos(kx), \quad F_H > 1 \tag{2.65}$$

特殊情况简化得开阔海域与矩形航道舰船水压场解析模型如下:

(1) 当 $w_h = w_H$ 或 $H = 0$ 时,只有内流场,内域解式(2.64)退化为矩形航道超临界航速舰船水压场结果式(2.45)。

(2) 当 $F_H = 1$ 即 $\beta_4 = 0$ 时,内域解式(2.64)退化为矩形航道超临界航速结果式(2.45)。

(3) 当 $w_h = 0$ 时,有 $\beta_2 = \beta_4$,$c_3 = 1$。内流场消失,仅余外流场,外域解式(2.65)退化为矩形航道超临界航速结果式。

2.1.4 结果分析与讨论

采用实验船模(参见第8章8.2.2节船模B)参数进行计算。由于现有实验结果为均匀水深情况,故采用开阔海域条件下式(2.28)、式(2.29)进行计算验证,图2.5、图2.6为计算结果与实验结果的比较,可以发现两者基本一致,误差产生的原因主要是理论模型的简化引起的。图2.5(a)、(b)中计算曲线表明,亚临界航速舰船水压场通过曲线呈现前后对称分布,在船艏、船艉附近呈现最大正压(将理论计算结果的横坐标 x/L 取为它的负值,使得计算结果与现有实验结果横坐标的分布一致,本节船艏位置(FP)取为 $x/L = -0.5$,船艉位置(AP)取为 $x/L = 0.5$),在船舯($x/L = 0$)处呈现最大负压,实验结果较计算曲线稍向后移。图2.5(c)中的计算曲线表明,超临界航速舰船水压场通过曲线在船艏附近压力急剧增加至最大值,在船艉附近压力急剧下降至最小值,在船艏与船舯之间为正压区、船舯与船艉之间为负压区,压力在正压峰值与负压峰值之间线性下降,计算的压力峰值较实验结果偏大。

为考察舰船水压场解析模型式(2.28)、式(2.29)的适用性,这里选择舰船水压场通过曲线最小压力系数 C_{pmin} 作为特征值,在不同横距和水深 Froude 数条件下,对理论计算与实验结果进行比较,可见在浅水低亚临界航速时,最小压力系数计算结果与实验结果符合较好,如图2.6(a)所示。在浅水超临界航速时,最小压力系数计算结果与实验结果定性符合,变化趋势一致,如图2.6(b)所示。说明超临界航速舰船水压场解析模

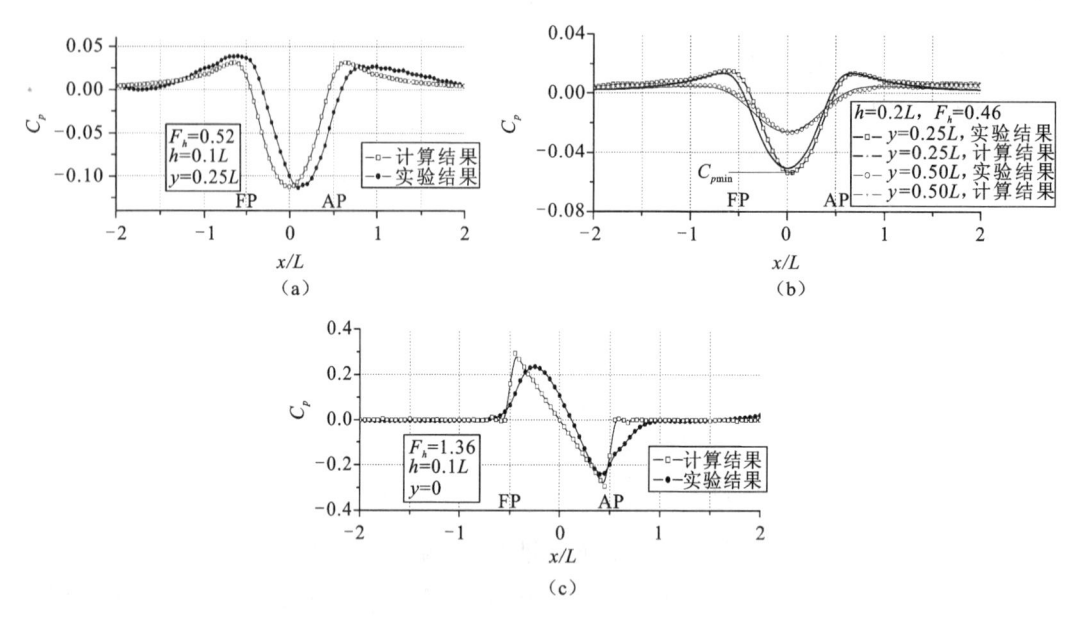

图 2.5 亚、超临界航速舰船水压通过曲线比较

型预报精度不如亚临界模型。此外还可看出,在 $F_h < 0.8$ 和 $F_h > 1.2$ 时,最小压力系数变化比较平缓,而在跨临界速度($F_h = 0.8 \sim 1.2$)时,最小压力系数急剧减小,且理论计算与实验结果偏差加大。误差产生的主要原因是所采用的 SSW 浅水波动方程忽略了非线性效应导致的。

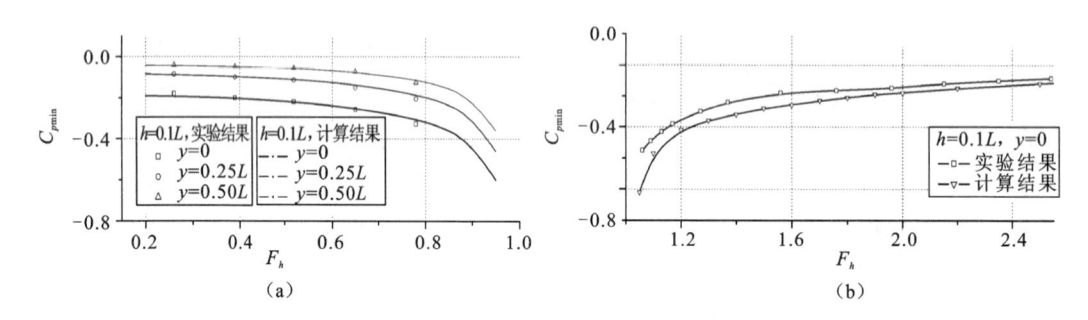

图 2.6 亚、超临界航速舰船水压场负压系数峰值比较

矩形航道宽度对亚临界航速舰船水压场的影响如图 2.7 所示。开阔海域和矩形航道条件下的舰船水压场分别采用式(2.28)和式(2.30)进行计算。当航道宽度狭窄时,例如 $w_h = L/2$ 或 $w_h = L$ 时,航道岸壁对舰船水压场的影响明显,而当 $w_h \geqslant 5L$ 时,矩形航道的计算结果与开阔海域的计算结果非常接近,此时矩形航道岸壁的影响可以忽略不计。矩形航道岸壁的存在不仅使得船舯附近水压场的负压峰值减小,而且也使得船艏和船艉附近水压场的正压峰值有所下降。

对于开挖航道,当内外域为亚-亚临界流动时,舰船水压场分布特征与开阔海域类似,沿船艏、船艉呈现对称分布。当内外域为亚-超临界流动时,不同内域宽度条件下的计算结

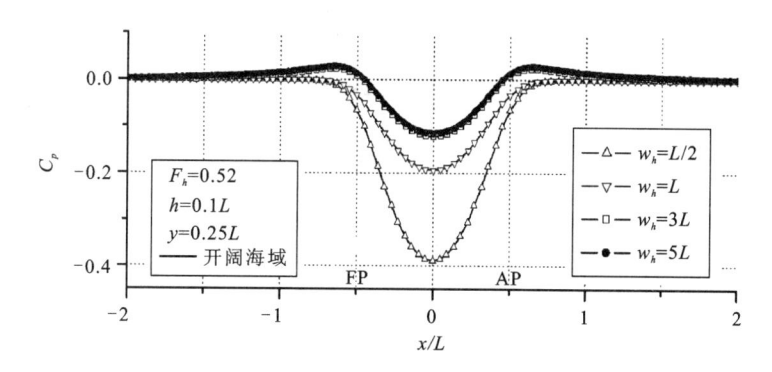

图 2.7 矩形航道宽度对舰船水压通过曲线的影响

果如图 2.8 所示。当 $w_h = L/2$ 时,计算的横距 $y = 0.25L$ 即为内外域交界处,而当 $w_h = L$ 和 $w_h = 1.5L$ 时,计算的横距则位于内域流场中。从图 2.8 可以看出,由于内外域为混合的亚-超临界流动,因此计算的舰船水压场纵向通过曲线既不同于亚临界航速的船艏、船艉前后对称分布特征,也不同于超临界航速的船艏附近急剧增长和船艉附近急剧下降特征,而是具有亚临界和超临界航速舰船水压场的混合流动特点。

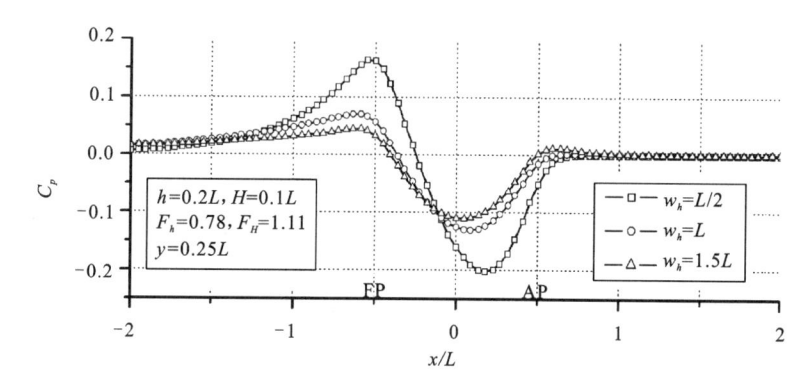

图 2.8 开挖航道内域宽度对舰船水压通过曲线的影响

为了考察内外域混合流动舰船水压场的平面特性,作为典型算例,计算了开挖航道条件下的亚-超和超-超临界流动两种情况。已知 $w_h = L$,即 $y = \pm 0.5L$ 时为内外域交界处。第 1 种情况: $h = 0.2L, F_h = 0.78$; $H = 0.07L, F_H = 1.32$,在 $y = 0$ 时船艏附近出现较大正压峰值,在船艉附近出现较小正压峰值,在船舯偏后处出现负压峰值,而当 $|y| > 0.5L$ 时,舰船水压场呈现"V"字形后掠变化,内外域体现了亚-超临界航速的混合流动特点。第 2 种情况: $h = 0.2L, F_h = 1.21$; $H = 0.1L, F_H = 1.72$,在船艏、船艉附近分别出现正、负压峰值,内外域均呈现超临界航速舰船水压场特征,由于外域 $F_H > F_h$,故外域的"V"字形夹角更小。从图 2.9、图 2.10 可以看出,在内外域交界处,计算的舰船水压场分布能够连续过渡。

为分析阶梯航道的影响,在亚-亚临界航速时,取内域 $h = 0.2L, w_h = L, F_h = 0.56$,

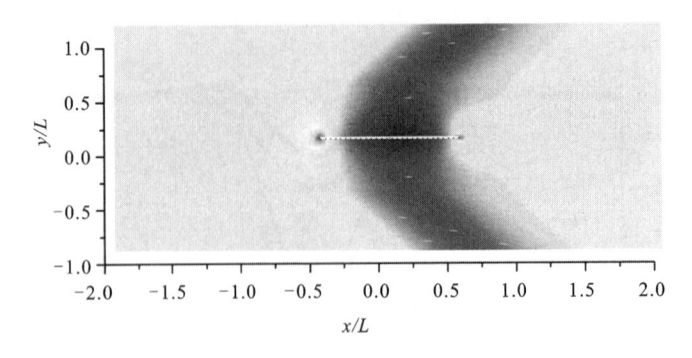

图 2.9　亚-超临界航速舰船水压场平面分布

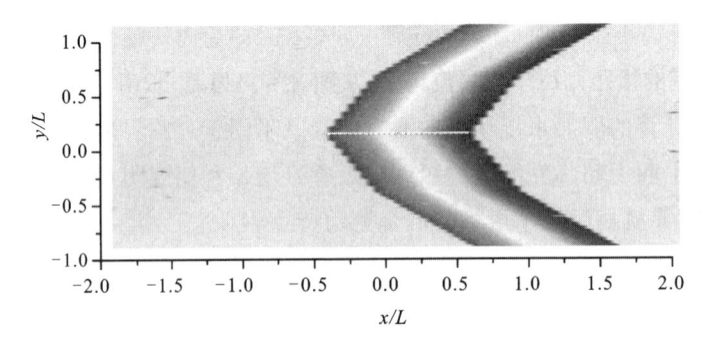

图 2.10　超-超临界航速舰船水压场平面分布

外域 $H=0.1L, w_H=3L, F_H=0.78$,将阶梯航道 $y=0.5L$ 处的计算结果与矩形航道(计算条件与内域参数相同)计算结果进行对比。在阶梯航道内域宽度和矩形航道宽度相等时,由于阶梯航道存在外域流场,阶梯处固壁对舰船水压场的影响没有矩形航道岸壁明显,故矩形航道对舰船水压场的影响较大,其水压特性曲线较阶梯航道情况整体下移,如图 2.11 所示。

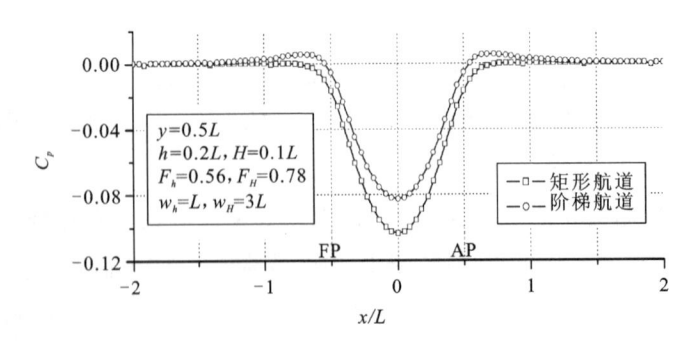

图 2.11　阶梯航道与矩形航道对舰船水压通过曲线的影响

当阶梯航道外域宽度减小时,例如当 $w_H=3L$ 减小为 $2L$ 和 $1.5L$ 时,阶梯航道岸壁对水压特性曲线的影响逐渐增大,水压曲线整体逐渐下移,如图 2.12 所示。

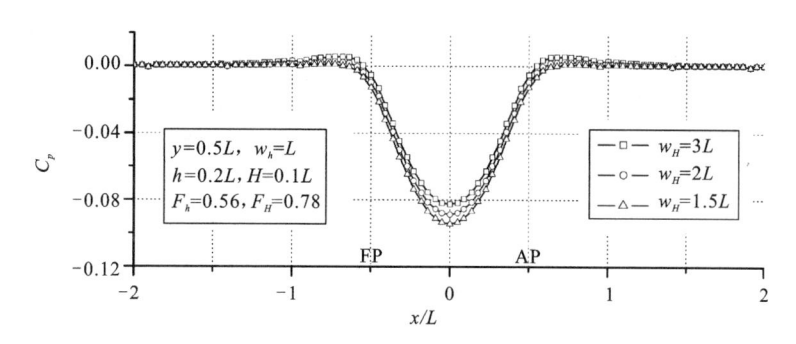

图 2.12　阶梯航道宽度对舰船水压通过曲线的影响

2.1.5　小结

基于势流理论和 SSW 浅水波动方程，针对薄船假定、不同限制水域的边界条件以及内外域流场连续的匹配条件，应用积分变换法对内外域存在亚-亚、亚-超、超-超临界 3 种混合流动的数学问题进行了解析求解，建立了开阔海域、矩形航道、开挖航道和阶梯航道 4 种由简单至复杂的限制水域舰船水压场理论计算模型。通过考虑不同的特殊情况，可以将后者相对复杂边界的舰船水压场模型成功退化成前者较为简单的开阔海域或矩形航道的水压场理论计算模型。通过编程计算，获取了不同限制水域和流动组合条件下的舰船水压场特性，结合与现有实验数据的比较，验证了理论计算模型的正确性和合理性。

对浅水开阔海域，亚临界航速舰船水压场在船艏、船艉附近出现正压峰值，而负压峰值位于船舯下方。超临界航速时，舰船水压场在船艏附近急剧增加，在船艉附近急剧减小，分别出现正压和负压峰值，而在正压和负压峰值之间压力呈现线性下降变化。亚临界和超临界航速计算结果与实验结果基本一致，但亚临界航速计算结果不能反映舰船水压场的后移特性，超临界航速计算的压力峰值与实验结果相比偏大。

当矩形航道宽度狭窄时，航道岸壁对舰船水压场的影响明显，而当矩形航道宽度大于 5 倍船长时，矩形航道与开阔海域的计算结果非常接近，此时矩形航道岸壁的影响可以忽略不计。矩形航道亚临界航速条件下舰船水压场的分布特征与开阔海域类似，但矩形航道岸壁的存在可使船舯附近水压场的负压峰值大幅度减小，而且使得船艏和船艉附近水压场的正压峰值也有所下降。

对于开挖航道，当内外域为亚-亚临界流动时，舰船水压场分布特征与开阔海域类似，沿船艏、船艉呈现对称分布。当内外域为亚-超临界流动时，舰船水压场既不同于亚临界航速的船艏、船艉前后对称分布特征，也不同于超临界航速的船艏附近急剧增长和船艉附近急剧下降的特征，而是具有亚临界和超临界航速舰船水压场的混合流动特点。当内外域为超-超临界航速时，内外域均呈现超临界航速水压场特征。在内外域交界处，舰船水压场计算结果均连续一致。

对阶梯航道,当内外域为亚-亚临界航速时,由于阶梯航道存在外域流场,阶梯处固壁对舰船水压场的影响没有矩形航道岸壁明显,而当阶梯航道外域宽度减小时,其对水压特性曲线的影响逐渐增大,水压曲线整体逐渐下移,直至阶梯航道成为矩形航道时对水压场的影响最大。当阶梯航道外域流场的水深 Froude 数为 1 时,外流场的作用将与矩形航道岸壁的作用相当。

由于 SSW 浅水波动方程没有计及非线性兴波的影响,因而基于 SSW 浅水波动方程建立的舰船水压场解析模型,在跨临界航速范围时计算的舰船水压场与实验结果存在较大偏差。

2.2 计及色散效应的亚-超临界航速舰船水压场解析模型

本节采用计及色散效应的 LTSW 方程,重点导出开挖航道亚-超临界航速条件下的舰船水压场解析模型,并可退化到亚、超临界航速条件下开阔海域和矩形航道下的舰船水压场解析模型。

2.2.1 理论模型

假设舰船航行于开挖航道中线上,船速 V 恒定,船长为 L(或 $2l$)。将开挖航道划分为水深为 h 的内域和水深为 H 的外域,且 $h > H$。内域宽度记为 $2w_1$。设内域 $F_h = V/\sqrt{gh} < 1$ 为亚临界航速,外域 $F_H = V/\sqrt{gH} > 1$ 为超临界航速。取动坐标系固结于船体,坐标原点 O 位于船体水线中心,x 轴正向指向舰船运动方向,z 轴垂直向上,坐标系 $Oxyz$ 符合右手法则,如图 2.13 所示。

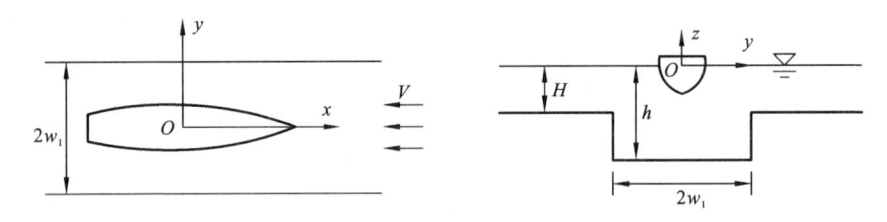

图 2.13 开挖航道坐标系

由于考虑的流场左右对称,因而仅讨论 $y \geqslant 0$ 的情况。不计非定常性及非线性,根据式 (1.72),重写计及色散效应满足 Laplace 方程、自由表面条件和水底条件的 LTSW 方程为

$$(1 - F_h^2)\phi_{xx} + \phi_{yy} + \frac{F_h^2 h^2}{3}\phi_{xxxx} = 0 \tag{2.66}$$

记内、外域速度势分别为 $\phi(x, y)$ 和 $\Phi(x, y)$,则计及色散效应的控制方程可分别写出如下。

内域流场

第 2 章 浅水舰船水压场解析模型

$$\beta_1^2\phi_{xx} + \phi_{yy} + \gamma_1^2\phi_{xxxx} = 0, \quad 当 F_h < 1 时 \tag{2.67}$$

式中:$\beta_1 = \sqrt{1-F_h^2}, \gamma_1 = F_h h/\sqrt{3}$。

外域流场

$$\beta_2^2\Phi_{xx} - \Phi_{yy} - \gamma_2^2\Phi_{xxxx} = 0, \quad 当 F_H > 1 时 \tag{2.68}$$

式中:$\beta_2 = \sqrt{F_H^2-1}, \gamma_2 = F_H H/\sqrt{3}$。

薄船的船体边界条件可写为式(2.7)。在内、外域交界面上需满足流动连续条件式(2.4)和式(2.5)。此外,在上下游无穷远处,需满足扰动衰减条件。当外域为超临界流动时,需满足扰动向后传播条件。

采用 Fourier 积分变换法求解上述数学问题,内、外域 Fourier 积分变换对的形式为式(2.8)和式(2.9)。这里记

$$\sigma_1 = (\gamma_1^2 k^2 - \beta_1^2)k^2, \quad \sigma_2 = (\gamma_2^2 k^2 + \beta_2^2)k^2; \quad t_1 = k\sqrt{\beta_1^2 - \gamma_1^2 k^2}, \quad 0 < k < \beta_1/\gamma_1$$

$$s_1 = k\sqrt{\gamma_1^2 k^2 - \beta_1^2}, \quad k > \beta_1/\gamma_1; \quad t_2 = k\sqrt{\gamma_2^2 k^2 + \beta_2^2}$$

$$d_1 = Ht_2/(ht_1), \quad q_1 = Ht_2/(hs_1)$$

利用扰动衰减条件,在内域对式(2.67)进行 Fourier 变换,得

$$\tilde{\phi}_{yy}(k,y) + \sigma_1\tilde{\phi}(k,y) = 0, \quad 当 y < w_1 时 \tag{2.69}$$

当 k 在 $-\infty$ 至 $+\infty$ 之间变化时,式(2.69)的求解存在 $\sigma_1 > 0$ 和 $\sigma_1 < 0$ 两种情况,以下分别讨论。

1) $\sigma_1 > 0$

当 $\sigma_1 > 0$ 时,有 $\gamma_1^2 k^2 - \beta_1^2 > 0$,即 $k > \beta_1/\gamma_1$ 或 $k < -\beta_1/\gamma_1$。此时,式(2.69)的通解为

$$\tilde{\phi}(k,y) = A(k)e^{iy\sqrt{\sigma_1}} + B(k)e^{-iy\sqrt{\sigma_1}} \tag{2.70}$$

式中:$A(k)$ 和 $B(k)$ 为待定系数。

对船体边界条件进行 Fourier 变换,得

$$\tilde{\phi}_y(k,0) = iVk\tilde{f}(k) \tag{2.71}$$

式中:$\tilde{f}(k)$ 定义见式(2.19)。

利式(2.70)和式(2.71),得

$$\tilde{\phi}(k,y) = 2B(k)\cos(y\sqrt{\sigma_1}) + \frac{kV\tilde{f}(k)e^{iy\sqrt{\sigma_1}}}{\sqrt{\sigma_1}} \tag{2.72}$$

2) $\sigma_1 < 0$

当 $\sigma_1 < 0$ 时,有 $\gamma_1^2 k^2 - \beta_1^2 < 0$,即 $-\beta_1/\gamma_1 < k < \beta_1/\gamma_1$。此时,式(2.69)的通解为

$$\tilde{\phi}(k,y) = E(k)e^{y\sqrt{|\sigma_1|}} + F(k)e^{-y\sqrt{|\sigma_1|}} \tag{2.73}$$

利用式(2.71)和式(2.72),得

$$\tilde{\phi}(k,y) = 2F(k)\cosh\left(y\sqrt{|\sigma_1|}\right) + \frac{ikV\tilde{f}(k)e^{y\sqrt{|\sigma_1|}}}{\sqrt{|\sigma_1|}} \tag{2.74}$$

同理,在外域对式(2.68)进行 Fourier 变换,得

$$\tilde{\Phi}_{yy}(k,y) + \sigma_2\tilde{\Phi}(k,y) = 0, \quad 当 y > w_1 时 \tag{2.75}$$

式中恒有 $\sigma_2 \geqslant 0$。

式(2.75)的通解为

$$\tilde{\Phi}(k,y) = C(k)e^{iy\sqrt{\sigma_2}} + D(k)e^{-iy\sqrt{\sigma_2}} \tag{2.76}$$

考虑到在 Fourier 逆变换中含有 e^{-ikx} 的因子,为满足外域扰动向后传播的条件,需分别取

$$\tilde{\Phi}(k,y) = D(k)e^{-iky\sqrt{\gamma_2^2 k^2 + \beta_2^2}}, \quad 当 k > 0 时 \tag{2.77}$$

或

$$\tilde{\Phi}(k,y) = C(k)e^{-iky\sqrt{\gamma_2^2 k^2 + \beta_2^2}}, \quad 当 k < 0 时 \tag{2.78}$$

同时,对内外域交界面匹配条件式(2.4)和(2.5)进行 Fourier 变换,得

$$\tilde{\phi}(k,w_1-0) = \tilde{\Phi}(k,w_1+0) \quad 及 \quad h\tilde{\phi}_y(k,w_1-0) = H\tilde{\Phi}_y(k,w_1+0) \tag{2.79}$$

2.2.2 内外域速度势求解

1. 计算内域速度势

在 $k > 0$ 的情况下,根据内、外域交界面上的流动连续条件对内流场进行求解。这里需要针对 k 的变化分区间分别定解。

1) $0 < k < \beta_1/\gamma_1$

利用式(2.74)、式(2.77)和式(2.79),得

$$F(k) = \frac{(d_1-i)Vk\tilde{f}(k)e^{w_1 t_1}}{2t_1[\sinh(w_1 t_1) + id_1\cosh(w_1 t_1)]} \tag{2.80}$$

将式(2.80)代入式(2.74)中,得内域解的第一项为

$$\tilde{\phi}_1(k,y) = iVk\tilde{f}(k)\frac{-\sinh(w_1 t_1)\cosh[(y-w_1)t_1] + d_1^2\cosh(w_1 t_1)\sinh[(y-w_1)t_1] + id_1\cosh(yt_1)}{t_1[\sinh^2(w_1 t_1) + d_1^2\cosh^2(w_1 t_1)]} \tag{2.81}$$

2) $k > \beta_1/\gamma_1$

利用式(2.72)、式(2.77)和式(2.79),得

$$B(k) = \frac{-i(q_1+1)Vk\tilde{f}(k)e^{iw_1 s_1}}{2s_1[iq_1\cos(w_1 s_1) - \sin(w_1 s_1)]} \tag{2.82}$$

将式(2.82)代入式(2.72)中,得内域解的第二项为

$$\tilde{\phi}_2(k,y) = iVk\tilde{f}(k)\frac{-q_1^2\cos(w_1s_1)\sin[(w_1-y)s_1]+\sin(w_1s_1)\cos[(w_1-y)s_1]+iq_1\cos(ys_1)}{s_1[\sin^2(w_1s_1)+q_1^2\cos^2(w_1s_1)]} \tag{2.83}$$

可以证明,当 $-\beta_1/\gamma_1 < k < 0$ 和 $k < -\beta_1/\gamma_1$ 时,内域解结果分别与式(2.81)和式(2.83)完全一样。所以,内域扰动速度势为

$$\phi(x,y) = \frac{1}{2\pi}\Big[\Big(\int_{-\beta_1/\gamma_1}^0 + \int_0^{\beta_1/\gamma_1}\Big)\tilde{\phi}_1(k,y)e^{-ikx}dk + \Big(\int_{-\infty}^{-\beta_1/\gamma_1} + \int_{\beta_1/\gamma_1}^{+\infty}\Big)\tilde{\phi}_2(k,y)e^{-ikx}dk\Big], \quad F_h < 1 \tag{2.84}$$

式(2.84)被积函数虚部为奇函数,积分为零,而实部为偶函数,因此得内域的纵向扰动速度为

$$\phi_x(x,y) = 2\int_0^{\beta_1/\gamma_1}\tilde{\phi}_{1R}(k,y)dk + 2\int_{\beta_1/\gamma_1}^{+\infty}\tilde{\phi}_{2R}(k,y)dk, \quad F_h < 1 \tag{2.85}$$

式中

$$\tilde{\phi}_{1R}(k,y) = -\frac{Vk^2\tilde{f}(k)}{2\pi}\frac{\cos(kx)\{\sinh(w_1t_1)\cosh[(y-w_1)t_1]-d_1^2\cosh(w_1t_1)\sinh[(y-w_1)t_1]\}-d_1\sin(kx)\cosh(yt_1)}{t_1[\sinh^2(w_1t_1)+d_1^2\cosh^2(w_1t_1)]}$$

$$\tilde{\phi}_{2R}(k,y) = -\frac{Vk^2\tilde{f}(k)}{2\pi}\frac{\cos(kx)\{q_1^2\cos(w_1s_1)\sin[(w_1-y)s_1]-\sin(w_1s_1)\cos[(w_1-y)s_1]\}-q_1\sin(kx)\cos(ys_1)}{s_1[\sin^2(w_1s_1)+q_1^2\cos^2(w_1s_1)]}$$

2. 计算外域速度势

对外域流场,与内域求解方法一样,同样分 $k>0$ 和 $k<0$ 两种情况,在 $k>0$ 时又分 $0<k<\beta_1/\gamma_1$ 和 $k>\beta_1/\gamma_1$ 两种情况。

1) $0<k<\beta_1/\gamma_1$

利用式(2.74)、式(2.77)和式(2.79),得

$$D(k) = -\frac{iVk\tilde{f}(k)}{t_1[\sinh(w_1t_1)+id_1\cosh(w_1t_1)]e^{-iw_1t_2}} \tag{2.86}$$

将式(2.86)回代到式(2.77)中,得外域解的第1项为

$$\tilde{\Phi}_1(k,y) = -iVk\tilde{f}(k)\frac{\sinh(w_1t_1)\cos[(y-w_1)t_2]-d_1\cosh(w_1t_1)\sin[(y-w_1)t_2]}{t_1[\sinh^2(w_1t_1)+d_1^2\cosh^2(w_1t_1)]}$$
$$-Vk\tilde{f}(k)\frac{\sinh(w_1t_1)\sin[(y-w_1)t_2]+d_1\cosh(w_1t_1)\cos[(y-w_1)t_2]}{t_1[\sinh^2(w_1t_1)+d_1^2\cosh^2(w_1t_1)]} \tag{2.87}$$

2) $k>\beta_1/\gamma_1$

利用式(2.72)、式(2.77)和式(2.79),重新得到

$$D(k) = -\frac{iVk\widetilde{f}(k)}{s_1[iq_1\cos(w_1s_1) - \sin(w_1s_1)]e^{-iw_1t_2}} \tag{2.88}$$

将式(2.88)回代到式(2.77)中,得外域解的第2项为

$$\widetilde{\Phi}_2(k,y) = iVk\widetilde{f}(k)\frac{\sin(w_1s_1)\cos[(y-w_1)t_2] + q_1\cos(w_1s_1)\sin[(y-w_1)t_2]}{s_1[\sin^2(w_1s_1) + q_1^2\cos^2(w_1s_1)]}$$

$$+ Vk\widetilde{f}(k)\frac{\sin(w_1s_1)\sin[(y-w_1)t_2] - q_1\cos(w_1s_1)\cos[(y-w_1)t_2]}{s_1[\sin^2(w_1s_1) + q_1^2\cos^2(w_1s_1)]}$$

$$\tag{2.89}$$

可以证明,当 $-\beta_1/\gamma_1 < k < 0$ 和 $k < -\beta_1/\gamma_1$ 时,外域解结果分别与式(2.87)和式(2.89)完全一样。所以,外域扰动速度势为

$$\Phi(x,y)$$
$$= \frac{1}{2\pi}\Big[\Big(\int_{-\beta_1/\gamma_1}^{0} + \int_{0}^{\beta_1/\gamma_1}\Big)\widetilde{\Phi}_1(k,y)e^{-ikx}dk + \Big(\int_{-\infty}^{-\beta_1/\gamma_1} + \int_{\beta_1/\gamma_1}^{+\infty}\Big)\widetilde{\Phi}_2(k,y)e^{-ikx}dk\Big], \quad F_H > 1$$

$$\tag{2.90}$$

式(2.90)被积函数虚部为奇函数,积分同样为零,而实部为偶函数,因此得外域的纵向扰动速度为

$$\Phi_x(x,y) = 2\int_{0}^{\beta_1/\gamma_1}\widetilde{\Phi}_{1R}(k,y)dk + 2\int_{\beta_1/\gamma_1}^{+\infty}\widetilde{\Phi}_{2R}(k,y)dk, \quad F_H > 1 \tag{2.91}$$

式中

$$\widetilde{\Phi}_{1R}(k,y) = -\frac{Vk^2\widetilde{f}(k)}{2\pi}\frac{\sinh(w_1t_1)\cos[kx+(y-w_1)t_2] - d_1\cosh(w_1t_1)\sin[kx+(y-w_1)t_2]}{t_1[\sinh^2(w_1t_1) + d_1^2\cosh^2(w_1t_1)]}$$

$$\widetilde{\Phi}_{2R}(k,y) = \frac{Vk^2\widetilde{f}(k)}{2\pi}\frac{\sin(w_1s_1)\cos[kx+(y-w_1)t_2] + q_1\cos(w_1s_1)\sin[kx+(y-w_1)t_2]}{s_1[\sin^2(w_1s_1) + q_1^2\cos^2(w_1s_1)]}$$

2.2.3 内外域压力场求解

根据 Lagrange 积分,内、外域压力系数分别为 $C_p = 2\phi_x/V$ 和 $C_p = 2\Phi_x/V$。可见,计算开挖航道亚-超临界航速舰船水压场,核心问题是解析模型式(2.85)和式(2.91)的积分计算。

内域压力场为

$$C_p(x,y) = \int_{0}^{\beta_1/\gamma_1}\phi_{1R}^*(k,y)dk + \int_{\beta_1/\gamma_1}^{+\infty}\phi_{2R}^*(k,y)dk, \quad F_h < 1 \tag{2.92}$$

式中

$$\phi_{1R}^*(k,y) = a(k)g_1(k,y), \quad \phi_{2R}^*(k,y) = a(k)g_2(k,y), \quad a(k) = -\frac{2k^2\widetilde{f}(k)}{\pi}$$

$$g_1(k,y) = \frac{\cos(kx)\{\sinh(w_1t_1)\cosh[(y-w_1)t_1] - d_1^2\cosh(w_1t_1)\sinh[(y-w_1)t_1]\} - d_1\sin(kx)\cosh(yt_1)}{t_1[\sinh^2(w_1t_1) + d_1^2\cosh^2(w_1t_1)]}$$

$$g_2(k,y) = \frac{\cos(kx)\{q_1^2\cos(w_1 s_1)\sin[(w_1-y)s_1] - \sin(w_1 s_1)\cos[(w_1-y)s_1]\} - q_1\sin(kx)\cos(y s_1)}{s_1[\sin^2(w_1 s_1) + q_1^2\cos^2(w_1 s_1)]}$$

外域压力场为

$$C_p(x,y) = \int_0^{\beta_1/\gamma_1} \Phi_{1R}^*(k,y)\mathrm{d}k + \int_{\beta_1/\gamma_1}^{+\infty} \Phi_{2R}^*(k,y)\mathrm{d}k, \quad F_H > 1 \qquad (2.93)$$

式中

$$\Phi_{1R}^*(k,y) = a(k)G_1(k,y), \quad \Phi_{2R}^*(k,y) = a(k)G_2(k,y)$$

$a(k)$ 同式(2.92).

$$G_1(k,y) = \frac{\sinh(w_1 t_1)\cos[kx + (y-w_1)t_2] - d_1\cosh(w_1 t_1)\sin[kx + (y-w_1)t_2]}{t_1[\sinh^2(w_1 t_1) + d_1^2\cosh^2(w_1 t_1)]}$$

$$G_2(k,y) = -\frac{\sin(w_1 s_1)\cos[kx + (y-w_1)t_2] + q_1\cos(w_1 s_1)\sin[kx + (y-w_1)t_2]}{s_1[\sin^2(w_1 s_1) + q_1^2\cos^2(w_1 s_1)]}$$

计算时需注意式(2.92)和式(2.93)积分端点上被积函数的取值问题。经分析可知：

(1) $\lim\limits_{k \to 0}\phi_{1R}^*(k,y) = 0, \lim\limits_{k \to 0}\Phi_{1R}^*(k,y) = 0$

(2) $\lim\limits_{k \to \beta_1/\gamma_1}\phi_{1R}^*(k,y) = \lim\limits_{k \to \beta_1/\gamma_1}\phi_{2R}^*(k,y), \lim\limits_{k \to \beta_1/\gamma_1}\Phi_{1R}^*(k,y) = \lim\limits_{k \to \beta_1/\gamma_1}\Phi_{2R}^*(k,y)$

说明内域的被积函数 ϕ_{1R}^*, ϕ_{2R}^* 和外域的被积函数 Φ_{1R}^*, Φ_{2R}^* 在积分端点 β_1/γ_1 处分别相等且连续,积分不存在奇异性。

(3) $\lim\limits_{k \to +\infty}\phi_{2R}^*(k,y) = 0, \lim\limits_{k \to +\infty}\Phi_{2R}^*(k,y) = 0$

说明被积函数 ϕ_{2R}^* 和 Φ_{2R}^* 是一个随 k 增加快速衰减的函数。对 $k \to +\infty$ 的广义积分,可以根据计算精度采用有限截断方法处理。

另外,通过对式(2.92)、式(2.93)的简化或类似于开挖航道的推导,可以得到其他几种限制水域计算舰船水压场的解析模型。

1. 开阔海域[24-26]

1) 亚临界航速

令 $w_1 \to \infty$,对应于开阔海域亚临界航速情况,式(2.92)中的 $g_1(k,y)$ 和 $g_2(k,y)$ 简化为

$$g_1(k,y) = \frac{\cos(kx)\mathrm{e}^{-y t_1}}{t_1}, \quad g_2(k,y) = -\frac{\sin(kx + y s_1)}{s_1} \qquad (2.94)$$

2) 超临界航速

令 $w_1 \to 0, h = H$,对应于开阔海域超临界航速情况,式(2.93)中 $G_1(k,y)$ 和 $G_2(k,y)$ 可以简化为

$$G_1(k,y) = G_2(k,y) = -\frac{\sin(kx + yt_2)}{t_2} \tag{2.95}$$

2. 矩形航道

1) 亚临界航速

令 $H = 0$，对应于矩形航道亚临界航速情况，式(2.92)中的 $g_1(k,y)$ 和 $g_2(k,y)$ 简化为

$$g_1(k,y) = \frac{\cos(kx)\cosh[(y-w_1)t_1]}{t_1 \sinh(w_1 t_1)}, \quad g_2(k,y) = -\frac{\cos(kx)\cos[(w_1-y)s_1]}{s_1 \sin(w_1 s_1)}$$
$$\tag{2.96}$$

2) 超临界航速

对矩形航道超临界航速情况，无法利用开挖航道亚-超临界航速解析模型退化得到。利用岸壁法向不可穿透条件，重新进行推导，式(2.93)中的 $G_1(k,y)$ 和 $G_2(k,y)$ 可表示为

$$G_1(k,y) = G_2(k,y) = -\frac{\cos[t_2(y-w_1)]\cos(kx)}{t_2 \sin(w_1 t_2)} \tag{2.97}$$

3. 阶梯航道

1) 亚临界航速（内域）

设阶梯航道外域宽度为 $2w_2$，在外域岸壁上附加法向不可穿透条件，类似开挖航道的推导，可得内域亚临界航速时的压力场，式(2.92)中的 $g_1(k,y)$ 和 $g_2(k,y)$ 可表示为

$$g_1(k,y) = \frac{\cosh[t_1(y-w_1)] - d_1 \tan[t_2(w_1-w_2)]\sinh[t_1(y-w_1)]}{t_1\{\sinh(t_1 w_1) + d_1 \tan[t_2(w_1-w_2)]\cosh(t_1 w_1)\}}\cos(kx)$$

$$g_2(k,y) = -\frac{\cos[s_1(y-w_1)] - q_1 \tan[t_2(w_1-w_2)]\sin[s_1(y-w_1)]}{s_1\{\sin(s_1 w_1) - q_1 \tan[t_2(w_1-w_2)]\cos(s_1 w_1)\}}\cos(kx)$$

$$\tag{2.98}$$

2) 超临界航速（外域）

在求解内域流动时，同时利用式(2.79)求解外域流动，可得外域超临界航速时的压力场，式(2.93)中的 $G_1(k,y)$ 和 $G_2(k,y)$ 可表示为

$$G_1(k,y) = \frac{\cos[t_2(y-w_2)]\cos(kx)}{t_1\{\sinh(t_1 w_1)\cos[t_2(w_1-w_2)] + d_1 \sin[t_2(w_1-w_2)]\cosh(t_1 w_1)\}}$$

$$G_2(k,y) = -\frac{\cos[t_2(y-w_2)]\cos(kx)}{s_1\{\sin(s_1 w_1)\cos[t_2(w_1-w_2)] - q_1 \sin[t_2(w_1-w_2)]\cos(s_1 w_1)\}}$$

$$\tag{2.99}$$

2.2.4 结果分析与讨论

1. 解析模型的实验验证[27]

采用实验船模(参见第 8 章 8.2.2 节船模 B)参数进行计算。由于现有实验结果是在均匀水深条件下进行的,故采用开阔海域亚临界航速条件下的式(2.94)和超临界航速条件下的式(2.95)进行计算验证。图 2.14、图 2.15 分别为 $F_h = 0.90, h = 0.3L, y = 0$ 和 $F_h = 1.37, h = 0.1L, y = 0.25L$ 条件下的水底纵向压力曲线计算结果,本节船艏(FP)和船艉(AP)分别位于 $x/L = 0.5$ 和 $x/L = -0.5$ 处。理论计算与实验结果比较表明,两者定性一致,误差产生的原因主要是理论模型简化和采用数学船型计算引起的。

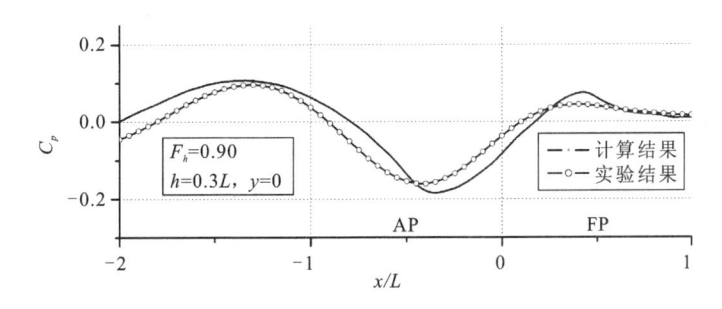

图 2.14 亚临界航速舰船水压通过曲线比较

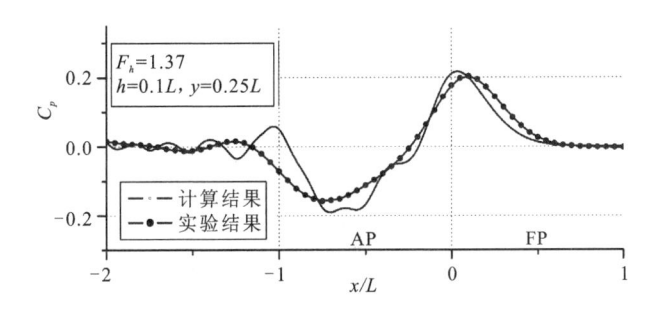

图 2.15 超临界航速舰船水压通过曲线比较

2. 解析模型内外域解的连续性验证

针对开挖航道,根据式(2.92)和式(2.93)分别计算 $y = 0$、$y = 0.5L$ 和 $y = 0.5L$、$y = 1.0L$ 时内、外域的纵向压力曲线。由图 2.16 可见,在内外域交界面 $y = w_1 = 0.5L$ 处,利用式(2.92)和式(2.93)计算的压力曲线符合很好。说明压力变化在内外域交界处连续过渡,也间接证明了内外域解的合理性和正确性。

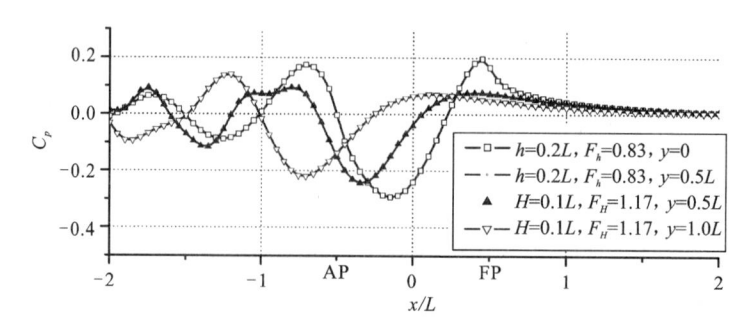

图 2.16 亚-超临界航速开挖航道不同横距时的水压通过曲线

3. 亚、超临界开阔海域与亚-超临界开挖航道水压通过曲线的比较

首先计算开阔海域舰船水压场纵向通过曲线,图 2.17(a)、(b) 分别对应于 $y = 0.5L$ 和 $y = 1.0L$,曲线 C 为亚临界航速开阔海域计算结果($h = 0.2L, F_h = 0.83$),曲线 B 为超临界航速开阔海域计算结果($H = 0.05L, F_H = 1.66$)。其次计算开挖航道(内域 $w_1 = 0.5L, h = 0.2L, F_h = 0.83$,外域 $H = 0.05L, F_H = 1.66$)在 $y = 0.5L$ 和 $y = 1.0L$ 处的压力纵向曲线,计算结果分别为图 2.17(a)、(b) 中的曲线 A。分析表明,在开挖航道 $y = w_1 = 0.5L$ 处的压力曲线 A(图 2.17(a))与开阔海域亚临界航速时的结果较为接近,主要原因是开挖航道外域由于扰动仅向下游传播因而对内域的流动影响较小。而在 $y = 1.0L$ 处的压力计算曲线 A(图 2.17(b))与开阔海域亚、超临界航速的计算结果差别均较大,主要原因在于内域为亚临界航速时扰动可向流场周围传播,而外域为超临界时舰船水压场主要取决于内、外域交界面上的纵向扰动变化,因此内域流动参数对外域的压力场影响较大。

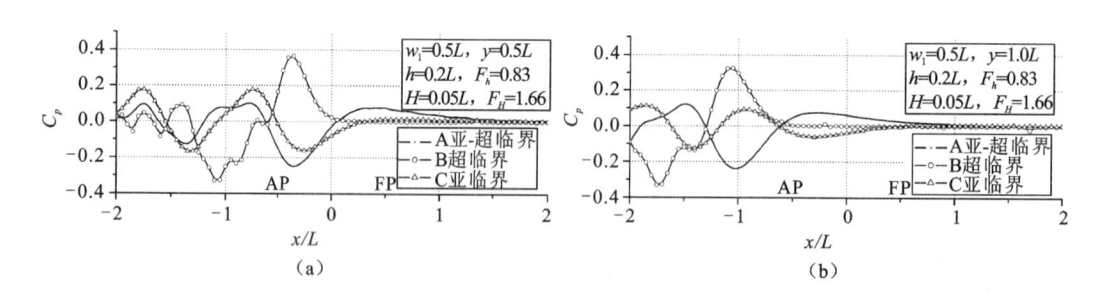

图 2.17 亚、超临界航速开阔海域与亚-超临界航速开挖航道的水压通过曲线

4. 外域水深变化对内域舰船水压通过曲线的影响

在内域 $w_1 = 0.25L, h = 0.2L, F_h = 0.83$ 时,改变外域的水深分别为 $H = 0.025L, 0.05L, 0.1L$,对应的水深 Froude 数分别为 $F_H = 2.35, 1.66, 1.17$。由船体正下方 $y = 0$(图 2.18(a))和内外域交界处 $y = 0.25L$(图 2.18(b))计算的纵向压力曲线可知,在内

域宽度一定时,外域水深变化对内域船艏之前($x \geqslant 0$)的压力变化影响很小。而当外域水深减小时,内外域交界面上的扰动对内域船艉之后的压力峰值有少许影响(峰值有所增加),但压力曲线的峰谷位置基本保持不变。

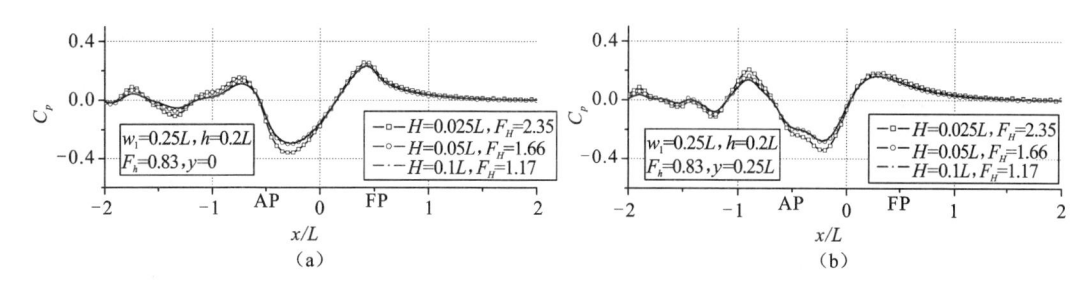

图 2.18　外域水深变化对内域舰船水压通过曲线的影响

5. 内域宽度对舰船正下方水压通过曲线的影响

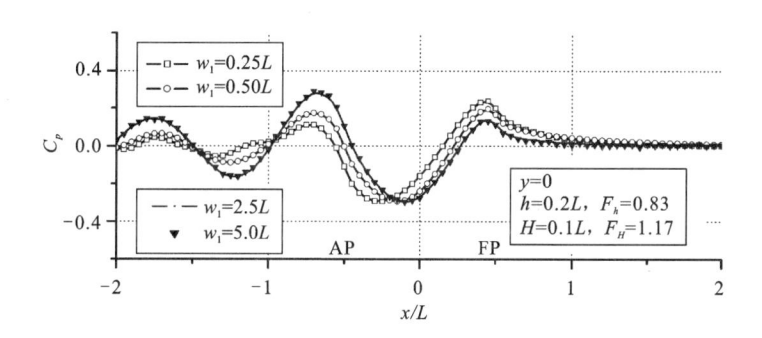

在内域 $h=0.2L, F_h=0.83$ 和外域 $H=0.1L, F_H=1.17$ 时,分别改变内域半宽为 $w_1=0.25L, 0.5L, 2.5L, 5.0L$,计算结果表明当 $w_1=2.5L$ 和 $w_1=5.0L$ 时 $y=0$ 处两条压力曲线基本重合,说明 $w_1 \geqslant 2.5L$ 后外域流动对内域舰船正下方的压力变化影响很小,可视为开阔海域处理,如图 2.19 所示。而当内域宽度很小时,由于内外域交界面处存在的波浪反射作用,将会对船体附近的压力变化产生一定影响,使得船艏压力峰值有所增加,船艉压力峰值有所减小,而且船艏负压峰值位置也会稍向后移。

图 2.19　内域宽度对舰船正下方水压通过曲线的影响

6. 开阔海域亚、超临界航速舰船水压场平面分布特性

在开阔海域下,分别计算亚、超临界航速时的舰船水压场。亚临界时取 $h=0.2L, F_h=0.69$ 及 $F_h=0.83$;超临界时取 $H=0.05L, F_H=1.38$ 及 $F_H=1.66$。由图 2.20 可见,亚、超临界航速舰船水压场存在明显不同特点。在亚临界航速 F_h 较小时(如 $F_h=0.69$),压力分布主要为散波和横波特征,当 F_h 增加时(如 $F_h=0.83$),压力分布主要为横波特征。在超临界航速 $F_H>1$ 时,压力分布主要为散波特征,随着 F_H 进一步增加,散波的"V"形夹

角将相应减小。无论是亚临界还是超临界航速,随着横距增加,压力峰值均存在后移现象,水底压力与表面兴波存在类似变化特点。

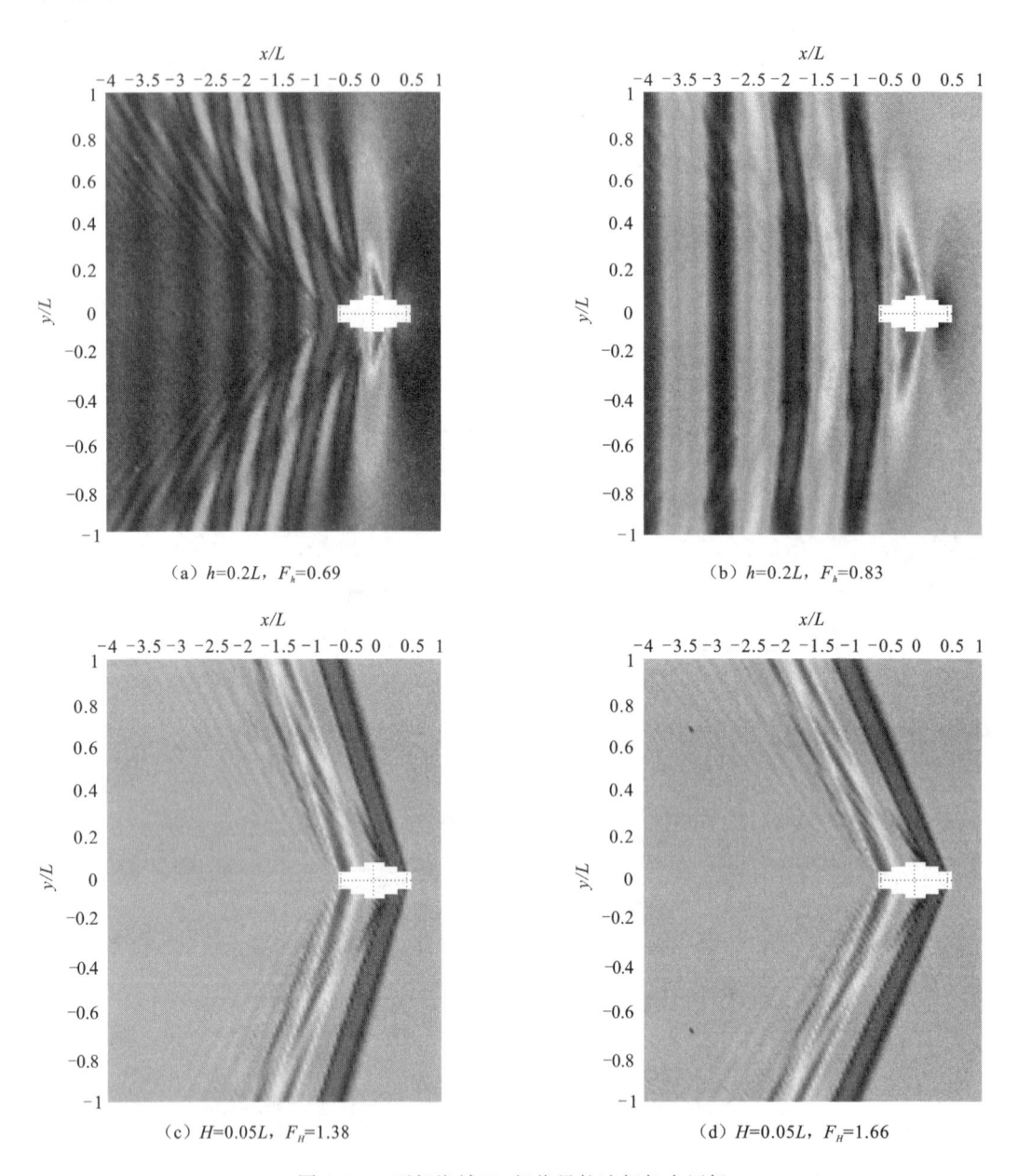

(a) $h=0.2L$, $F_h=0.69$

(b) $h=0.2L$, $F_h=0.83$

(c) $H=0.05L$, $F_H=1.38$

(d) $H=0.05L$, $F_H=1.66$

图 2.20 开阔海域亚、超临界航速舰船水压场

7. 开挖航道亚-超临界航速舰船水压场分布特性

取 $w_1=0.5L$。第 1 种情况:$h=0.2L$,$F_h=0.69$,$H=0.05L$,$F_H=1.38$;第 2 种情况:$h=0.2L$,$F_h=0.83$,$H=0.05L$,$F_H=1.66$。计算结果分别如图 2.21、图 2.22 所示。内域亚临界流动时扰动将向四周传播,内外域交界面上的压力波反射会对内域的压力分

布产生一定影响。外域超临界流动时扰动仅向下游传播,外域舰船水压场主要取决于交界面的压力波透射并在外域按一定的锥角传播。当内域F_h逐渐增加时,散波将减弱,而横波加强。当外域F_H增加时,散波"V"形夹角减小,在内外域交界处的散波折转角将更加明显。开挖航道内外域的舰船水压场呈现了亚-超临界混合流动的特点,同时可见压力分布在内外域交界面处连续过渡。

($w_1=0.5L$;$h=0.2L$,$F_h=0.69$;$H=0.05L$,$F_H=1.38$)

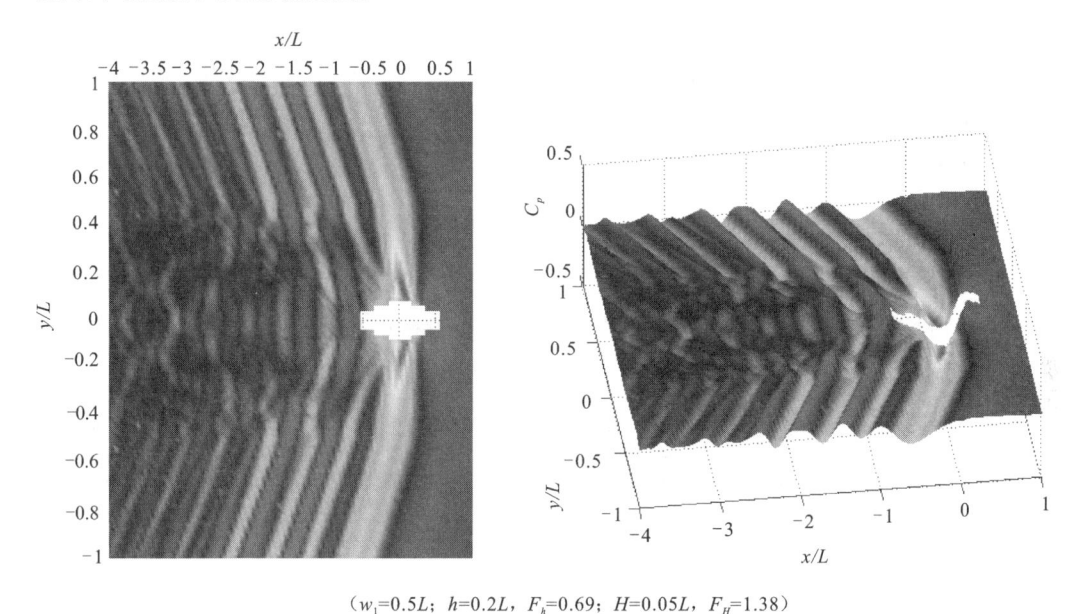

图 2.21　开挖航道亚-超临界航速舰船水压场

($w_1=0.5L$;$h=0.2L$,$F_h=0.83$;$H=0.05L$,$F_H=1.66$)

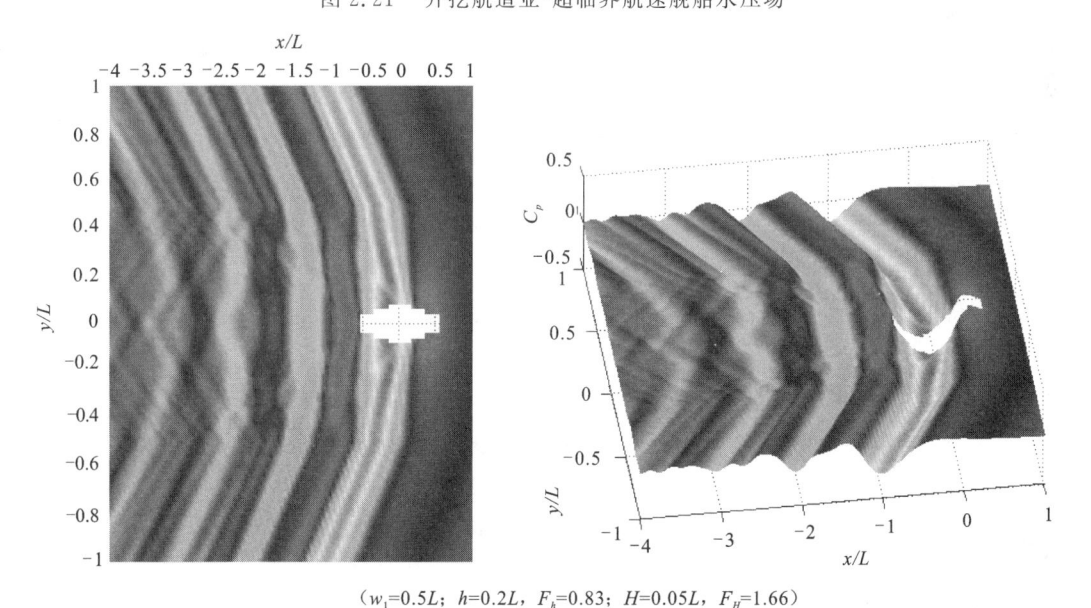

图 2.22　开挖航道亚-超临界航速舰船水压场

2.2.5 小结

与利用 SSW 浅水波动方程建立的舰船水压场解析模型不同,计及色散效应的舰船水压场解析模型可以适用更大的水深 Froude 数范围,舰船水压场计算结果可以反映类似舰船表面兴波的变化特点,可以反映负压区的后移特征。

对开阔海域亚临界航速时,舰船水压场主要呈现散波和横波特征,当水深 Froude 数增加并趋于临界速度时,舰船水压场主要呈现横波特征。对开阔海域超临界航速时,舰船水压场主要呈现散波特征,当水深 Froude 数进一步增加时,散波的"V"形夹角将随之减小。对开挖航道内外域为亚-超临界航速流动时,由于亚、超临界流动存在不同特点,因而外域流动参数变化对内域舰船水压场的影响较小,而内域流动参数变化对外域舰船水压场的影响较大,开挖航道内外域舰船水压场呈现亚-超临界混合流动的特点。当内域宽度大于 5 倍船长时,外域流动参数变化对内域舰船水压场的影响很小,可视为开阔海域处理。

本节所建立的开挖航道舰船水压场解析模型数学方法,如采用系列阶梯近似水底,可以推广用于求解更复杂水底(如梯形、抛物形水底等)的舰船水压场,其计算结果还可为舰船水压场的数值解提供校验。

2.3 计及色散效应的超-超临界航速舰船水压场解析模型

本节采用计及色散效应影响的 LTSW 方程,重点导出开挖航道超-超临界航速条件下的舰船水压场解析模型,并可退化到超临界航速条件下开阔海域和矩形航道的舰船水压场解析模型。

2.3.1 理论模型

设开挖航道内、外域均处于超临界航速情况,即 $F_h = V/\sqrt{gh} > 1, F_H = V/\sqrt{gH} > 1$。舰船和开挖航道坐标系如图 2.13 所示。由于流场左右对称,因而仅考虑 $y \geqslant 0$ 的情况。

记内域流场扰动速度势为 ϕ,计及色散效应的控制方程为

$$\beta_1^2 \phi_{xx} - \phi_{yy} - \gamma_1^2 \phi_{xxxx} = 0, \quad \text{当 } F_h > 1 \text{ 时} \tag{2.100}$$

式中: $\beta_1 = \sqrt{|F_h^2 - 1|}, \gamma_1 = F_h h/\sqrt{3}$。

记外域流场扰动速度势为 Φ,类似可得计及色散效应的控制方程为

$$\beta_2^2 \Phi_{xx} - \Phi_{yy} - \gamma_2^2 \Phi_{xxxx} = 0, \quad \text{当 } F_H > 1 \text{ 时} \tag{2.101}$$

式中: $\beta_2 = \sqrt{|F_H^2 - 1|}, \gamma_2 = F_H H/\sqrt{3}$。

薄船的船体边界条件可近似写为式(2.7),在内外域交界面上需满足流动连续条件式(2.4)和式(2.5),此外,在上下游无穷远处,需满足扰动衰减条件。当外域为超临界流动时,需满足扰动向后传播条件。采用 Fourier 积分变换方法求解上述数学问题,内外域 Fourier 积分变换对的形式取为式(2.8) 和式(2.9)。

利用扰动衰减条件,在内域对式(2.100) 进行 Fourier 变换,得

$$\tilde{\phi}_{yy}(k,y) + \sigma_1 \tilde{\phi}(k,y) = 0, \quad \text{当 } y < w_1 \text{ 时} \tag{2.102}$$

式中:$\sigma_1 = (\gamma_1^2 k^2 + \beta_1^2)k^2$。

由于 $\sigma_1 \geqslant 0$,故式(2.102) 的通解为

$$\tilde{\phi}(k,y) = A(k)e^{iy\sqrt{\sigma_1}} + B(k)e^{-iy\sqrt{\sigma_1}} \tag{2.103}$$

式中:$A(k)$ 和 $B(k)$ 为待定系数。

对船体边界条件式(2.7) 进行 Fourier 变换得式(2.71)。利用式(2.103) 和式(2.71),得

$$\tilde{\phi}(k,y) = 2B(k)\cos(y\sqrt{\sigma_1}) + \frac{Vk\tilde{f}(k)}{\sqrt{\sigma_1}}e^{iy\sqrt{\sigma_1}} \tag{2.104}$$

同理,对式(2.101) 进行 Fourier 变换,得

$$\tilde{\Phi}_{yy}(k,y) + \sigma_2 \tilde{\Phi}(k,y) = 0, \quad \text{当 } y > w_1 \text{ 时} \tag{2.105}$$

式中:$\sigma_2 = (\gamma_2^2 k^2 + \beta_2^2)k^2$,且恒有 $\sigma_2 \geqslant 0$。

式(2.105) 的通解形式与式(2.103) 类似。考虑到外域超临界流动需满足扰动向后传播条件,故取

$$\tilde{\Phi}(k,y) = \begin{cases} C(k)e^{-iky\sqrt{\gamma_2^2 k^2 + \beta_2^2}}, & k < 0 \\ D(k)e^{-iky\sqrt{\gamma_2^2 k^2 + \beta_2^2}}, & k > 0 \end{cases} \tag{2.106}$$

同时,对内外域交界面上流动连续条件式(2.4) 和(2.5) 进行 Fourier 变换,得式(2.79)。

2.3.2 内外域速度场

k 的取值分大于零和小于零两种情况。首先考虑 $k > 0$ 的情况。利用式(2.104)、式(2.106) 和式(2.79),得

$$B(k) = \frac{i(d_1 + 1)Vk\tilde{f}(k)e^{iw_1 t_1}}{2t_1[\sin(w_1 t_1) - id_1\cos(w_1 t_1)]} \tag{2.107}$$

式中:$t_1 = k\sqrt{\gamma_1^2 k^2 + \beta_1^2}$,$t_2 = k\sqrt{\gamma_2^2 k^2 + \beta_2^2}$,$d_1 = Ht_2/(ht_1)$。

将式(2.107) 代入式(2.104) 中,得

$$\tilde{\phi}(k,y) = Vk\tilde{f}(k)\frac{d_1\sin[t_1(y-w_1)] + i\cos[t_1(y-w_1)]}{t_1[\sin(w_1 t_1) - id_1\cos(w_1 t_1)]}, \quad k > 0 \tag{2.108}$$

可以证明,当 $k < 0$ 时,$\tilde{\phi}(k,y)$ 的形式与式(2.108) 一样,由 Fourier 逆变换可得内域

扰动速度势,进一步得到纵向扰动速度。由于被积函数虚部为奇函数,积分为零,实部为偶函数,故内域纵向扰动速度为

$$\phi_x(x,y) = 2\int_0^\infty \widetilde{\phi}_R(k,y)\mathrm{d}k, \quad F_h > 1 \tag{2.109}$$

式中

$$\widetilde{\phi}_R(k,y) = \frac{Vk^2\widetilde{f}(k)}{2\pi} \frac{\{d_1^2\sin[t_1(y-w_1)]\cos(w_1t_1)+\cos[t_1(y-w_1)]\sin(w_1t_1)\}\cos(kx)+d_1\cos(t_1y)\sin(kx)}{t_1[\sin^2(w_1t_1)+d_1^2\cos^2(w_1t_1)]} \tag{2.110}$$

外域流场的求解与内域求解方法类似。首先考虑 $k>0$ 的情况,利用式(2.104)、式(2.106)、式(2.107)、式(2.79),得

$$D(k) = \frac{iVk\widetilde{f}(k)\mathrm{e}^{iw_1t_2}}{t_1[\sin(w_1t_1)-id_1\cos(w_1t_1)]} \tag{2.111}$$

将式(2.111)回代到式(2.106)中,得

$$\widetilde{\Phi}(k,y) = \frac{iVk\widetilde{f}(k)\mathrm{e}^{i(w_1-y)t_2}}{t_1[\sin(w_1t_1)-id_1\cos(w_1t_1)]}, \quad k>0 \tag{2.112}$$

可以证明,当 $k<0$ 时,$\widetilde{\Phi}(k,y)$ 的形式与式(2.112)一样,由此可得外域扰动速度势,进一步得纵向扰动速度为

$$\Phi_x(x,y) = 2\int_0^\infty \widetilde{\Phi}_R(k,y)\mathrm{d}k, \quad F_H > 1 \tag{2.113}$$

式中

$$\widetilde{\Phi}_R(k,y) = \frac{Vk^2\widetilde{f}(k)}{2\pi} \frac{d_1\cos(w_1t_1)\sin[kx+(y-w_1)t_2]+\sin(w_1t_1)\cos[kx+(y-w_1)t_2]}{t_1[\sin^2(w_1t_1)+d_1^2\cos^2(w_1t_1)]} \tag{2.114}$$

2.3.3　内外域压力场

内、外域压力系数分别为 $C_p=2\phi_x/V$ 和 $C_p=2\Phi_x/V$。可见,计算开挖航道超-超临界速度舰船水压场,核心问题是解析模型式(2.109)和式(2.113)的积分计算。

整理得内域压力场为

$$C_p(x,y) = \int_0^\infty \phi_R^*(k,y)\mathrm{d}k, \quad F_h > 1 \tag{2.115}$$

式中:$\phi_R^*(k,y) = 4\widetilde{\phi}_R(k,y)/V$,其中 $\widetilde{\phi}_R$ 由式(2.110)表达。

外域压力场为

$$C_p(x,y) = \int_0^\infty \Phi_R^*(k,y)\mathrm{d}k, \quad F_H > 1 \tag{2.116}$$

式中:$\Phi_R^*(k,y) = 4\widetilde{\Phi}_R(k,y)/V$,其中 $\widetilde{\Phi}_R$ 由式(2.114)表达。

进一步可以得到简化的舰船水压场解析模型。对开阔海域超临界航速情况,令 $h=$

H，则 $\beta_1 = \beta_2, \gamma_1 = \gamma_2, t_1 = t_2, d_1 = 1$。根据式(2.115)和式(2.116)，有被积函数为

$$\phi_R^*(k,y) = \Phi_R^*(k,y) = \frac{2k^2 \widetilde{f}(k)}{\pi} \frac{\sin(kx + t_1 y)}{t_1} \tag{2.117}$$

对矩形航道超临界速度情况，令 $H = 0$，则 $d_1 = 0$。根据式(2.115)，有

$$\phi_R^*(k,y) = \frac{2k^2 \widetilde{f}(k)}{\pi} \frac{\cos[t_1(y-w_1)]\cos(kx)}{t_1 \sin(w_1 t_1)} \tag{2.118}$$

2.3.4 结果分析与讨论

1. 解析模型的实验验证

采用船模 B 参数进行计算。由于现有实验结果是在均匀水深条件下进行的，故采用开阔海域超临界速度条件下的式(2.117)进行计算验证。图 2.15 所示是 $h = 0.1L, F_h = 1.37, y = 0.25L$ 条件下水底纵向压力系数计算结果与实验结果的比较，船艏和船艉位于 $x/L = 0.5$ 和 $x/L = -0.5$ 处，实验结果相比较于计算曲线而言更为光滑。

图 2.23 所示是纵向压力负压系数峰值计算结果随水深 Froude 数的变化，并与实验结果进行了比较，当水深 Froude 数增加时，负压系数峰值变化趋势变缓。理论计算与实验结果基本一致，误差产生原因主要是浅水波动方程的简化和采用数学船型计算引起的。

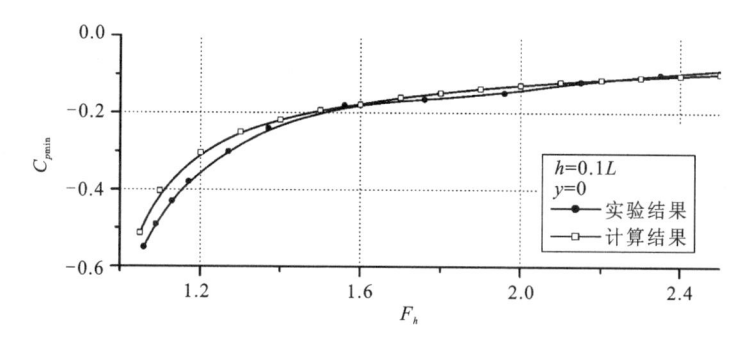

图 2.23 负压系数峰值与水深 Froude 数的关系

2. 解析模型内外域解的连续性验证

针对开挖航道，分别计算 $y = 0, y = 0.5L$ 和 $y = 0.5L, y = 1.0L$ 时内外域的纵向压力系数曲线。由图 2.24 可见，在内外域交界面 $y = w_1 = 0.5L$ 处，利用内外域解析模型计算的压力系数符合很好。说明压力变化在内外域交界处连续过渡，间接证明了内外域解的合理性和正确性。同时可以看出，超临界速度时正、负压力系数峰值随横距或水深 Froude 数增加呈现后移现象，但变化幅值不大。

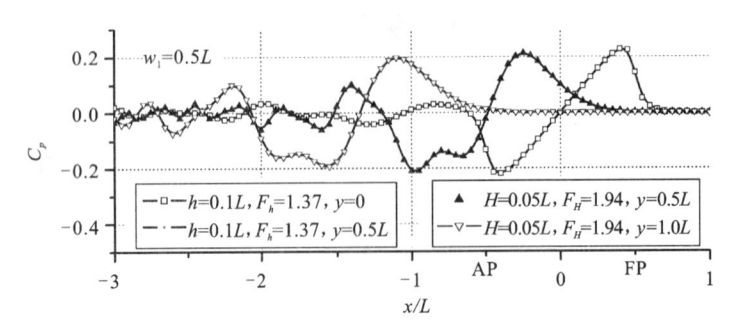

图 2.24　不同横距时的舰船水压通过曲线

3. 外域水深对内域舰船正下方水压通过曲线的影响

在内域 $w_1 = 0.25L, h = 0.1L, F_h = 1.37$ 时,改变外域的水深分别为 $H = 0.1L$, $0.05L, 0.02L$,对应的水深 Froude 数分别为 $F_H = 1.37, 1.94, 3.06$。当 $H = h = 0.1L$ 时,说明内外域水深相同,计算结果类似开阔海域超临界速度情况。由船体正下方 $y = 0$ 处的纵向压力系数曲线可知,外域水深变化对内域船艏之后的压力变化有一定影响,且当外域水深越小时,由于内、外域交界面上的反射越强烈,因而对内域流场的影响越明显,如图 2.25 所示。

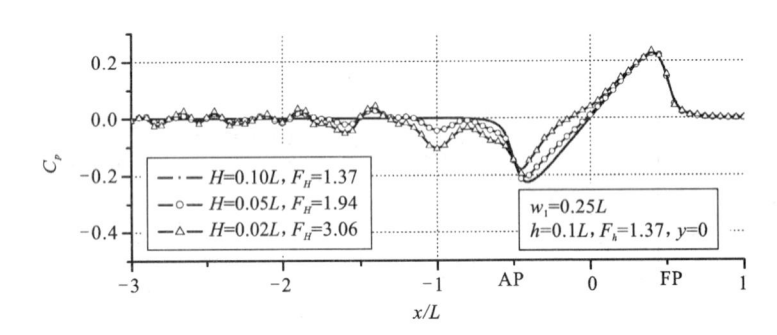

图 2.25　外域水深对内域舰船水压通过曲线的影响

4. 内域宽度对舰船正下方水压通过曲线的影响

在内域 $h = 0.10L, F_h = 1.37$ 和外域 $H = 0.02L, F_H = 3.06$ 一定时,分别改变内域半宽为 $w_1 = 0.25L, 0.5L, 2.5L, 5.0L$,计算结果表明当 $w_1 = 2.5L$ 和 $w_1 = 5.0L$ 时,在 $y = 0$ 处两条舰船水压通过曲线重合,说明当 $w_1 \geqslant 2.5L$ 时外域流动对内域舰船正下方的压力变化影响很小,可视为开阔海域处理,如图 2.26 所示。当 $w_1 = 0.5L$ 时,在船艉附近压力分布开始发生变化,而当内域宽度进一步减小时,由于交界面存在的波浪反射作用,将会对船艉以后的压力变化产生明显影响。

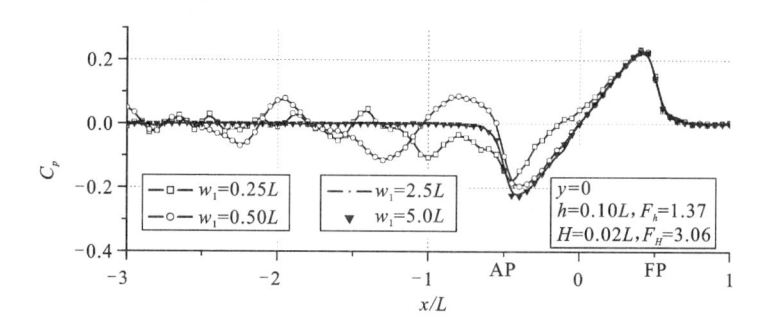

图 2.26　内域宽度对舰船水压通过曲线的影响

5. 开阔海域超临界航速舰船水压场平面分布特性

取 $h=0.1L$、$F_h=1.37$ 和 $h=0.05L$、$F_h=1.94$ 两种情况。由图 2.27(a)、(b)可见，在 $F_h>1$ 时，压力分布主要为散波特征，在船艏和船艉附近可见明显正、负压力系数峰值。随着 F_h 进一步增加，散波的"V"形夹角将相应减小。随着横距增加，压力系数峰值衰减缓慢且存在后移现象，水底压力与表面兴波存在类似的变化特点。

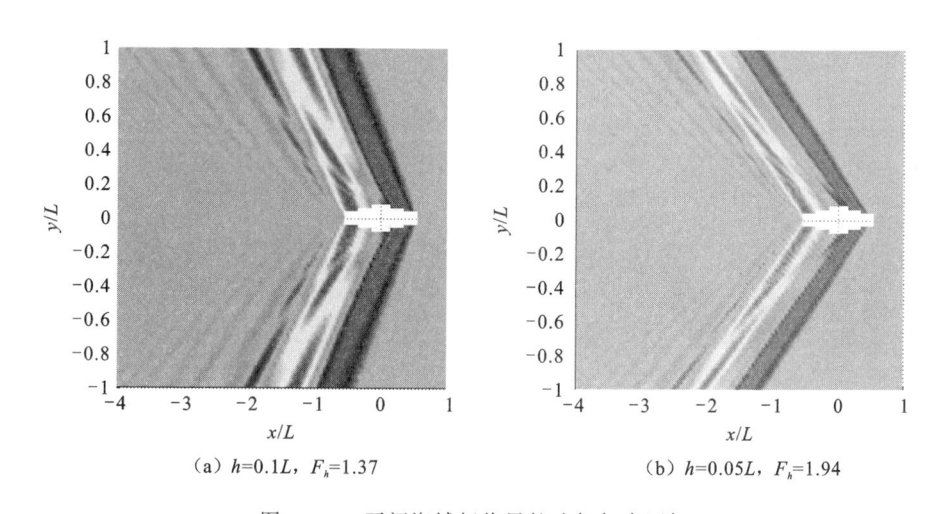

图 2.27　开阔海域超临界航速舰船水压场

6. 开挖航道超-超临界航速舰船水压场平面分布特性

取 $w_1=0.50L$。第 1 种情况：内域 $h=0.1L$，$F_h=1.37$，外域 $H=0.05L$，$F_H=1.94$；第 2 种情况：内域 $h=0.05L$，$F_h=1.94$，外域 $H=0.1L$，$F_H=1.37$。计算结果分别如图 2.28(a)和(b)所示。在内外域交界面 $y=\pm 0.5L$ 处，压力分布连续过渡，但舰船压力系数峰值发生明显折转。内外域的水深 Froude 数差别越大，则折转就越明显。当内域 F_h 小于外域 F_H 时，外域的压力系数正峰向内折转，反之向外折转。超临界流动时扰动仅向下游传播，内外域交界面上的压力波反射会对内域的压力分布产生一定影响，外域压力分布主要取决于交界面的压力波透射情况。开挖航道内外域的舰船水压场呈现超-超临界混合流动的特点。

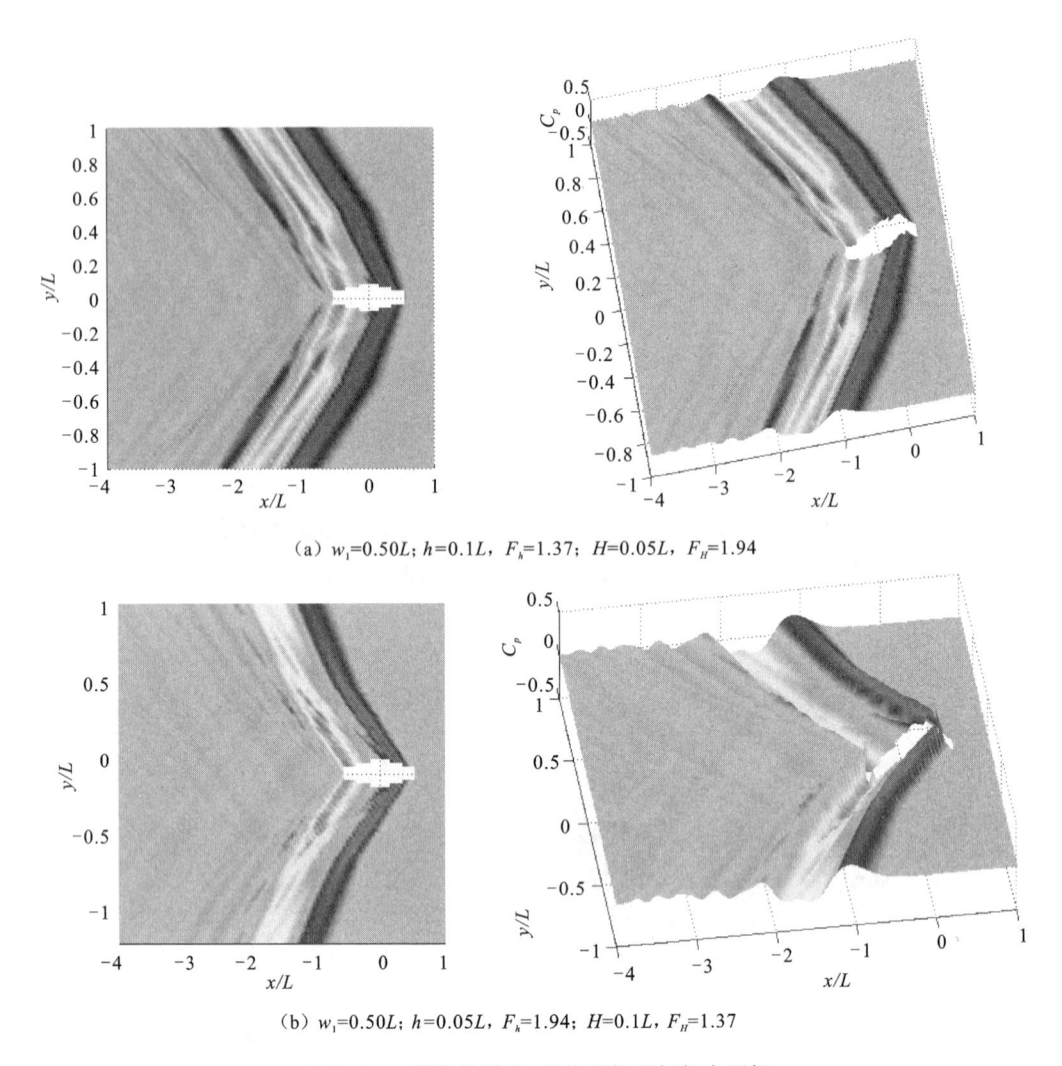

(a) $w_1=0.50L$; $h=0.1L$, $F_h=1.37$; $H=0.05L$, $F_H=1.94$

(b) $w_1=0.50L$; $h=0.05L$, $F_h=1.94$; $H=0.1L$, $F_H=1.37$

图 2.28　开挖航道超-超临界航速舰船水压场

2.3.5　小结

与利用 SSW 方程建立的舰船水压场解析模型不同,本节采用 LTSW 浅水波动方程,计及色散效应影响,导出的开挖航道超-超临界航速舰船水压场解析模型可以适用更大的水深 Froude 数范围,舰船水压场计算结果可以反映类似舰船表面兴波的变化特点。

对开阔海域超临界航速时,水底压力分布主要呈现散波特征,在船艏和船艉附近可见明显的正、负压力系数峰值,且压力峰值随着横距增加而后移,但衰减缓慢;当水深 Froude 数增加时,散波的"V"形夹角将随之减小。对开挖航道内外域为超-超临界航速时,内外域压力分布均呈现散波特征,依据内外域的水深 Froude 数不同,压力系数正峰在内外域交界处将发生不同的折转;当内域水深 Froude 数小于外域时,外域的压力系数正峰将向内折转,反之向外折转。当内域宽度大于 5 倍船长时,外域流动参数变化对内域舰船正下方的压力变化影响很小,可视为开阔海域处理。

2.4 计及色散效应的亚-亚临界航速舰船水压场解析模型

本节采用计及色散效应影响的 LTSW 方程,重点导出开挖航道亚-亚临界航速条件下的舰船水压场解析模型,并可退化到亚临界航速条件下开阔海域和矩形航道下的舰船水压场解析模型。

2.4.1 理论模型

将开挖航道划分为水深为 h 的内域和水深为 H 的外域,且 $h > H$。设内、外域均为亚临界航速,即 $F_h = V/\sqrt{gh} < 1$,$F_H = V/\sqrt{gH} < 1$。舰船和开挖航道坐标系如图 2.13 所示。

流场左右对称,仅考虑 $y \geqslant 0$ 的情况。不计非定常性及非线性,计及色散效应的 LTSW 方程重写为

$$(1 - F_h^2)\phi_{xx} + \phi_{yy} + \frac{F_h^2 h^2}{3}\phi_{xxxx} = 0 \tag{2.119}$$

记内、外域速度势为 $\phi(x,y)$ 和 $\Phi(x,y)$,则控制方程可分别写出如下。

内域流场

$$\beta_1^2 \phi_{xx} + \phi_{yy} + \gamma_1^2 \phi_{xxxx} = 0, \quad 当 F_h < 1 时 \tag{2.120}$$

式中:$\beta_1 = \sqrt{1 - F_h^2}$,$\gamma_1 = F_h h/\sqrt{3}$。

外域流场

$$\beta_2^2 \Phi_{xx} + \Phi_{yy} + \gamma_2^2 \Phi_{xxxx} = 0, \quad 当 F_H < 1 时 \tag{2.121}$$

式中:$\beta_2 = \sqrt{1 - F_H^2}$,$\gamma_2 = F_H H/\sqrt{3}$。

船体边界条件近似写为式(2.7),在内、外域交界面上需满足流动连续条件式(2.4)和式(2.5)。此外,在上、下游和横向无穷远处,需满足扰动衰减条件。外域还需满足扰动向后传播条件。采用 Fourier 积分变换法求解上述数学问题,内、外域 Fourier 积分变换对的形式为式(2.8) 和(2.9)。

这里记

$$\sigma_1 = (\gamma_1^2 k^2 - \beta_1^2)k^2, \quad \sigma_2 = (\gamma_2^2 k^2 - \beta_2^2)k^2; \quad t_1 = k\sqrt{\beta_1^2 - \gamma_1^2 k^2}, \ 0 < k < \beta_1/\gamma_1$$

$$s_1 = k\sqrt{\gamma_1^2 k^2 - \beta_1^2}, \ k > \beta_1/\gamma_1, \quad t_2 = k\sqrt{\beta_2^2 - \gamma_2^2 k^2}, \ 0 < k < \beta_2/\gamma_2$$

$$s_2 = k\sqrt{\gamma_2^2 k^2 - \beta_2^2}, \ k > \beta_2/\gamma_2;$$

$$d_1 = Ht_2/(ht_1), \quad r_1 = Hs_2/(hs_1), \quad q_1 = Ht_2/(hs_1)$$

1. 内域 Fourier 变换

利用扰动衰减条件,在内域对式(2.120)进行 Fourier 变换得式(2.69),当 k 在 $-\infty$ 至 $+\infty$ 之间变化时,式(2.69)的求解存在 σ_1 大于和小于 0 两种情况,以下分别讨论。

(1) 当 $\sigma_1 > 0$ 时,有 $\gamma_1^2 k^2 - \beta_1^2 > 0$,即 $k > \beta_1/\gamma_1$ 或 $k < -\beta_1/\gamma_1$。此时,式(2.69)的通解为

$$\tilde{\phi}(k,y) = A_1(k)e^{iy\sqrt{\sigma_1}} + B_1(k)e^{-iy\sqrt{\sigma_1}} \tag{2.122}$$

式中:$A_1(k)$ 和 $B_1(k)$ 为待定系数。

对船体边界条件进行 Fourier 变换得式(2.71)。利用式(2.71) 和式(2.122),得

$$\tilde{\phi}(k,y) = 2B_1(k)\cos(y\sqrt{\sigma_1}) + \frac{kV\tilde{f}(k)e^{iy\sqrt{\sigma_1}}}{\sqrt{\sigma_1}} \tag{2.123}$$

(2) 当 $\sigma_1 < 0$ 时,有 $\gamma_1^2 k^2 - \beta_1^2 < 0$,即 $-\beta_1/\gamma_1 < k < \beta_1/\gamma_1$。此时,式(2.69)通解为

$$\tilde{\phi}(k,y) = E_1(k)e^{y\sqrt{|\sigma_1|}} + F_1(k)e^{-y\sqrt{|\sigma_1|}} \tag{2.124}$$

利用式(2.71) 和式(2.124),得

$$\tilde{\phi}(k,y) = 2F_1(k)\cosh(y\sqrt{|\sigma_1|}) + \frac{ikV\tilde{f}(k)e^{y\sqrt{|\sigma_1|}}}{\sqrt{|\sigma_1|}} \tag{2.125}$$

2. 外域 Fourier 变换

同理,在外域对式(2.121)进行 Fourier 变换,得

$$\tilde{\Phi}_{yy}(k,y) + \sigma_2\tilde{\Phi}(k,y) = 0, \quad 当 y > w_1 时 \tag{2.126}$$

(1) 当 $\sigma_2 > 0$ 即 $k > \beta_2/\gamma_2$ 或 $k < -\beta_2/\gamma_2$ 时,式(2.126)的通解为

$$\tilde{\Phi}(k,y) = A_2(k)e^{iy\sqrt{\sigma_2}} + B_2(k)e^{-iy\sqrt{\sigma_2}} \tag{2.127}$$

根据船前无波的辐射条件,可知

$$\tilde{\Phi}(k,y) = \begin{cases} B_2(k)e^{-iyk\sqrt{\gamma_2^2 k^2 - \beta_2^2}}, & k > \beta_2/\gamma_2 \\ A_2(k)e^{-iyk\sqrt{\gamma_2^2 k^2 - \beta_2^2}}, & k < -\beta_2/\gamma_2 \end{cases} \tag{2.128}$$

(2) 当 $\sigma_2 < 0$ 即 $-\beta_2/\gamma_2 < k < \beta_2/\gamma_2$ 时,式(2.126)的通解为

$$\tilde{\Phi}(k,y) = E_2(k)e^{y\sqrt{|\sigma_2|}} + F_2(k)e^{-y\sqrt{|\sigma_2|}} \tag{2.129}$$

根据扰动衰减条件,可知

$$\tilde{\Phi}(k,y) = \begin{cases} F_2(k)e^{-yk\sqrt{\beta_2^2 - \gamma_2^2 k^2}}, & 0 < k < \beta_2/\gamma_2 \\ F_2(k)e^{yk\sqrt{\beta_2^2 - \gamma_2^2 k^2}}, & -\beta_2/\gamma_2 < k < 0 \end{cases} \tag{2.130}$$

同时,对内外域交界面流动连续条件式(2.4)和式(2.5)进行 Fourier 变换,得式(2.79)。

2.4.2 内外域速度势求解

1. 内域速度势

首先考虑 $k>0$ 的情况,根据内外域交界面上的流动连续条件对内流场进行求解。内域解分 $0<k<\beta_1/\gamma_1$, $k>\beta_1/\gamma_1$ 两个区间;外域解分 $0<k<\beta_2/\gamma_2$, $k>\beta_2/\gamma_2$ 两个区间。内外域解两个区间并不重合,因此需要重新分区,使求解在相同的区间内进行。

实际上,根据航速和水深的不同,可能存在 $\beta_1/\gamma_1>\beta_2/\gamma_2$ 或 $\beta_1/\gamma_1<\beta_2/\gamma_2$ 两种情况,在计算时需预先确定。如:$V>\sqrt{ghH/(h+H)}$,则 $\beta_1/\gamma_1>\beta_2/\gamma_2$;反之,$\beta_1/\gamma_1<\beta_2/\gamma_2$。

不妨设 $\beta_1/\gamma_1<\beta_2/\gamma_2$。因此在 $k>0$ 时可确定三个区间:$0<k<\beta_1/\gamma_1$, $\beta_1/\gamma_1<k<\beta_2/\gamma_2$, $k>\beta_2/\gamma_2$。以下针对每个区间分别进行内外定解。

(1) 当 $0<k<\beta_1/\gamma_1$ 时,利用式(2.125)、式(2.130)和式(2.79),得

$$F_1(k) = \frac{-\mathrm{i}(1+d_1)Vk\widetilde{f}(k)\mathrm{e}^{w_1 t_1}}{2t_1[\sinh(w_1 t_1)+d_1\cosh(w_1 t_1)]} \tag{2.131}$$

将式(2.131)代入到式(2.125)中,得内域解为

$$\widetilde{\phi}(k,y) = -\mathrm{i}Vk\widetilde{f}(k)\frac{\cosh[(w_1-y)t_1]+d_1\sinh[(w_1-y)t_1]}{t_1[\sinh(w_1 t_1)+d_1\cosh(w_1 t_1)]} \tag{2.132}$$

(2) 当 $\beta_1/\gamma_1<k<\beta_2/\gamma_2$ 时,利用式(2.123)、式(2.130)和式(2.79),得

$$B_1(k) = \frac{(\mathrm{i}+q_1)Vk\widetilde{f}(k)\mathrm{e}^{\mathrm{i}w_1 s_1}}{2s_1[\sin(w_1 s_1)-q_1\cos(w_1 s_1)]} \tag{2.133}$$

将式(2.133)代入式(2.123)中,得内域解为

$$\widetilde{\phi}(k,y) = \mathrm{i}Vk\widetilde{f}(k)\frac{q_1\sin[(w_1-y)s_1]+\cos[(w_1-y)s_1]}{s_1[\sin(w_1 s_1)-q_1\cos(w_1 s_1)]} \tag{2.134}$$

(3) 当 $k>\beta_2/\gamma_2$ 时,利用式(2.123)、式(2.128)和式(2.79),得

$$B_1(k) = \frac{\mathrm{i}(r_1+1)Vk\widetilde{f}(k)\mathrm{e}^{\mathrm{i}w_1 s_1}}{2s_1[\sin(w_1 s_1)-\mathrm{i}r_1\cos(w_1 s_1)]} \tag{2.135}$$

将式(2.135)代入式(2.123)中,得内域解为

$$\widetilde{\phi}(k,y) = \mathrm{i}Vk\widetilde{f}(k)\frac{\cos[(w_1-y)s_1]+\mathrm{i}r_1\sin[(w_1-y)s_1]}{s_1[\sin(w_1 s_1)-\mathrm{i}r_1\cos(w_1 s_1)]} \tag{2.136}$$

可以证明,当 $-\beta_1/\gamma_1<k<0$, $-\beta_2/\gamma_2<k<-\beta_1/\gamma_1$, $k<-\beta_2/\gamma_2$ 时,内域解形式分别与式(2.132)、式(2.134)和式(2.136)完全相同。由 Fourier 逆变换可得内域扰动速度势,由于虚部积分为零,进一步得内域纵向扰动速度为

$$\phi_x(x,y) = 2\int_0^\infty \widetilde{\phi}_R(k,y)\mathrm{d}k, \quad F_h<1 \tag{2.137}$$

式中

$$\tilde{\phi}_R(k,y)$$

$$= \begin{cases} -\dfrac{k^2 V \tilde{f}(k)}{2\pi} \dfrac{d_1 \sinh[(w_1-y)t_1] + \cosh[(w_1-y)t_1]}{t_1[d_1 \cosh(w_1 t_1) + \sinh(w_1 t_1)]} \cos(kx), & 0 < k < \beta_1/\gamma_1 \\ -\dfrac{k^2 V \tilde{f}(k)}{2\pi} \dfrac{q_1 \sin[(w_1-y)s_1] + \cos[(w_1-y)s_1]}{s_1[q_1 \cos(w_1 s_1) - \sin(w_1 s_1)]} \cos(kx), & \beta_1/\gamma_1 < k < \beta_2/\gamma_2 \\ -\dfrac{k^2 V \tilde{f}(k)}{2\pi} \dfrac{\{r_1^2 \sin[(w_1-y)s_1]\cos(w_1 s_1) - \cos[(w_1-y)s_1]\sin(w_1 s_1)\}\cos(kx) - r_1 \sin(kx)\cos(y s_1)}{s_1[r_1^2 \cos^2(w_1 s_1) + \sin^2(w_1 s_1)]}, & k > \beta_2/\gamma_2 \end{cases}$$

2. 外域速度势

对外域流场,与内域求解方法一样,同样分 $k>0$ 和 $k<0$ 两种情况。在 $k>0$ 时又分 $0<k<\beta_1/\gamma_1$, $\beta_1/\gamma_1<k<\beta_2/\gamma_2$, $k>\beta_2/\gamma_2$ 三种情况。

(1) 当 $0<k<\beta_1/\gamma_1$ 时,利用式(2.125)、式(2.130)、式(2.131)和式(2.79),得

$$F_2(k) = -\frac{iVk\tilde{f}(k)e^{w_1 t_2}}{t_1[\sinh(w_1 t_1) + d_1 \cosh(w_1 t_1)]} \tag{2.138}$$

将式(2.138)回代到式(2.130)中,得外域解为

$$\tilde{\Phi}(k,y) = -\frac{iVk\tilde{f}(k)e^{(w_1-y)t_2}}{t_1[\sinh(w_1 t_1) + d_1 \cosh(w_1 t_1)]} \tag{2.139}$$

(2) 当 $\beta_1/\gamma_1 < k < \beta_2/\gamma_2$ 时,利用式(2.123)、式(2.130)、式(2.133)和式(2.79),得

$$F_2(k) = \frac{iVk\tilde{f}(k)e^{w_1 t_2}}{s_1[\sin(w_1 s_1) - q_1 \cos(w_1 s_1)]} \tag{2.140}$$

将式(2.140)回代到式(2.130)中,得外域解为

$$\tilde{\Phi}(k,y) = \frac{iVk\tilde{f}(k)e^{(w_1-y)t_2}}{s_1[\sin(w_1 s_1) - q_1 \cos(w_1 s_1)]} \tag{2.141}$$

(3) 当 $k > \beta_2/\gamma_2$ 时,利用式(2.123)、式(2.128)、式(2.135)和式(2.79),得

$$B_2(k) = \frac{iVk\tilde{f}(k)e^{iw_1 s_2}}{s_1[\sin(w_1 s_1) - ir_1 \cos(w_1 s_1)]} \tag{2.142}$$

将式(2.142)回代到式(2.128)中,得外域解为

$$\tilde{\Phi}(k,y) = \frac{iVk\tilde{f}(k)e^{i(w_1-y)s_2}}{s_1[\sin(w_1 s_1) - ir_1 \cos(w_1 s_1)]} \tag{2.143}$$

可以证明,当 $-\beta_1/\gamma_1 < k < 0$, $-\beta_2/\gamma_2 < k < -\beta_1/\gamma_1$, $k < -\beta_2/\gamma_2$ 时,外域解结果分别与式(2.139)、式(2.141)、式(2.143)完全相同。由 Fourier 逆变换可得外域扰动速度势,由于虚部积分为零,进一步得外域纵向扰动速度为

$$\Phi_x(x,y) = 2\int_0^\infty \tilde{\Phi}_R(k,y)\mathrm{d}k, \quad F_H < 1 \tag{2.144}$$

式中

$\widetilde{\Phi}_R(k,y)$

$$= \begin{cases} -\dfrac{Vk^2 \widetilde{f}(k)}{2\pi} \dfrac{e^{(w_1-y)t_2}}{t_1[\sinh(w_1 t_1)+d_1\cosh(w_1 t_1)]}\cos(kx), & 0<k<\beta_1/\gamma_1 \\[6pt] \dfrac{Vk^2 \widetilde{f}(k)}{2\pi} \dfrac{e^{(w_1-y)t_2}}{s_1[\sin(w_1 s_1)-q_1\cos(w_1 s_1)]}\cos(kx), & \beta_1/\gamma_1<k<\beta_2/\gamma_2 \\[6pt] \dfrac{Vk^2 \widetilde{f}(k)}{2\pi} \dfrac{\cos[kx+(y-w_1)s_2]\sin(w_1 s_1)+r_1\sin[kx+(y-w_1)s_2]\cos(w_1 s_1)}{s_1[\sin^2(w_1 s_1)+r_1^2\cos^2(w_1 s_1)]}, & k>\beta_2/\gamma_2 \end{cases}$$

2.4.3 内外域压力场求解

内、外域压力系数分别为 $C_p=2\phi_x/V$ 和 $C_p=2\Phi_x/V$。可见，计算开挖航道亚-亚临界航速舰船水压场，核心问题是解析模型式(2.137)和式(2.144)的积分计算。

内域压力场为

$$C_p=\int_0^\infty \phi_R^*(k,y)\mathrm{d}k, \quad F_h<1 \tag{2.145}$$

式中

$\phi_R^*(k,y)$

$$= \begin{cases} a(k)\dfrac{d_1\sinh[(w_1-y)t_1]+\cosh[(w_1-y)t_1]}{t_1[d_1\cosh(w_1 t_1)+\sinh(w_1 t_1)]}\cos(kx), & 0<k<\beta_1/\gamma_1 \\[6pt] a(k)\dfrac{q_1\sin[(w_1-y)s_1]+\cos[(w_1-y)s_1]}{s_1[q_1\cos(w_1 s_1)-\sin(w_1 s_1)]}\cos(kx), & \beta_1/\gamma_1<k<\beta_2/\gamma_2 \\[6pt] a(k)\dfrac{r_1^2\sin[(w_1-y)s_1]\cos(kx)\cos(w_1 s_1)-r_1\sin(kx)\cos(ys_1)-\cos[(w_1-y)s_1]\cos(kx)\sin(w_1 s_1)}{s_1[r_1^2\cos^2(w_1 s_1)+\sin^2(w_1 s_1)]}, & k>\beta_2/\gamma_2 \end{cases}$$

$a(k)=-2k^2\widetilde{f}(k)/\pi$

外域压力场为

$$C_p=\int_0^\infty \Phi_R^*(k,y)\mathrm{d}k, \quad F_H<1 \tag{2.146}$$

式中

$\Phi_R^*(k,y)$

$$= \begin{cases} a(k)\dfrac{e^{(w_1-y)t_2}}{t_1[\sinh(w_1 t_1)+d_1\cosh(w_1 t_1)]}\cos(kx), & 0<k<\beta_1/\gamma_1 \\[6pt] -a(k)\dfrac{e^{(w_1-y)t_2}}{s_1[\sin(w_1 s_1)-q_1\cos(w_1 s_1)]}\cos(kx), & \beta_1/\gamma_1<k<\beta_2/\gamma_2 \\[6pt] -a(k)\dfrac{\cos[kx+(y-w_1)s_2]\sin(w_1 s_1)+r_1\sin[kx+(y-w_1)s_2]\cos(w_1 s_1)}{s_1[\sin^2(w_1 s_1)+r_1^2\cos^2(w_1 s_1)]}, & k>\beta_2/\gamma_2 \end{cases}$$

$a(k)=-2k^2\widetilde{f}(k)/\pi$

2.4.4 特殊条件下的退化验证

以下可将开阔海域亚-亚临界航速的解析模型式(2.145)、式(2.146),退化到亚临界航速开阔海域和矩形航道条件下的舰船水压场解析模型。

1. 开阔海域

对内域而言,如 $h = H$,则 $\beta_1 = \beta_2, \gamma_1 = \gamma_2, t_1 = t_2 = \mathrm{i}s_1, s_1 = s_2, d_1 = 1, r_1 = 1, q_1 = \mathrm{i}$,根据式(2.145),得

$$\phi_R^*(k,y) = \begin{cases} a(k)\dfrac{\sinh[(w_1-y)t_1]+\cosh[(w_1-y)t_1]}{t_1[\cosh(w_1 t_1)+\sinh(w_1 t_1)]}\cos(kx), & 0<k<\beta_1/\gamma_1 \\ a(k)\dfrac{\sin[(w_1-y)s_1]\cos(kx)\cos(w_1 s_1)-\sin(kx)\cos(ys_1)-\cos[(w_1-y)s_1]\cos(kx)\sin(w_1 s_1)}{s_1}, & k>\beta_1/\gamma_1 \end{cases}$$

进一步整理,得

$$\phi_R^*(k,y) = \begin{cases} a(k)\dfrac{\cos(kx)\mathrm{e}^{-yt_1}}{t_1}, & 0<k<\beta_1/\gamma_1 \\ -a(k)\dfrac{\sin(kx+ys_1)}{s_1}, & k>\beta_1/\gamma_1 \end{cases} \quad (2.147)$$

式(2.147)与开阔海域的解式(2.92)结果一致,说明内域解可以退化到亚临界航速开阔海域情况。

对外域而言,如 $h = H$,则根据式(2.146),得

$$\Phi_R^*(k,y) = \begin{cases} a(k)\dfrac{\mathrm{e}^{(w_1-y)t_2}}{t_1[\sinh(w_1 t_1)+\cosh(w_1 t_1)]}\cos(kx), & 0<k<\beta_1/\gamma_1 \\ -a(k)\dfrac{\cos[kx+(y-w_1)s_2]\sin(w_1 s_1)+\sin[kx+(y-w_1)s_2]\cos(w_1 s_1)}{s_1}, & k>\beta_1/\gamma_1 \end{cases}$$

进一步整理,得

$$\Phi_R^*(k,y) = \begin{cases} a(k)\dfrac{\cos(kx)\mathrm{e}^{-yt_1}}{t_1}, & 0<k<\beta_1/\gamma_1 \\ -a(k)\dfrac{\sin(kx+ys_1)}{s_1}, & k>\beta_1/\gamma_1 \end{cases} \quad (2.148)$$

式(2.148)与(2.147)结果一致,说明外域解也可以退化到亚临界航速开阔海域情况。且在 $y = w_1$ 时,有 $\phi_R^*(k,y) = \Phi_R^*(k,y)$,内、外域解连续过渡。

2. 矩形航道

对内域而言,如外域 $H = 0$,则 $\gamma_2 = 0, d_1 = 0, r_1 = 0, q_1 = 0$,

$$t_1 = k\sqrt{\beta_1^2 - \gamma_1^2 k^2}, \quad s_1 = k\sqrt{\gamma_1^2 k^2 - \beta_1^2}$$

根据式(2.145),有

$$\phi_R^*(k,y) = \begin{cases} a(k)\dfrac{\cosh[(w_1-y)t_1]}{t_1\sinh(w_1t_1)}\cos(kx), & 0<k<\beta_1/\gamma_1 \\ -a(k)\dfrac{\cos[(w_1-y)s_1]}{s_1\sin(w_1s_1)}\cos(kx), & \beta_1/\gamma_1<k<+\infty \end{cases} \quad (2.149)$$

式(2.149)与开阔海域的解式(2.96)结果一致,说明内域解可以退化到亚临界航速矩形航道情况。

2.4.5 小结

在开挖航道亚-亚临界航速的舰船水压场解析计算模型中,在 $\beta_1/\gamma_1<k<\beta_2/\gamma_2$ 范围内,内、外域解的分母存在为零的情况,计算存在奇异性,需要设法解决,这是获得计算结果的关键。对开挖航道亚-亚临界航速的舰船水压场计算仍在发展之中。

第 3 章 浅水舰船水压场的数值计算

本章将从 SSW 方程出发,由简至繁逐渐拓展至 LTSW 和 SKP 方程,开展浅水舰船水压场的数值计算方法研究,并与解析模型的计算结果和实验结果进行对比,验证所采用的数值计算方法的准确性和可靠性。

3.1 不计色散效应的亚临界航速舰船水压场数值计算

3.1.1 数学问题

假设舰船航行速度 V 恒定,船长为 L(或 $2l$),船宽为 $2b$,水深恒为 h。坐标系如图 2.1 所示。舰船周围的流体视为理想不可压流体作无旋运动。采用的亚临界航速 SSW 方程重写为

$$\beta_1^2 \phi_{xx} + \phi_{yy} = 0 \tag{3.1}$$

式中:$\beta_1 = \sqrt{1 - F_h^2}, F_h < 1$。

采用 Wigley 数学船型,船体表面方程为

$$y(x,z) = b\left[1 - \left(\frac{x}{l}\right)^2\right]\left[1 - \left(\frac{z}{d}\right)^2\right] \tag{3.2}$$

式中:$|x| \leqslant l, -d \leqslant z \leqslant 0, d$ 为吃水。

船体表面需满足不可穿透条件,根据薄船理论,得

$$\phi_y = -\frac{V S_x(x)}{2h}, \quad 当 |x| \leqslant l \tag{3.3}$$

式中:$S(x) = \frac{4bd}{3}\left[1 - \left(\frac{x}{l}\right)^2\right]$ 为船体水下横截面面积分布。

在水底 $z = -h$ 上,有 $\phi_z = 0$。对开阔海域,当 $x, y \to \infty$ 时,有扰动速度 $\phi_x = 0, \phi_y = 0$。

3.1.2 解析模型

通过源汇分布法,可得舰船在开阔海域和矩形航道内的水压场解析模型。

1. 开阔海域[8,22]

引入仿射变换关系式 $x = \bar{x}, y = \bar{y}/\beta_1$,代入到控制方程式(3.1)中,在亚临界航速条件下,该控制方程转换成标准的二维 Laplace 方程。根据式(3.3),可得线源强度为

$$q(\xi) = 2\phi_{\bar{y}} = -\frac{VS_\xi(\xi)}{\beta_1 h}, \quad -l \leqslant \xi \leqslant l \tag{3.4}$$

扰动速度势为

$$\phi(\bar{x}, \bar{y}) = \frac{1}{2\pi}\int_{-l}^{l} q(\xi) \ln\sqrt{(\bar{x}-\xi)^2 + \bar{y}^2}\, \mathrm{d}\xi \tag{3.5}$$

纵向扰动速度为

$$\phi_{\bar{x}}(\bar{x}, \bar{y}) = -\frac{V}{2\pi\beta_1 h}\int_{-l}^{l} S_\xi(\xi) \frac{\bar{x}-\xi}{(\bar{x}-\xi)^2 + \bar{y}^2}\, \mathrm{d}\xi \tag{3.6}$$

返回到变换前的坐标,得

$$\phi_x(x, y) = -\frac{V}{2\pi\beta_1 h}\int_{-l}^{l} S_\xi(\xi) \frac{x-\xi}{(x-\xi)^2 + (\beta_1 y)^2}\, \mathrm{d}\xi \tag{3.7}$$

根据 Lagrange 积分,压力系数为 $C_p = 2\phi_x/V$,所以有

$$C_p = -\frac{1}{\pi\beta_1 h}\int_{-l}^{l} S_\xi(\xi) \frac{x-\xi}{(x-\xi)^2 + (\beta_1 y)^2}\, \mathrm{d}\xi \tag{3.8}$$

式中:$S_\xi(\xi) = -\frac{8}{3}\frac{bd\xi}{l^2}$。

2. 矩形航道[14-15,23]

舰船在矩形航道中心线上以亚临界速度定常航行时,与开阔海域不同的是,其所引起的扰动速度势需满足岸壁不可穿透条件,即当 $y = \pm w_1$ 时,有 $\phi_y = 0$(这里记 w_h 为航道宽度,且有 $w_h = 2w_1$)。

对矩形航道中的二维流动,为满足标准的 Laplace 方程和除船体边界以外的其他边界条件,存在一个特殊的二维源汇 Green(格林)函数,即

$$G = \frac{1}{2\pi}\left\{\ln\left[\sinh\left(\frac{\pi}{2w_h\beta_1}(x-\xi+\mathrm{i}\beta_1 y)\right)\right] + \ln\left[\sinh\left(\frac{\pi}{2w_h\beta_1}(x-\xi+\mathrm{i}\beta_1 y) - \frac{\pi}{2}\mathrm{i}\right)\right]\right\} \tag{3.9}$$

船体边界条件采用上述源汇分布来等价,源汇强度仍为式(3.4),所以得

$$\phi(x, y) = \mathrm{Re}\int_{-l}^{l} q(\xi) G(x, y; \xi, 0)\, \mathrm{d}\xi \tag{3.10}$$

式中:Re 代表取实部。

经复数运算,取实部后,得纵向扰动速度为

$$\phi_x(x, y) = -\frac{V}{4w_h\beta_1^2 h}\int_{-l}^{l} S_\xi(\xi)\left[\frac{x_1^4 - 1}{(x_1^2 y_1 - 1)^2 + x_1^4 y_2^2} + \frac{x_1^4 - 1}{(x_1^2 y_1 + 1)^2 + x_1^4 y_2^2}\right]\mathrm{d}\xi \tag{3.11}$$

式中:$x_1 = \mathrm{e}^{\pi(x-\xi)/(2w_h\beta_1)}$,$y_1 = \cos(\pi y/w_h)$,$y_2 = \sin(\pi y/w_h)$。

所以压力系数为

$$C_p = -\frac{1}{2w_h\beta_1^2 h}\int_{-l}^{l} S_\xi(\xi)\left[\frac{x_1^4 - 1}{(x_1^2 y_1 - 1)^2 + x_1^4 y_2^2} + \frac{x_1^4 - 1}{(x_1^2 y_1 + 1)^2 + x_1^4 y_2^2}\right]\mathrm{d}\xi \tag{3.12}$$

3.1.3 有限差分法

采用有限差分法离散计算舰船水压场的控制方程和边界条件[28]。对薄船假定,网格划分可采用正交矩形网格。网格沿 x 方向用 i 标记,船上游 $i=1$,依次向下游递增;沿 y 方向用 j 标记,船体中心为 $j=1$,依次向岸壁递增。

对开阔海域,上下游以及横向无穷远处边界条件的离散均为一阶导数,采用二阶精度的三点单侧差分为

$$\left(\frac{\partial \phi}{\partial x}\right)_{i,j} = \frac{-3\phi_{i,j} + 4\phi_{i+1,j} - \phi_{i+2,j}}{2\Delta x_i} = 0 \tag{3.13}$$

$$\left(\frac{\partial \phi}{\partial y}\right)_{i,j} = \frac{-3\phi_{i,j} + 4\phi_{i,j+1} - \phi_{i,j+2}}{2\Delta y_j} = 0 \tag{3.14}$$

式中:Δx_i 为 (i,j) 点 x 方向的网格间距,Δy_j 为 (i,j) 点 y 方向的网格间距。

控制方程的离散主要为二阶导数,采用二阶精度的三点中心差分为

$$\left(\frac{\partial^2 \phi}{\partial x^2}\right)_{i,j} = \frac{\phi_{i+1,j} - 2\phi_{i,j} + \phi_{i-1,j}}{(\Delta x_i)^2} \tag{3.15}$$

$$\left(\frac{\partial^2 \phi}{\partial y^2}\right)_{i,j} = \frac{\phi_{i,j+1} - 2\phi_{i,j} + \phi_{i,j-1}}{(\Delta y_j)^2} \tag{3.16}$$

根据上述差分格式,将偏微分方程离散化,并通过编程计算,可得离散点 (i,j) 的扰动速度势 ϕ。由 Laplace 积分,得离散的压力系数为

$$(C_p)_{i,j} = \frac{2}{V}\left(\frac{\partial \phi}{\partial x}\right)_{i,j} = \frac{2}{V}\frac{(\phi_{i+1,j} - \phi_{i,j})}{\Delta x_i} \tag{3.17}$$

对矩形航道,需在岸壁上满足不可穿透条件,其余处理方式同开阔海域。

3.1.4 结果分析与讨论

通过解析模型和有限差分法计算了开阔海域和矩形航道中亚临界航速条件下的舰船水压场,并与实验结果进行了比较与分析。计算所采用的 Wigley 数学船型与实验用的船模 B 具有相同的主尺度。

1) 舰船水压场纵向通过曲线

在 $w_h = 4.5L$、$h = 0.2L$、$F_h = 0.55$ 时,采用源汇分布法和有限差分法计算得到的舰船水压场纵向通过曲线如图 3.1 所示,说明两种方法得到的计算结果具有较好的一致性。

2) 三种计算方法的负压系数峰值比较

取 $w_h = 4.5L$,$y = 0$。当 $h = 0.1L$、$0.2L$、$0.3L$ 时,将数值计算、解析模型和实验测量 3 种方法得到的舰船水压场负压系数峰值 $C_{p\min}$ 随 F_h 的变化结果进行比较。图 3.2(a)、(b) 表明,在 $h \leqslant 0.2L$,$F_h \leqslant 0.6$ 情况下,$C_{p\min}$ 随 F_h 增加缓慢下降,有限差分法和源汇分布

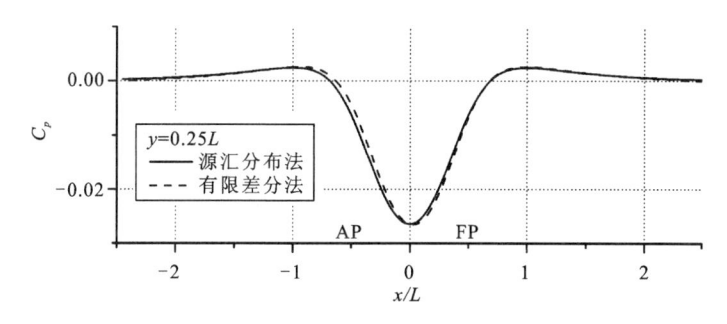

图 3.1 舰船水压通过曲线比较

法计算结果与实验结果符合较好,而在 $0.6 \leqslant F_h < 1.0$ 时,$C_{p\min}$ 随 F_h 增加快速下降,计算结果与实验结果的偏差较大。在水深较大(如 $h = 0.3L$)时,由于突破了 SSW 方程的浅水假定,因而计算结果与实验结果在亚临界航速范围内的整体偏差均较大,如图 3.2(c) 所示。

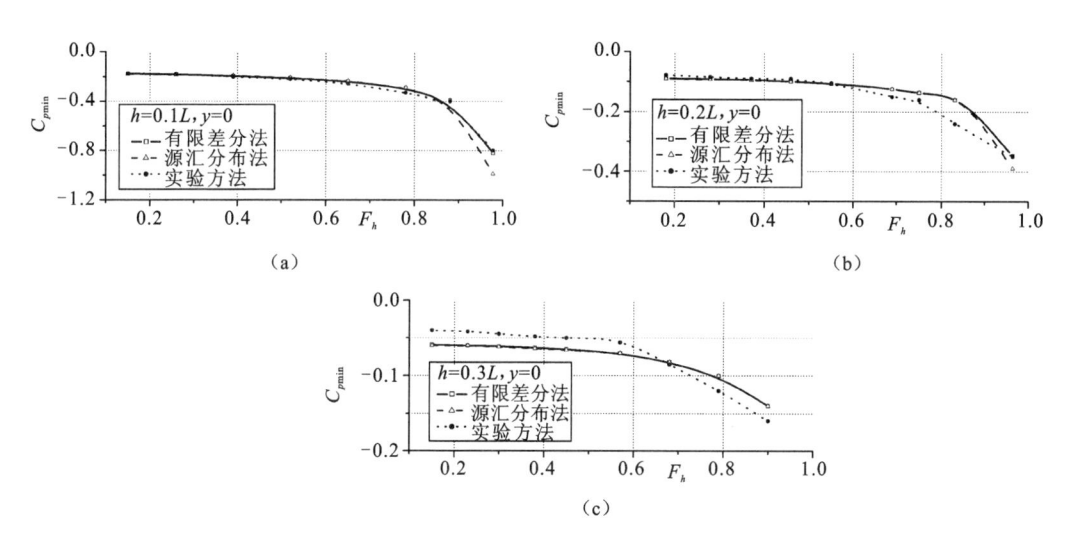

图 3.2 不同水深时 $C_{p\min}$ 随 F_h 的变化

3) 开阔海域和矩形航道的比较

当 $h = 0.1L, 0.2L$ 时,在开阔海域和矩形航道 $y = 0$ 处,舰船水压场负压系数峰值 $C_{p\min}$ 随 F_h 的变化如图 3.3(a)、(b) 所示。计算结果表明,开阔海域舰船水压场负压系数峰值 $|C_{p\min}|$ 均小于矩形航道情况。航道宽度越窄,岸壁对负压系数峰值的影响就越明显。另外,当舰船以低亚临界速度航行时,岸壁对舰船水压场的影响较小,而当舰船以近临界速度航行时,岸壁对舰船水压场的影响尤为明显,因而计算时必须考虑航道岸壁的影响。

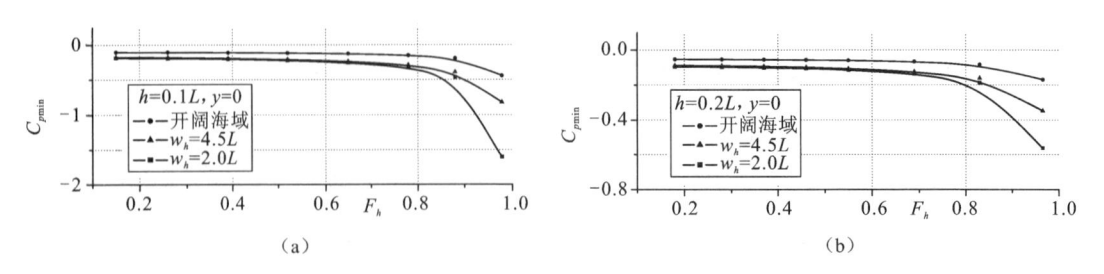

图 3.3 开阔海域与矩形航道 $C_{p\min}$ 随 F_h 的变化

3.1.5 小结

采用有限差分法与源汇分布法(解析模型)对舰船水压场纵向通过曲线进行了计算,两者结果一致,说明了所采用的有限差分法的准确性与可靠性。另外,在浅水、低亚临界航速情况下,舰船水压场负压系数峰值的数值计算结果与实验结果符合较好。本节所采用的有限差分方法为处理更复杂的浅水波动方程求解舰船水压场问题提供了基础。

3.2 计及色散效应的亚临界航速舰船水压场数值计算

舰船以低亚临界速度航行时,可不考虑其色散效应,此时计算结果与实验结果符合较好。当舰船以高亚临界速度航行时,采用 SSW 方程则不能反映其兴波效应和舰船水压场的负压区后移特性。因此对于较高航速的薄船,为提高理论预报精度,计算其水压场时可以采用计及色散效应的 LTSW 方程。

3.2.1 数学问题

假设舰船航行速度 V 恒定,船长为 L(或 $2l$),船宽为 $2b$,水深恒为 h。坐标系如图 2.1 所示。舰船周围的流体视为理想不可压流体作无旋运动。仅考虑亚临界航速,采用的 LTSW 方程重写为

$$\beta_1^2 \phi_{xx} + \phi_{yy} + \frac{F_h^2 h^2}{3}\phi_{xxxx} = 0 \tag{3.18}$$

式中:$\beta_1 = \sqrt{1-F_h^2}$,$F_h < 1$。

其余边界条件同 3.1.1 节。

3.2.2 解析模型

采用 Fourier 积分变换方法[6,25],可对式(3.18)及其边界条件组成的数学问题进行解

析求解,具体求解过程见 2.2 节。根据式(2.92)和式(2.94),可得开阔海域亚临界航速舰船水压场结果重写如下

$$C_p(x,y) = \int_0^{\beta_1/\gamma_1} \phi_{1R}^*(k,y)\mathrm{d}k + \int_{\beta_1/\gamma_1}^{+\infty} \phi_{2R}^*(k,y)\mathrm{d}k, \quad F_h < 1 \quad (3.19)$$

式中

$$\phi_{1R}^*(k,y) = a(k)\frac{\cos(kx)\mathrm{e}^{-yt_1}}{t_1}, \quad \phi_{2R}^*(k,y) = -a(k)\frac{\sin(kx+ys_1)}{s_1}, \quad a(k) = -\frac{2k^2\tilde{f}(k)}{\pi}$$

3.2.3 数值计算

采用有限差分法求解[28],网格划分同 3.1.3 节。舰船以亚临界速度航行时,所满足的控制方程(3.18)为椭圆形方程,因此必须给定所有边界条件。下面采用有限差分法对边界条件和控制方程进行离散。

边界条件的离散格式同式(3.13)和式(3.14)。控制方程中二阶导数的离散格式同式(3.15)和式(3.16),四阶导数的离散格式采用具有二阶精度的五点中心差分,即

$$\left(\frac{\partial^4 \phi}{\partial x^4}\right)_{i,j} = \frac{\phi_{i+2,j} - 4\phi_{i+1,j} + 6\phi_{i,j} - 4\phi_{i-1,j} + \phi_{i-2,j}}{(\Delta x_i)^4} \quad (3.20)$$

通过上述差分格式,式(3.18)可整理成

$$\begin{aligned}&\frac{F_h^2 h^2}{3}\Delta y_j^2 \phi_{i-2,j} + \left[(1-F_h^2)\Delta x_i^2 \Delta y_j^2 - \frac{4F_h^2 h^2}{3}\Delta y_j^2\right]\phi_{i-1,j}\\&- \left[2(1-F_h^2)\Delta x_i^2 \Delta y_j^2 + 2\Delta x_i^4 - 2F_h^2 h^2 \Delta y_j^2\right]\phi_{i,j} + \frac{F_h^2 h^2}{3}\Delta y_j^2 \phi_{i+2,j}\\&+ \left[(1-F_h^2)\Delta x_i^2 \Delta y_j^2 - \frac{4F_h^2 h^2}{3}\Delta y_j^2\right]\phi_{i+1,j}\\&= -\Delta x_i^4(\phi_{i,j-1} + \phi_{i,j+1})\end{aligned} \quad (3.21)$$

为了保证采用有限差分法数值模拟时的迭代收敛,式(3.21)中必须确保主对角占优,即尽量确保等式左边各项系数均为正值,但要使此方程中 $\phi_{i-1,j}$ 与 $\phi_{i+1,j}$ 的系数为正值,必须加大 x 方向的网格间距 Δx_i,使其大于 0.3m,才能确保方程的收敛。而 x 方向的网格间距加大将直接影响计算结果的精度,且大于 0.3m 不符合实际。

根据数值模拟研究发现,采用上述方法只能计算低亚临界航速舰船水压场,而对于高亚临界航速的计算,F_h 越大,$\phi_{i-1,j}$ 与 $\phi_{i+1,j}$ 的系数负值就越大,计算无法收敛,因此需重新选用合适的差分格式来将控制方程线性化。由于上述差分方法出现了 $\phi_{i-1,j}$ 与 $\phi_{i+1,j}$ 的系数无法为正值的情况,因此对控制方程中四阶导数的离散格式采用具有二阶精度的五点偏心差分,即

$$\left(\frac{\partial^4 \phi}{\partial x^4}\right)_{i,j} = \frac{\phi_{i+1,j} - 4\phi_{i,j} + 6\phi_{i-1,j} - 4\phi_{i-2,j} + \phi_{i-3,j}}{(\Delta x_i)^4} \quad (3.22)$$

五点偏心差分格式(3.22)中 $\phi_{i-1,j}$ 与 $\phi_{i+1,j}$ 的系数均为正值,采用此格式可以与前面差分中的负系数抵消,且为与实际相符的扰动从上游向下游传播的差分形式,确保方程迭

代的收敛。

采用五点偏心差分格式后,式(3.18)重新整理为

$$\begin{aligned}&\frac{F_h^2 h^2}{3}\Delta y_j^2 \phi_{i-3,j} - \frac{4F_h^2 h^2}{3}\Delta y_j^2 \phi_{i-2,j} + \left[(1-F_h^2)\Delta x_i^2 \Delta y_j^2 + 2F_h^2 h^2 \Delta y_j^2\right]\phi_{i-1,j} \\ &\quad - \left[2(1-F_h^2)\Delta x_i^2 \Delta y_j^2 + 2\Delta x_i^4 + \frac{4F_h^2 h^2}{3}\Delta y_j^2\right]\phi_{i,j} \\ &\quad + \left[\frac{F_h^2 h^2}{3}\Delta y_j^2 + (1-F_h^2)\Delta x_i^2 \Delta y_j^2\right]\phi_{i+1,j} \\ &= -\Delta x_i^4(\phi_{i,j-1} + \phi_{i,j+1})\end{aligned} \quad (3.23)$$

对离散后的边界条件与控制方程进行迭代求解,可采用普通自循环迭代求解或五主对角线性方程组解法求解。根据计算结果显示,采用从上游向下游的五点偏心差分格式以及直接给定上下游较远边界处 $\phi_x=0, \phi_y=0$,可保证计算在 $F_h<1$ 时收敛,且收敛快,精度高。同时发现在网格划分过程中,y 方向网格越密集,精度越高,但收敛速度变慢,而 x 方向网格的疏密对精度影响不大,因此这里 y 方向采用的网格间距 Δy_j 小于 x 方向的网格间距 Δx_i,且 Δy_j 为 Δx_i 的一半左右时计算精度与收敛速度达到最佳值。

在求得离散点 (i,j) 的扰动速度势 ϕ 后,压力系数采用式(3.17)计算。

3.2.4 结果分析与讨论

采用运算速度快的 Fortran 语言编程,计算结果采用图形功能强大的 Matlab 程序绘图。以下将舰船水压场负压系数峰值及纵向通过曲线计算结果与实验结果进行比较,并给出舰船水压场平面分布和空间分布图形。

1) 负压系数峰值 C_{pmin} 随 F_h 变化规律

在 $h=0.2L$ 时,应用计及色散效应的数学模型,通过有限差分法得到的负压系数峰值 C_{pmin} 随 F_h 的变化比3.1节未计及色散性效应的计算结果更加接近实验结果,尤其在高亚临界航速情况下更是如此,如图 3.4 所示。可见在舰船以低亚临界速度航行时,色散效应对水压场影响不大,而当舰船以高亚临界速度航行时,舰船兴波增大,色散效应增加,不同波长的波弥散开来,因此必须考虑色散效应的影响。图 3.4 所示的结果比较也说明了所采用的数学模型和数值计算方法的准确性和可靠性。

2) 舰船水压场纵向通过曲线

在 $h=0.2L, F_h=0.83$ 和 $F_h=0.97$ 时,计及色散效应的舰船水压场通过曲线计算结果与实验结果的比较如图 3.5 所示。计算结果与实验结果基本符合,在船艏($x/L=-0.5$)附近出现正压峰值,船舯($x/L=0$)附近出现负压峰值且随 F_h 增加而后移。在 $F_h=0.97$ 时,船艏正压峰值计算结果与实验结果偏差较大,此时,非线性效应

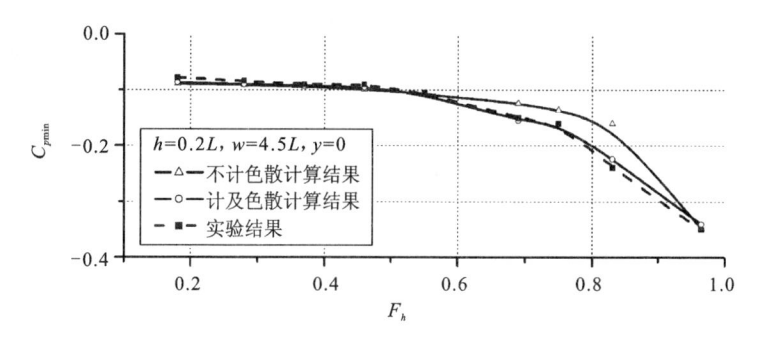

图 3.4 负压系数峰值 $C_{p\min}$ 随 F_h 的变化

强烈，船前孤立波即将产生，为提高计算精度，需采用同时计及色散效应和非线性效应的浅水波动方程。

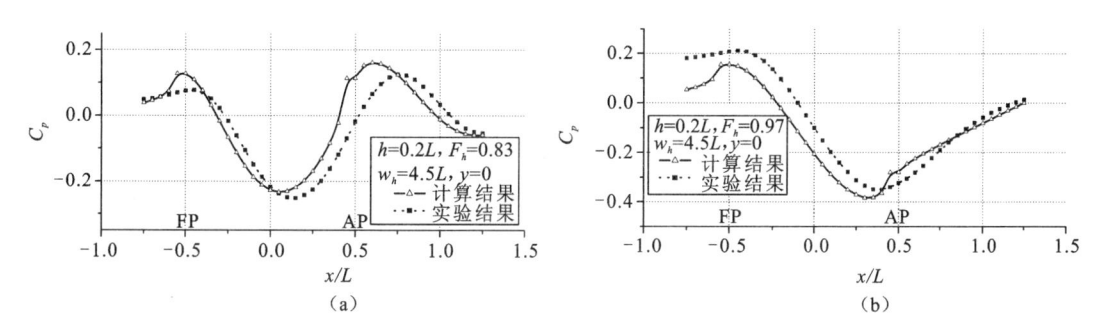

图 3.5 舰船水压通过曲线比较

计算的压力峰值位置与实验结果存在一定误差，除了所采用的数学模型未考虑非线性效应外，另一个原因在于所采用的计算船模为简单的 Wigley 数学船型，其外形特别是船艉部分与实际船型有较大区别。为此，采用改进的数学船型进行计算，保持船舯位置不变，在船艉增加 0.1 倍船长的虚拟长度以反映实际船型方艉的影响。改进船型的计算结果如图 3.6 所示，船舯之后压力峰值位置的计算结果有所改善。

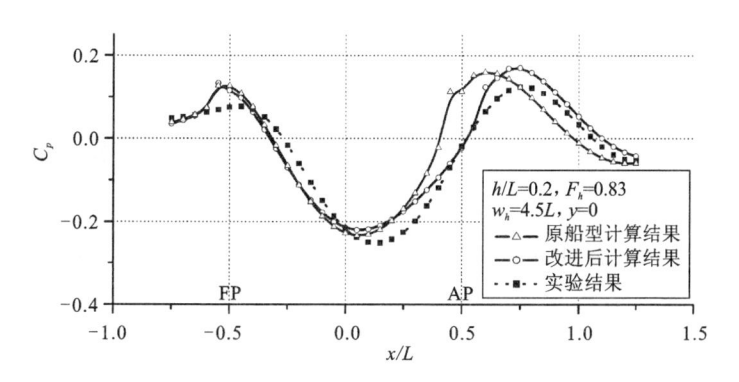

图 3.6 改进船型的水压通过曲线比较

另外,当水深增加至 $h=0.3L$ 时,水压通过曲线计算结果与实验结果仍能定性符合,如图 3.7 所示。但当水深进一步增大时,计算与实验结果之间的差别将随之增大。

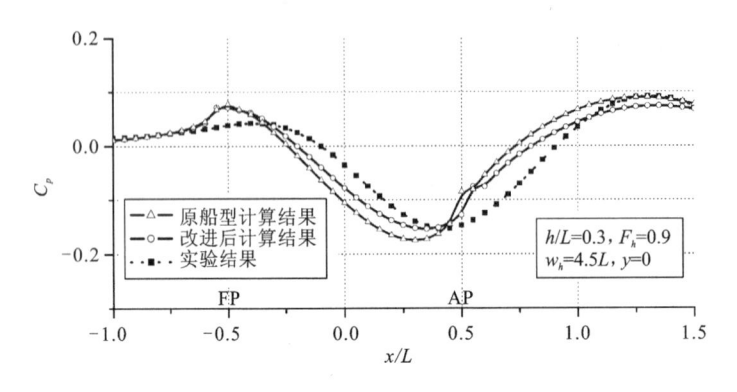

图 3.7 水深增加后的水压通过曲线比较

3) 舰船水压场平面分布和空间分布

对开阔海域,在 $h=0.1L,F_h=0.98$ 时,利用 Fourier 变换法和有限差分法计算得到的舰船水压场空间分布如图 3.8(a)、(b) 所示,两者结果在压力波形、峰谷位置上均有较好符合。解析解可以反映出细小压力波纹,而数值解因网格较粗和数值耗散则相对光滑(图中白色区域为船体位置,船艏和船艉分别位于 -0.5 和 0.5 处)。

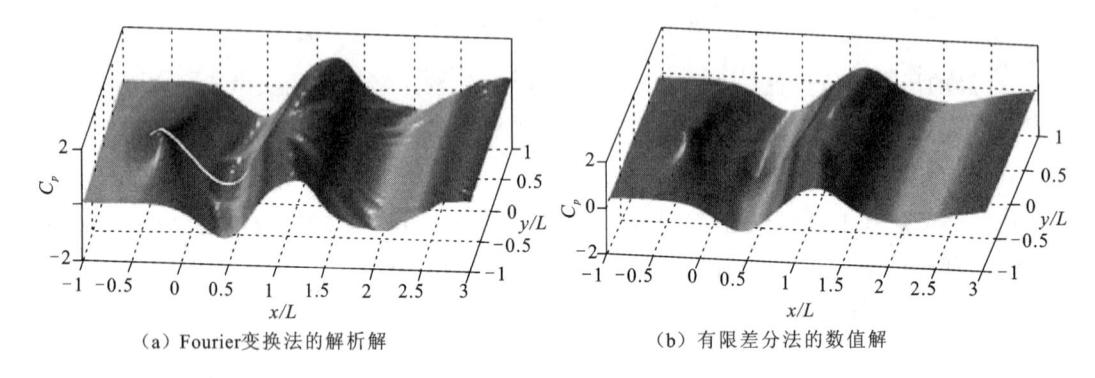

(a) Fourier 变换法的解析解　　(b) 有限差分法的数值解

图 3.8 开阔海域舰船水压场空间分布

对矩形航道,在 $w_h=4.5L, h=0.2L$ 时,利用有限差分法计算得到的舰船水底压力变化具有类似表面兴波的散波和横波特征,如图 3.9(a)、3.10(a) 所示。而当 F_h 增大时,散波逐渐减小,横波强度逐渐增加,如图 3.9(b)、3.10(b) 所示。当 F_h 接近于临界速度时,散波消失,而横波基本垂直舰船航线,舰船水压场将发生急剧变化,如图 3.8 所示。

(a) $F_h=0.78$　　　　　　　　　　　(b) $F_h=0.86$

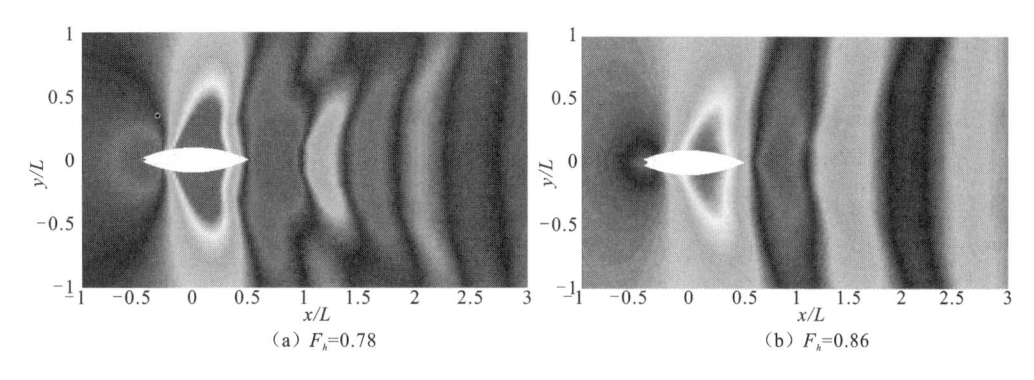

图 3.9　矩形航道舰船水压场平面分布

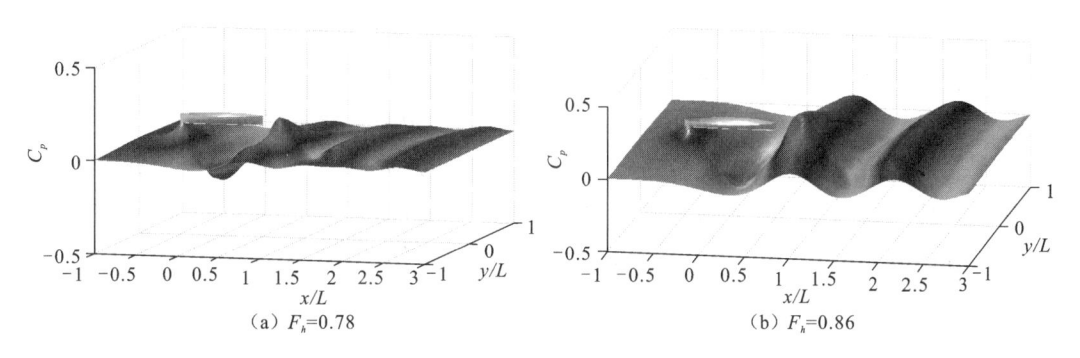

(a) $F_h=0.78$　　　　　　　　　　　(b) $F_h=0.86$

图 3.10　矩形航道舰船水压场空间分布

3.2.5　小结

采用有限差分法得到的舰船水压场数值计算结果与 Fourier 变换法的解析解结果一致,说明了数值计算方法的准确性。在浅水情况下,计及色散效应的亚临界航速舰船水压场数值计算结果与实验结果符合较好;当水深增大至 $h=0.3L$ 时,仍能定性符合。通过改进数学船型,舰船水压场压力峰值位置的计算结果也有所改善。

3.3　计及色散和非线性效应的亚临界航速舰船水压场数值计算

在计及色散效应的基础上,进一步考虑非线性效应对亚临界航速舰船水压场的影响[29]。基于 SKP 方程,采用有限差分法对舰船水压场进行数值计算。为保证非线性方程计算过程的稳定性,在船体和上下游边界条件中添加人工黏性项,通过与实验结果比对,验证所建立的数学模型和计算方法的准确性。

3.3.1 数学问题

假设舰船航行速度 V 恒定，船长为 L（或 $2l$），船宽为 $2b$，水深恒为 h。坐标系如图 2.1 所示。舰船周围的流体视为理想不可压流体作无旋运动。仅考虑亚临界航速，在 LTSW 方程基础上添加非线性项，成为计及色散效应和非线性效应的 SKP 方程，即

$$(1-F_h^2)\phi_{xx} + \phi_{yy} + \frac{3V}{gh}\phi_x\phi_{xx} + \frac{F_h^2 h^2}{3}\phi_{xxxx} = 0 \tag{3.24}$$

其余边界条件同 3.1.1 节。

3.3.2 数值计算

采用有限差分方法进行数值计算，将计算区域离散为均匀矩形网格。沿船长方向为 x 方向用 i 标记，网格间距为 Δx；沿船宽方向为 y 方向用 j 标记，网格间距为 Δy。根据舰船以亚临界航速航行特点，采用显式差分格式在离散节点上建立差分方程，其中 x,y 方向二阶导数采用二阶精度的三点中心差分格式；非线性项中 x 一阶导数和二阶导数均采用二阶精度的三点中心差分格式；色散效应项为 x 方向四阶导数，可采用一阶精度上游至下游的五点偏后差分格式或二阶精度的六点偏后差分格式，通过比较，两者计算结果相差较小，且五点偏后差分格式收敛快、稳定性高，因此选取五点偏后差分格式 (3.22)。

基于上述差分格式，式 (3.24) 离散为

$$A\phi_{i-3,j} + B\phi_{i-2,j} + C\phi_{i-1,j} + D\phi_{i,j} + E\phi_{i+1,j} = R_i \tag{3.25}$$

式中：$A = \frac{2F_h^2 h^2}{3}\Delta y^2$，$B = -\frac{8F_h^2 h^2}{3}\Delta y^2$

$$C = 2(1-F_h^2)\Delta x^2\Delta y^2 + 4F_h^2 h^2\Delta y^2 - \frac{3V}{gh}\Delta x\Delta y^2\phi_{i-1,j}$$

$$D = -4(1-F_h^2)\Delta x^2\Delta y^2 - 4\Delta x^4 - \frac{8F_h^2 h^2}{3}\Delta y^2 - \frac{6V}{gh}\Delta x\Delta y^2\phi_{i+1,j} + \frac{6V}{gh}\Delta x\Delta y^2\phi_{i-1,j}$$

$$E = \frac{2F_h^2 h^2}{3}\Delta y^2 + 2(1-F_h^2)\Delta x^2\Delta y^2 + \frac{3V}{gh}\Delta x\Delta y^2\phi_{i+1,j}, \quad R_i = -2\Delta x^4(\phi_{i,j-1} + \phi_{i,j+1})$$

为保证式 (3.25) 计算过程的稳定性，在船体和上、下游边界加入人工黏性项 $\nu\Delta x^2\phi_{xxx}$ 或 $\nu\Delta y^2\phi_{yyy}$，Δx^2 和 Δy^2 是使方程各项具有相同格式便于计算。采用五对角线性方程组解法，求解各离散点处扰动速度势，压力系数通过式 (3.17) 计算。

3.3.3 结果比较与分析

采用与实验船模（参见第 8 章 8.2.2 节船模 B）具有相同主尺度的 Wigley 船型进行计算。计算区域选取 x 方向上、下游各为 $5L$，y 方向为 $0.5L \sim 10L$，并划分为 $\Delta x = \Delta y = 0.05$ 的均匀正方形网格。为与实验结果进行比较，取船艏（FP）、船艉（AP）位置分别位于

$x/L=-0.5, x/L=0.5$ 处。

为满足非线性方程数值计算的稳定性要求,在上、下游边界和船体边界条件中分别增加了人工黏性项 $\nu\Delta x^2 \phi_{xxx}$ 和 $\nu\Delta y^2 \phi_{yyy}$,其中船体边界条件的人工黏性系数对计算结果影响较大,根据计算经验及相关文献[30],人工黏性项系数 $\nu\Delta x^2$ 和 $\nu\Delta y^2$ 取值随水深增大呈线性增加,$h=0.1L$ 时,$\nu\Delta x^2$ 和 $\nu\Delta y^2$ 取值 0.025;$h=0.2L$ 时,$\nu\Delta x^2$ 和 $\nu\Delta y^2$ 取值 0.05;水深 $h=0.3L$ 时,$\nu\Delta x^2$ 和 $\nu\Delta y^2$ 取值 0.1。

对航道宽度 $w_h=4.5L, y=0$,在 $h=0.2L, F_h=0.69$ 时,采用式(3.18)、式(3.24)计算的舰船水压场通过曲线如图 3.11 所示,改进船型(增加 0.1L 虚拟船长)后的计算结果与实验结果符合较好,本节其他计算也都考虑了 Wigley 船型尾部处理。在 $h=0.3L$,$F_h=0.68$ 时,计算结果与实验结果的比较如图 3.12 所示。

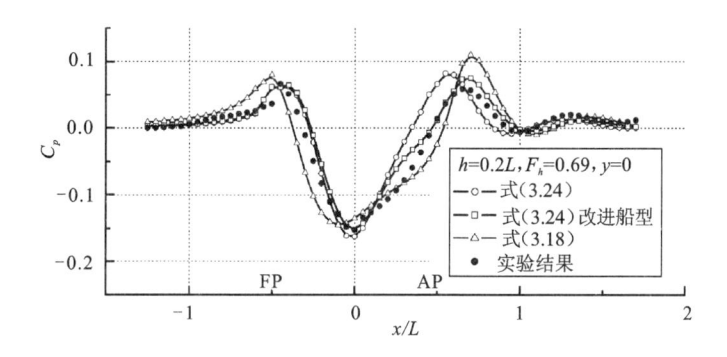

图 3.11 舰船水压通过曲线比较

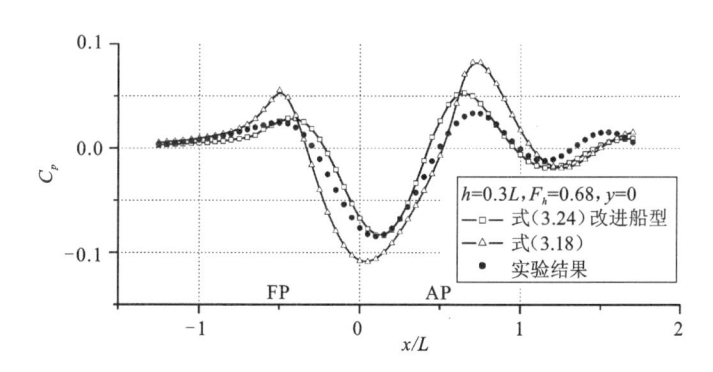

图 3.12 舰船水压通过曲线比较

对 $w_h=4.5L, h=0.1L\sim0.3L, y=0$ 时的亚临界航速舰船水压场进行了计算,典型航速的负压系数峰值 $C_{p\min}$ 与实验结果对比如表 3.1 所示。可以看出,舰船以低亚临界速度航行时,式(3.24) 和式(3.18)计算结果与实验值差距均较小,即非线性效应影响较小。同一水深条件下随水深 Froude 数增大,式(3.24) 和式(3.18)计算结果差距呈增大趋势,但式(3.24)的计算结果与实验值始终符合较好,可见水深 Froude 数增大时,非线性效应对舰船水压场的影响呈增加趋势,而且这种效应在水深较小、近临界航速时更加明显。由

图 3.11、图 3.12 和表 3.1 可见,采用计及非线性的 SKP 方程计算舰船水压场较采用线性的 LTSW 方程计算精度有较大改善。

表 3.1 舰船水压场负压系数峰值对比

$h=0.1L$		F_h	0.26	0.52	0.98
	C_{pmin}	式(3.18)结果	−0.172	−0.196	−1.201
		式(3.24)结果	−0.174	−0.205	−0.728
		实验结果	−0.177	−0.214	−0.802
$h=0.2L$		F_h	0.46	0.69	0.97
	C_{pmin}	式(3.18)结果	−0.089	−0.143	−0.421
		式(3.24)结果	−0.093	−0.153	−0.378
		实验结果	−0.092	−0.151	−0.355
$h=0.3L$		F_h	0.45	0.68	0.9
	C_{pmin}	式(3.18)结果	−0.068	−0.108	−0.188
		式(3.24)结果	−0.054	−0.087	−0.155
		实验结果	−0.049	−0.084	−0.152

图 3.13 为高亚临界航速 $F_h=0.8,0.9$ 时舰船水压场负压系数峰值随水深的变化曲线,可以看出在 F_h 一定时,随着水深减小,式(3.24)和式(3.18)计算结果差距有增大趋势,主要原因是水深变浅时,波幅与水深之比也即反映非线性效应的小参数呈现增大趋势,因而非线性效应影响增加。可见在高亚临界航速时,水深越浅,就越应该考虑非线性效应对舰船水压场的影响。

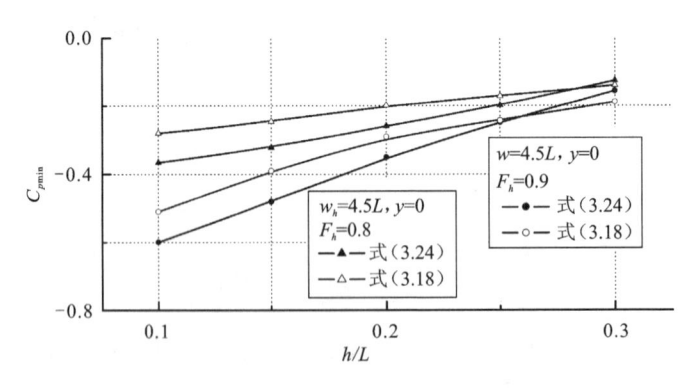

图 3.13 负压系数峰值随水深变化曲线

在高亚临界航速时,随着航道宽度变窄,非线性效应对舰船水压场的影响会变大,如图 3.14 所示。当 $F_h=0.69$ 时,航道宽度越窄,式(3.24)计算得到的负压系数峰值 $|C_{pmin}|$ 越大,而式(3.18)计算得到的负压系数峰值随航道宽度变化较小,两者计算结果

在 $w_h < 3L$ 时差距较大，说明在窄航道内非线性效应对舰船水压场影响严重。当 $F_h = 0.97$ 时，式(3.24)和式(3.18)计算出的负压系数峰值 $|C_{p\min}|$ 均随航道宽度变窄而逐渐增大，但两者计算结果始终存在一定差距，且在 $w_h < 3L$ 时，负压系数峰值随航道宽度变化最为剧烈，说明窄航道内舰船以近临界速度航行时，非线性效应和色散效应对舰船水压场均存在重要影响。

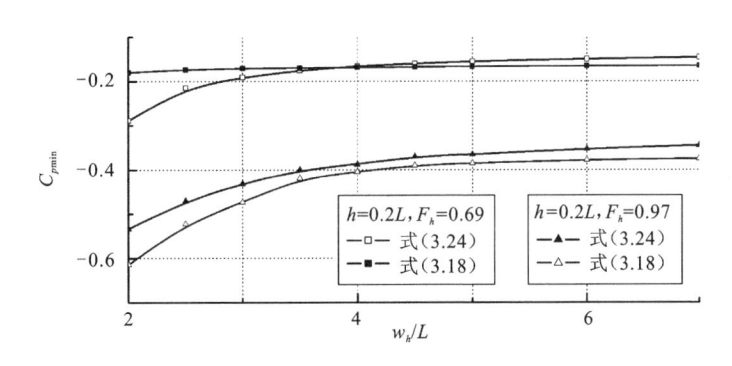

图 3.14 负压系数峰值随航道宽度变化曲线

3.3.4 小结

基于非线性 SKP 方程和线性 LTSW 方程，采用有限差分方法对亚临界航速舰船水压场进行了数值计算，并与实验结果进行了对比，验证了数学模型和计算方法的准确性。对于求解非线性 SKP 方程，为保证计算过程稳定性，可在船体和上、下游边界条件中加入人工黏性项。采用虚拟长度法进行 Wigley 船型尾部处理，可使数值计算结果与实际情况更为符合。

舰船以低亚临界速度航行时，非线性效应对舰船水压场的影响较小，而在高亚临界航速时，浅水导致的非线性效应对舰船水压场的影响较大。在航道宽度 $w_h < 3L$ 时，非线性效应对低亚临界航速舰船水压场的影响开始出现，因此窄航道通常需要考虑非线性效应影响。特别是对于舰船在窄航道内以高亚临界速度航行时，色散性和非线性效应对舰船水压场的影响均不容忽视。

3.4 计及色散效应的超临界航速舰船水压场数值计算

基于计及色散效应的线性 LTSW 方程，采用有限差分法对超临界航速舰船水压场进行数值计算，并与 Fourier 积分变换法的解析结果和实验结果进行对比，验证数学模型和计算方法的准确性及适用性[31]。

3.4.1 数学问题

假设舰船航行速度 V 恒定,船长为 L(或 $2l$),船宽为 $2b$,水深恒为 h。坐标系如图 2.1 所示。舰船周围的流体视为理想不可压流体作无旋运动。仅考虑超临界航速,采用的 LTSW 方程重写为

$$\beta_2^2 \phi_{xx} - \phi_{yy} - \frac{F_h^2 h^2}{3} \phi_{xxxx} = 0 \tag{3.26}$$

式中:$\beta_2 = \sqrt{F_h^2 - 1}, F_h > 1$。

其余边界条件同 3.1.1 节。

3.4.2 解析模型

采用 Fourier 积分变换方法[6,25,32],可对式(3.26)及其边界条件组成的数学问题进行解析求解,具体求解过程见 2.2 节。根据式(2.93)、式(2.95),可得开阔海域超临界航速舰船水压场结果如下

$$C_p(x,y) = \int_0^{+\infty} \Phi_R^*(k,y) \mathrm{d}k, \quad F_h > 1 \tag{3.27}$$

式中:$\Phi_R^*(k,y) = \dfrac{2k^2 \tilde{f}(k)}{\pi} \dfrac{\sin(kx + yt_2)}{t_2}, t_2 = k\sqrt{\gamma_2^2 k^2 + \beta_2^2}, \gamma_2 = F_H H/\sqrt{3}, \beta_2 = \sqrt{F_H^2 - 1}$。

3.4.3 数值计算

根据舰船超临界航行特点,采用显式差分格式对边界条件和控制方程(3.26)进行离散。沿船长方向为 x 方向用 i 标记,网格间距为 Δx;沿船宽方向为 y 方向用 j 标记,网格间距为 Δy。其中 x 方向二阶导数采用二阶精度由上游至下游的三点迎风差分格式,y 方向二阶导数采用二阶精度的三点中心差分格式,而色散效应项为 x 方向四阶导数,采用从上游至下游的五点偏后差分格式(3.22)。

基于上述差分格式,计及色散效应的超临界航速浅水控制方程(3.26)离散为

$$A\phi_{i-3,j} + B\phi_{i-2,j} + C\phi_{i-1,j} + D\phi_{i,j} + E\phi_{i+1,j} = R_i \tag{3.28}$$

式中:$A = \dfrac{F_h^2 h^2}{3} \Delta y^2, B = (1 - F_h^2)\Delta x^2 \Delta y^2 - \dfrac{4F_h^2 h^2}{3}\Delta y^2, C = 2(F_h^2 - 1)\Delta x^2 \Delta y^2 + 2F_h^2 h^2 \Delta y^2$

$D = (1 - F_h^2)\Delta x^2 \Delta y^2 - 2\Delta x^4 - \dfrac{4F_h^2 h^2}{3}\Delta y^2, E = \dfrac{F_h^2 h^2}{3}\Delta y^2, R_i = -\Delta x^4(\phi_{i,j-1} + \phi_{i,j+1})$

采用五对角线性方程组解法,可得离散点处扰动速度势。由离散点处的扰动速度势通过式(3.17)可计算水底压力系数。

3.4.4 结果比较与分析

1) 计算结果的比较与验证

计算所采用的 Wigley 数学船型与实验船模 B 具有相同的主尺度。计算区域选取

x 方向上、下游分别为 $7L$，y 方向为 $L \sim 20L$。计算区域划分为均匀正方形网格，网格间距为

$$\Delta x = \Delta y = 0.05$$

当 $h = 0.1L$、$F_h = 1.2$ 时，采用 Fourier 积分变换法和有限差分法，分别计算了开阔海域舰船超临界速度航行时引起的水底压力变化，如图 3.15(a)、(b) 所示。结果比较表明，两种方法计算得到的压力系数三维分布特征一致，峰谷对应位置吻合，压力散波角度相同，说明了数值计算方法的准确性和有效性。相对于数值解，尽管解析解可以反映出压力的细小散波波纹，但数值方法易于解决矩形航道等复杂边界问题，因而具有更广的适用性。

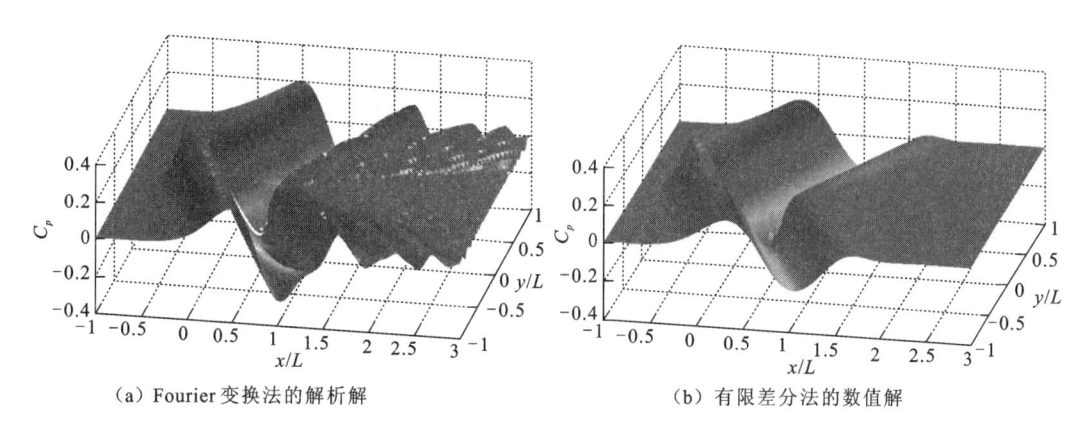

(a) Fourier 变换法的解析解　　　　(b) 有限差分法的数值解

图 3.15　舰船水压场解析解与数值解对比

在 $w_h = 4.5L$，$h = 0.2L$，$F_h = 1.52$ 时，应用有限差分法计算了不同横距($y = 0$，$y = 0.25L$)的水压通过曲线，并与实验结果进行了比较，如图 3.16 所示。可以看出，计算得到的水压通过曲线与实验结果基本一致，船艏附近出现较大正压，船艉附近出现较大负压，计算得到的负系数峰值及其位置与实验结果符合较好。随着横距增加，压力系数峰值减小，且水压通过曲线呈现整体后移现象。

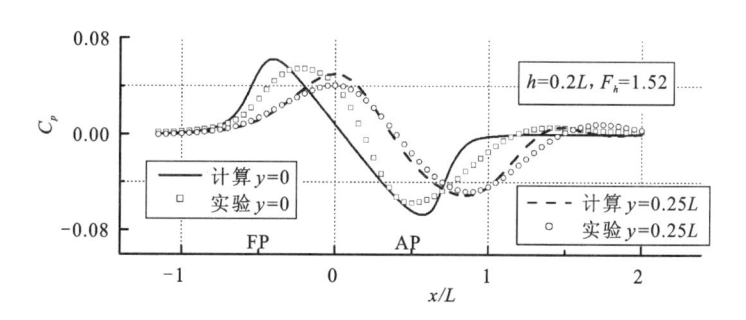

图 3.16　超临界速度舰船水压通过曲线比较

2) 色散效应对舰船水压场的影响

将不计色散效应和计及色散效应的数值计算结果与实验结果进行比较，如图 3.17 所

示。可以看出,考虑色散效应的计算结果与实验结果吻合较好。当 $F_h > 1.6$ 时,因舰船超高速航行,船体呈现滑翔状态,沾湿表面发生较大改变,而这里未考虑船体姿态的变化,因而计算结果存在一定误差。当 $F_h = 1.0 \sim 1.2$ 时,由于存在较强的非线性效应和色散效应影响,使得计算结果与实验结果偏差较大,需要进一步建立计及非线性和色散效应影响的跨临界航速舰船水压场数学模型和数值计算方法。

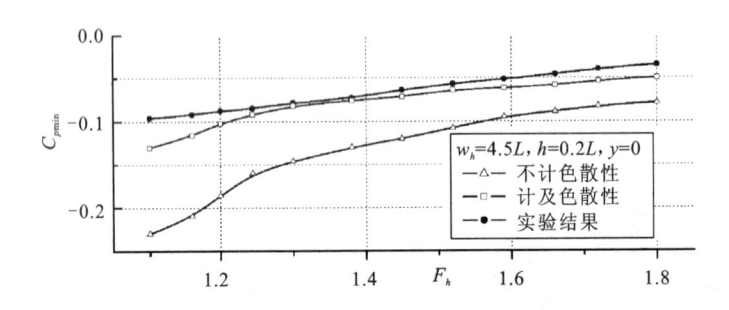

图 3.17 负压系数峰值随水深 Froude 数的变化

3) 岸壁对舰船水压场的影响

当 $h = 0.1L, y = 0$ 时,航道宽度变化对舰船负压系数峰值影响的计算结果如图 3.18(a) 所示。当航道宽度由 $10L$ 减至 $4.5L$,负压系数峰值基本相同,即 $w_h \geqslant 4.5L$ 时,岸壁对超临界航速舰船附近的水压场影响甚微。当航道宽度变窄至 $w_h = 2.0L$ 及 $F_h < 1.4$ 时,负压系数峰值缓慢回升,而 $F_h \geqslant 1.4$ 时负压系数峰值受岸壁影响很小。当航道宽度进一步减小时,岸壁反射回来的压力波峰接近船体尾部,与水压场负压区叠加后使得负压系数峰值进一步回升,在越接近临界航速时回升的幅度越大,这种影响甚至持续到 $F_h = 2.0$ 时仍然存在。

当 $h = 0.2L, F_h = 1.4, y = 0$ 时,航道宽度变化对舰船水压场典型通过曲线的计算结果如图 3.18(b) 所示。当航道宽度由 $4.5L$ 减小至 $2.0L$ 时,负压系数峰值基本不变,但通过曲线在船艉一定距离之后由于岸壁正压波峰的反射作用,使得船后的正压系数峰值有了明显增加。随着航道宽度继续变窄,岸壁反射的正压波峰与舰船尾部附近的负压区叠加,负压系数峰值进一步回升,船后正压系数峰值也随之增加且峰值位置前移。负压系数峰值与船后水压通过曲线的变化是岸壁反射的正压波峰与船艉的负压区相互作用造成的,主要与航道宽度和水深 Froude 数有关。对狭窄航道,由于岸壁的多次反射作用,将会使舰船水压场的影响范围持续后延。

4) 水深 Froude 数对舰船水压场的影响

在 $w_h = 4.5L, h = 0.1L$ 时,不同水深 Froude 数下航行舰船引起的水压场平面分布如图 3.19 所示。当 $F_h = 1.2$ 时,可见在船艉之后的岸壁反射波,将对船后水压场带来一定

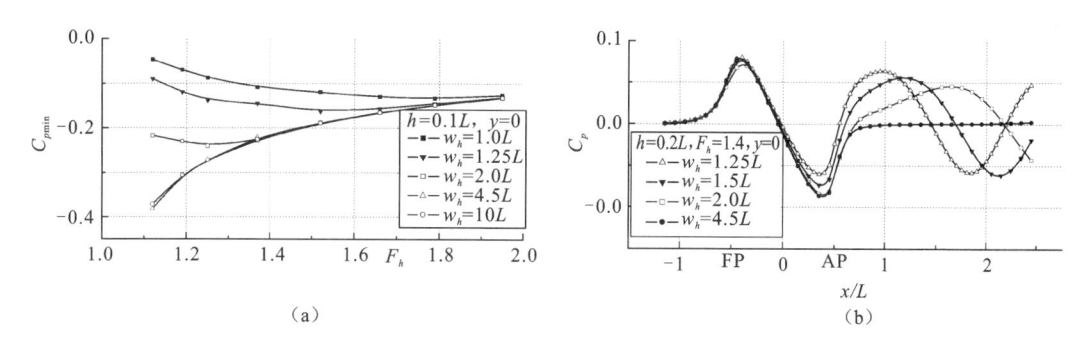

图 3.18　航道宽度对舰船水压场特性的影响

影响;随着 F_h 增加,例如当 $F_h = 2.4$ 时,"V"形散波夹角减小,岸壁反射波对舰船周围水压场的影响随之减弱。

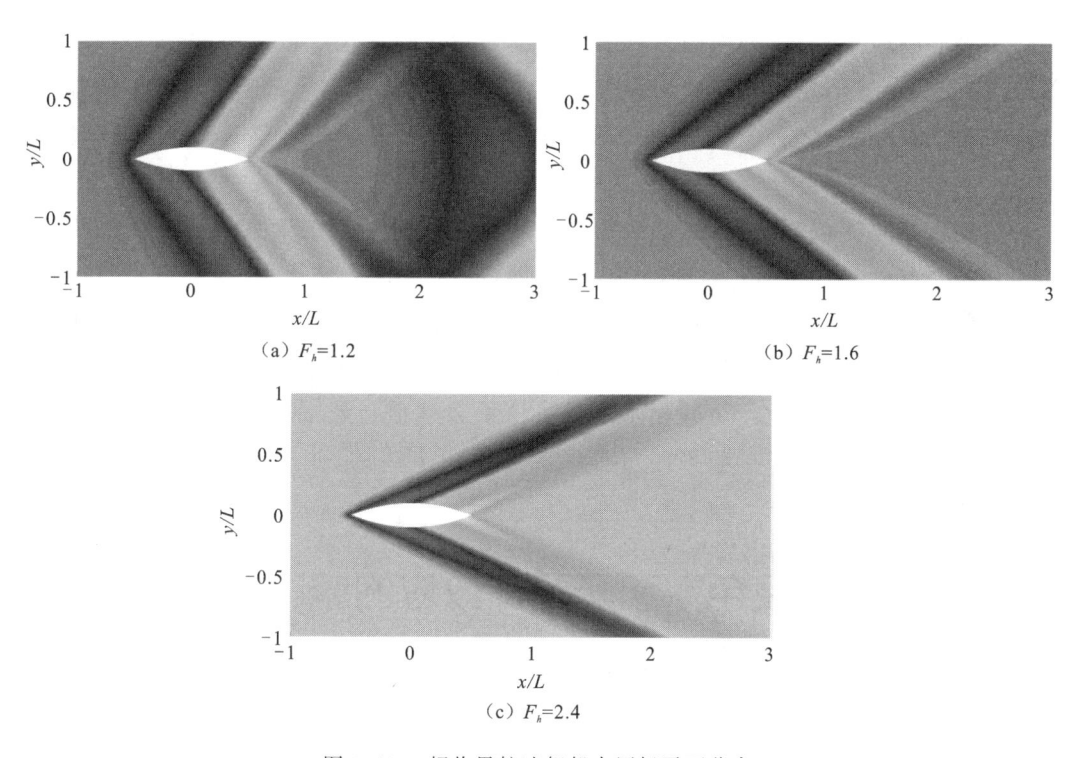

图 3.19　超临界航速舰船水压场平面分布

在 $w_h = 4.5L, h = 0.1L$ 时,采用有限差分法计算出的 Havelock(海夫洛克)半角 α 与理论值 $\arcsin(1/F_h)$ 变化趋势一致,如图 3.20 所示。当 $F_h \to 1$ 时,散波半角接近 90°,舰船航行产生的水压变化横向影响区域最广;当 $F_h = 2.0$ 时,半角减小至 30°左右,舰船水压场横向区域影响范围变窄;随着水深 Froude 数继续增大,散波半角继续减小,但减小趋势变缓。可见,水深 Froude 数越大,舰船水压场横向影响区域越小。

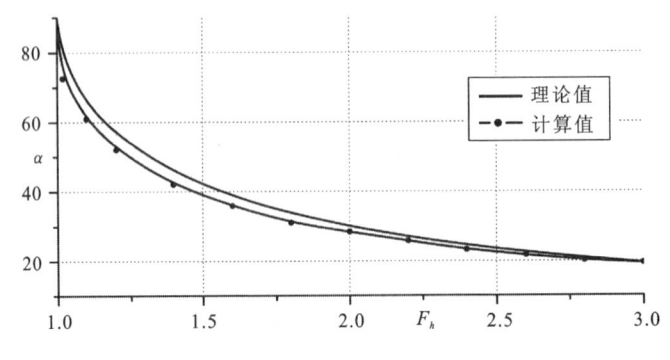

图 3.20 Havelock 半角随水深 Froude 数的变化

3.4.5 小结

基于 LTSW 方程,应用有限差分法对超临界航速舰船水压场进行了数值计算,并与 Fourier 积分变换法以及实验结果进行了比对,验证了理论模型和计算方法的准确性,并分析了色散效应、航道宽度以及水深 Froude 数对超临界航速舰船水压场的影响。

舰船以超临界航速航行时,色散效应对舰船水压场的影响较大,不容忽视。当航道宽度 $w_h \geqslant 4.5L$ 时,岸壁对超临界航速舰船水压场的影响较小;随着航道宽度变窄,岸壁反射作用将导致对船后水压场的影响范围扩大。接近临界航速时,舰船水压场在横向区域影响最大;随着水深 Froude 数增大,散波半角随之减小,舰船水压场在横向区域影响范围逐渐变窄。舰船水压场负压系数峰值与船后水压通过曲线的变化是岸壁反射的正压波峰与船艉的负压区相互作用造成的,主要与航道宽度和水深 Froude 数有关。

3.5 计及色散和非线性效应的超临界航速舰船水压场数值计算

基于计及色散性和非线性效应的 SKP 浅水波动方程,采用有限差分法对超临界航速舰船水压场进行数值计算,通过与实验结果及 LTSW 方程结果对比,验证数学模型和计算方法的准确性及适用性,并分析非线性效应对舰船水压场的影响[33]。

3.5.1 数学问题

假设舰船航行速度 V 恒定,船长为 L(或 $2l$),船宽为 $2b$,水深恒为 h。坐标系如图 2.1 所示。舰船周围的流体视为理想不可压流体作无旋运动。仅考虑超临界航速,在式(3.26)基础上添加非线性项,成为计及色散效应和非线性效应的 SKP 浅水波动方程,即

$$\beta_2^2 \phi_{xx} - \phi_{yy} - \frac{3V}{gh}\phi_x \phi_{xx} - \frac{F_h^2 h^2}{3}\phi_{xxxx} = 0 \tag{3.29}$$

式中：$\beta_2 = \sqrt{F_h^2 - 1}, F_h > 1$。

其余边界条件同 3.1.1 节。舰船以超临界航速航行时，控制方程为双曲型方程，只需给定上游无波辐射条件，无须给定下游边界条件，但由于计算区域有限，为避免下游截断边界上的波浪反射，还需给定波浪向后传播条件。

3.5.2 数值计算

采用有限差分方法进行数值计算，计算网格划分如 3.4.3 节所示。根据舰船以超临界航速航行特点，ϕ_{xx} 采用二阶精度的三点迎风差分格式；ϕ_{yy} 采用二阶精度的三点中心差分格式；色散效应项 ϕ_{xxxx} 采用一阶精度上游至下游的五点偏后差分格式 (3.22)。

舰船以超临界航速航行时，非线性项的差分格式对数值计算的稳定性影响较大，采用有数值耗散效应的迎风差分格式虽然符合超临界航速特点，但有可能导致计算得出的压力波形被拉宽、幅度减小、峰值出现抹平现象。为了减少数值耗散效应，又确保计算稳定性，本节非线性效应项 x 方向二阶导数采用三点中心–迎风混合差分格式，即

$$\left(\frac{\partial^2 \phi}{\partial x^2}\right)_{i,j} = \frac{\alpha \phi_{i+1,j} + (1-3\alpha)\phi_{i,j} + (3\alpha-2)\phi_{i-1,j} + (1-\alpha)\phi_{i-2,j}}{(\Delta x)^2} \tag{3.30}$$

式中：比例因子 α 反映三点中心差分格式所占比例，$0 \leqslant \alpha \leqslant 1$，若取 $\alpha = 0$，则格式为三点迎风差分格式；若取 $\alpha = 1$，则格式为三点中心差分格式。

非线性效应项 x 方向一阶导数采用三点中心差分格式或三点迎风差分格式，对计算结果无影响，但前者收敛较快，计算选取三点中心差分格式。

基于上述差分格式，式 (3.29) 离散为

$$A\phi_{i-3,j} + B\phi_{i-2,j} + C\phi_{i-1,j} + D\phi_{i,j} + E\phi_{i+1,j} = R_i \tag{3.31}$$

式中：$A = \dfrac{2F_h^2 h^2}{3}\Delta y^2$

$$B = 2(1-F_h^2)\Delta x^2 \Delta y^2 - \frac{8F_h^2 h^2}{3}\Delta y^2 + \frac{3V}{gh}(1-\alpha)(\phi_{i+1,j} - \phi_{i-1,j})\Delta x \Delta y^2$$

$$C = -4(1-F_h^2)\Delta x^2 \Delta y^2 + 4F_h^2 h^2 \Delta y^2 + \frac{3V}{gh}(3\alpha-2)(\phi_{i+1,j} - \phi_{i-1,j})\Delta x \Delta y^2$$

$$D = 2(1-F_h^2)\Delta x^2 \Delta y^2 - \frac{8F_h^2 h^2}{3}\Delta y^2 - \frac{3V}{gh}(3\alpha-1)(\phi_{i+1,j} - \phi_{i-1,j})\Delta x \Delta y^2$$

$$E = \frac{2F_h^2 h^2}{3}\Delta y^2 + \alpha \frac{3V}{gh}(\phi_{i+1,j} - \phi_{i-1,j})\Delta x \Delta y^2, \quad R_i = -2\Delta x^4(\phi_{i,j-1} + \phi_{i,j+1})$$

为保证计算过程的稳定性，在船体和上游边界条件中加入人工黏性项 $\nu \Delta x^2 \phi_{xxx}$ 或 $\nu \Delta y^2 \phi_{yyy}$。采用迭代法求解得到各离散点处扰动速度势后，即可通过式 (3.17) 得到水底压力系数。

3.5.3 结果比较与分析

以实验用的船模 B 作为计算对象。由于 Wigley 船型尾部形状与船模 B 的方艉存在一定差异,因此对 Wigley 数学船型增加了相对于实验船模的 $0.1L$ 虚拟长度。计算区域选取 x 方向舰船上游为 $3L$、下游为 $10L$,y 方向为 $1.5L \sim 10L$,并划分 $\Delta x = \Delta y = 0.05$ 的均匀正方形网格。人工黏性项系数 $\nu\Delta x^2$ 和 $\nu\Delta y^2$ 取值约为 0.05。近临界航速或航道宽度 $w_h < 2.5L$ 时,α 取值约为 0.5;其他情况,α 取值约为 0.1。

应用有限差分法对计及非线性效应的式(3.29)和不计非线性效应的式(3.26)进行超临界航速舰船水压场计算。对于 $w_h = 4.5L$、$y = 0$,在 $h = 0.1L, 0.2L$ 时,计及非线性效应的水压通过曲线计算结果与实验结果符合更好,如图 3.21(a)、(b) 所示;而在 $h = 0.3L$ 时,由于水深增加,因而导致计算结果与实验结果误差增大,如图 3.21(c) 所示。

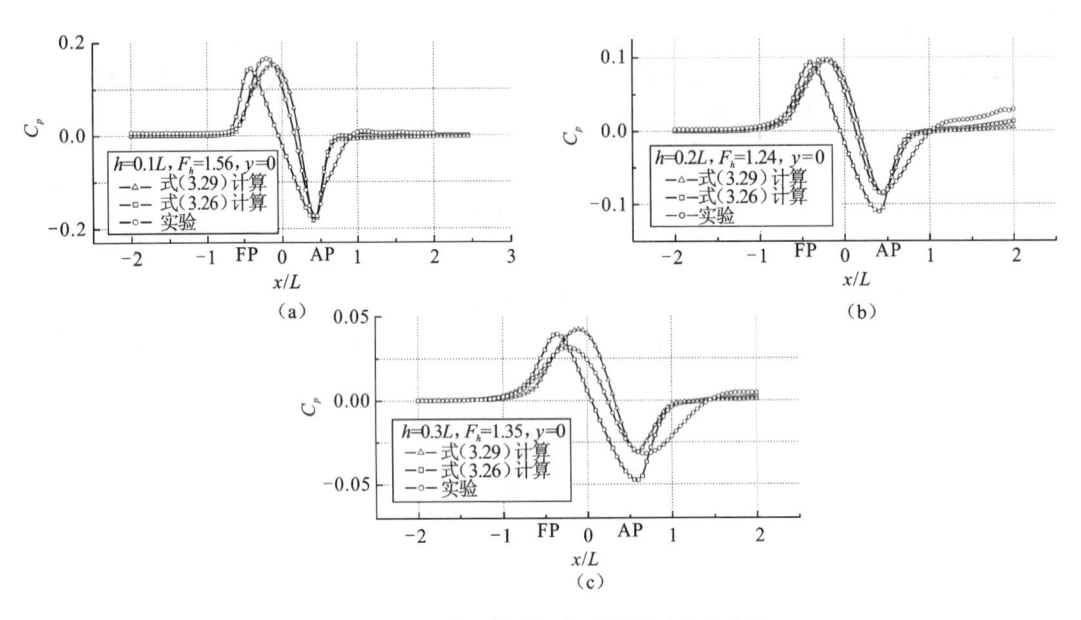

图 3.21 超临界航速舰船水压通过曲线比较

在 $w_h = 4.5L, y = 0$ 时,针对两种航速 $F_h = 1.56, 1.8$,计算得到的舰船水压场负压系数峰值随水深的变化曲线如图 3.22 所示。可见计及非线性效应的式(3.29)计算得到的负压系数峰值在不同水深条件下均与实验结果吻合较好,而不计非线性效应的式(3.26)计算得到的负压系数峰值与实验结果偏差较大。

在 $w_h = 4.5L, h = 0.2L, y = 0$ 时,计算得到的负压系数峰值随水深 Froude 数变化曲线如图 3.23 所示。在 $F_h > 1.2$ 时,通过式(3.29)计算得到的负压系数峰值与实验结果符合较好,而在 F_h 接近临界速度时,由于非线性效应强烈,计算结果与实验结果的偏差将增大。通过不计非线性的式(3.26)计算得到的结果与实验结果之间的偏差普遍较大。

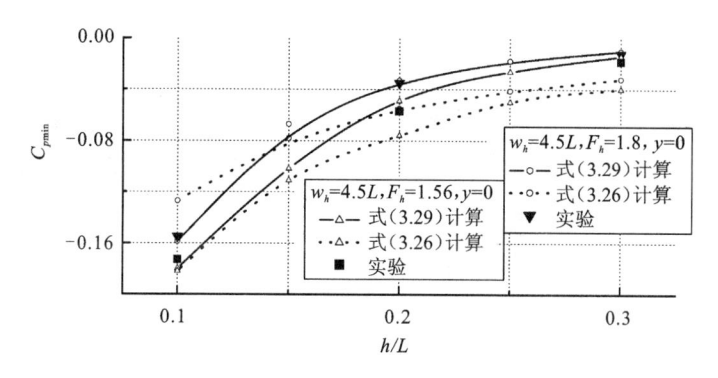

图 3.22 负压系数峰值随水深变化曲线

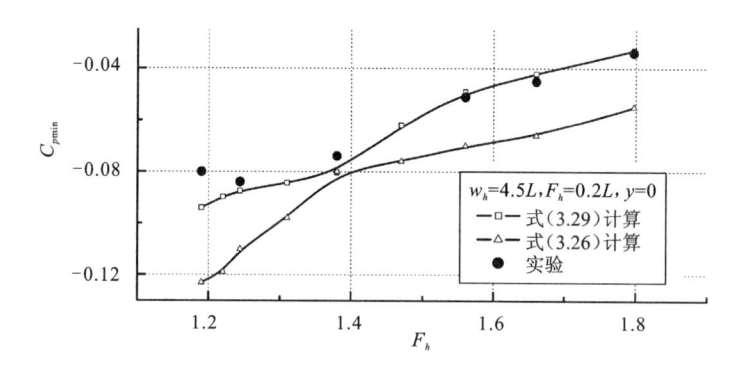

图 3.23 负压系数峰值随水深 Froude 数变化曲线

在 $h=0.2L, F_h=1.29, y=0$ 时,通过式(3.29)计算得到的不同航道宽度下的舰船水压场通过曲线如图 3.24 所示。可见随着航道宽度变窄,岸壁反射作用增强,船艉之后的水压通过曲线变化幅度增大。

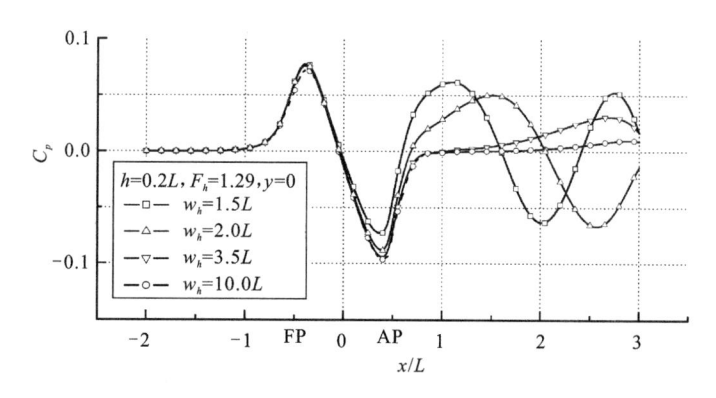

图 3.24 航道宽度对水压通过曲线的影响

在 $w_h=2.5L, h=0.2L, F_h=1.29$ 时,通过式(3.29)计算得到的矩形航道内舰船水压场平面分布和空间分布如图 3.25(a)、(b) 所示。由于岸壁对舰船水压场的多次反射作用,可见船后受扰动影响的区域持续后延。航道越窄,岸壁对船后水压场的影响范围就越大。

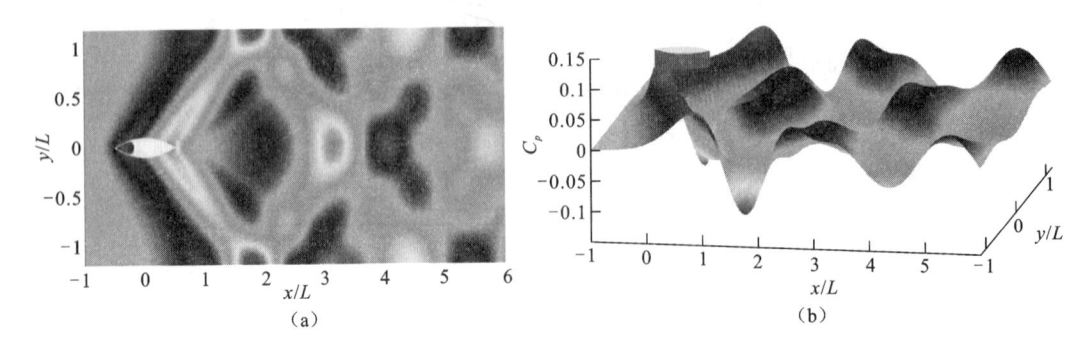

图 3.25　矩形航道内舰船水压场的平面分布和空间分布

为进一步分析不同航道宽度下非线性效应对舰船水压场的影响,在 $h=0.2L$,$F_h=1.38$,$y=0$ 时,对航道宽度为 $w_h=1.5L\sim6.5L$ 的舰船水压场进行了计算,图 3.26 为负压系数峰值计算结果随航道宽度的变化曲线。可以看出,航道宽度较大时,式(3.29)和式(3.26)计算结果的差别较小;随着航道宽度变窄,非线性效应的影响逐渐增大,而在 $w_h<3.0L$,非线性效应对舰船水压场的影响已非常明显。

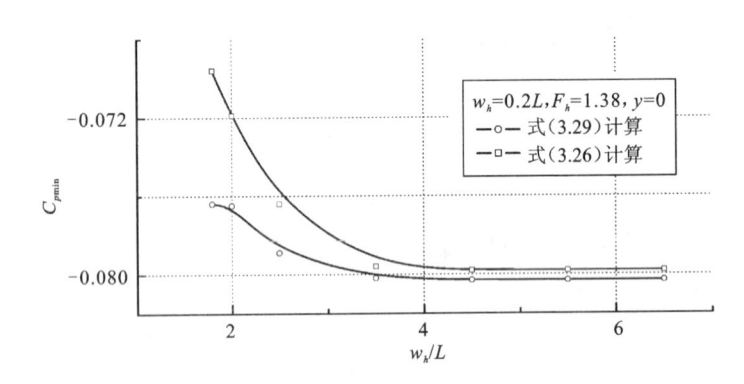

图 3.26　负压系数峰值随航道宽度变化曲线

3.5.4　小结

基于 SKP 浅水波动方程,采用有限差分方法对浅水超临界航速舰船水压场进行了数值计算,非线性项二阶导数采用三点中心-迎风混合差分格式,并在船体和上游边界条件中添加人工黏性项以满足计算稳定性要求,通过与实验结果比较,验证了所建立的数学模型和计算方法的准确性。

利用计及非线性效应的 SKP 方程,相比于线性的 LTSW 方程,计算得到的舰船水压场通过曲线和负压系数峰值与实验结果符合更好。结果分析表明,当水深较浅、航道宽度较窄或舰船接近临界速度航行时,非线性效应对舰船水压场的影响较大,非线性效应不容忽视。

3.6 阶梯航道中计及色散效应的舰船水压场数值计算

对于舰船在非均匀水深航道中的运动,基于计及色散效应的 LTSW 方程,在第 2 章中已给出了亚-超、超-超和亚-亚临界航速条件下舰船水压场的解析计算模型。本节采用有限差分法,针对一般情况下的阶梯航道,给出上述问题的数值计算方法[34]。阶梯航道可以退化成矩形航道、开挖航道和均匀水深开阔海域等特殊情况。

3.6.1 数学问题

假设舰船以速度 V 沿阶梯航道中线作匀速直线航行,船长为 L(或 $2l$),船宽为 $2b$,舰船周围的流体视为理想不可压流体作无旋运动。取动坐标系固结于船体,坐标原点 O 位于船体水线中心,x 轴正向指向舰船运动方向,z 轴垂直向上,坐标系 $Oxyz$ 符合右手法则,如图 3.27 所示。对阶梯航道,设内、外域水深分别为 h 和 H,内、外域扰动速度势分别为 ϕ 和 Φ,内、外域水深 Froude 数分别为 $F_h = V/\sqrt{gh}$ 和 $F_H = V/\sqrt{gH}$。另记内域宽度 $w_h = 2w_1$,外域即整个航道宽度 $w_H = 2w_2$。

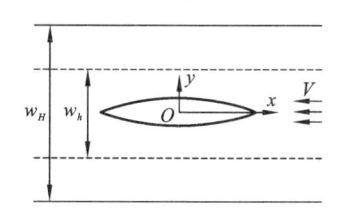

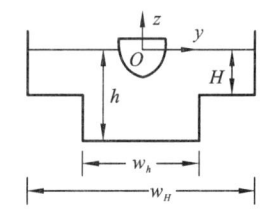

图 3.27 舰船坐标系及阶梯航道

基于 LTSW 方程,阶梯航道内、外域的浅水波动控制方程分别为

$$(1 - F_h^2)\phi_{xx} + \phi_{yy} + \frac{F_h^2 h^2}{3}\phi_{xxxx} = 0, \quad \text{当 } |y| \leqslant w_1 \text{ 时} \quad (3.32)$$

$$(1 - F_H^2)\Phi_{xx} + \Phi_{yy} + \frac{F_H^2 H^2}{3}\Phi_{xxxx} = 0, \quad \text{当 } w_1 \leqslant |y| \leqslant w_2 \text{ 时} \quad (3.33)$$

航道内通常有 $h \geqslant H$,$F_h \leqslant F_H$,因此内、外域一般存在三种流动组合,即亚-亚、亚-超和超-超临界航速流动情况。无论是哪种混合流动,上游边界、船体边界以及岸壁边界条件是一样的,但由于亚临界与超临界航速存在的特性差异,其他边界条件以及差分格式在数值计算过程中存在一定差异。

采用薄船近似,船体边界条件可写为式(2.7)。在内、外域交界面上需满足流动连续条件式(2.4)和式(2.5)。在上、下游无穷远处,需满足扰动衰减条件。在外域岸壁 $y = \pm w_2$ 上,有 $\Phi_y = 0$。当外域为超临界流动时,需满足扰动向后传播条件。

3.6.2 数值计算

采用有限差分法对阶梯航道内的舰船水压场进行数值计算。计算区域选取 x 方向上、下游分别为 $3L$ 和 $9L$，y 方向为 $w_h = 3L \sim 12L$。计算区域划分为均匀正方形网格，采用显式差分格式在离散节点上建立差分方程。

1. 亚-亚临界航速

假设内、外域均为亚临界航速，根据亚临界航速流动为椭圆型方程的特点，内域控制方程式(3.32)可离散为

$$\begin{aligned}
& \frac{F_h^2 h^2}{3} \Delta y^2 \phi_{i-3,j} - \frac{4 F_h^2 h^2}{3} \Delta y^2 \phi_{i-2,j} + \left[(1 - F_h^2) \Delta x^2 \Delta y^2 + 2 F_h^2 h^2 \Delta y^2 \right] \phi_{i-1,j} \\
& + \left[2(1 - F_h^2) \Delta x^2 \Delta y^2 + 2 \Delta x^4 + \frac{4 F_h^2 h^2}{3} \Delta y^2 \right] \phi_{i,j} \\
& + \left[\frac{F_h^2 h^2}{3} \Delta y^2 + (1 - F_h^2) \Delta x^2 \Delta y^2 \right] \phi_{i+1,j} \\
& = -\Delta x^4 (\phi_{i,j-1} + \phi_{i,j+1})
\end{aligned} \quad (3.34)$$

类似地，用 Φ 替代 ϕ，H 替代 h，F_H 替代 F_h，外域控制方程式(3.33)同样可以离散为式(3.34)的形式。上游边界采用三点向后差分格式，下游截断边界采用三点向前差分格式。

2. 亚-超临界航速

假设内域为亚临界航速、外域为超临界航速。内域控制方程式(3.32)同样离散为式(3.34)。根据超临界航速流动为双曲型方程的特点，外域控制方程式(3.33)可离散为

$$\begin{aligned}
& \frac{F_H^2 H^2}{3} \Delta y^2 \Phi_{i-3,j} + \left[(1 - F_H^2) \Delta x^2 \Delta y^2 - \frac{4 F_H^2 H^2}{3} \Delta y^2 \right] \Phi_{i-2,j} \\
& + \left[2(F_H^2 - 1) \Delta x^2 \Delta y^2 + 2 F_H^2 H^2 \Delta y^2 \right] \Phi_{i-1,j} \\
& + \left[(1 - F_H^2) \Delta x^2 \Delta y^2 - 2 \Delta x^4 - \frac{4 F_H^2 H^2}{3} \Delta y^2 \right] \Phi_{i,j} + \frac{F_H^2 H^2}{3} \Delta y^2 \Phi_{i+1,j} \\
& = -\Delta x^4 (\Phi_{i,j-1} + \Phi_{i,j+1})
\end{aligned} \quad (3.35)$$

外域下游截断边界需要满足波向后传播条件。

3. 超-超临界航速

假设内、外域均为超临界航速。外域控制方程离散为式(3.35)，内域控制方程离散为式(3.35)的形式，且用 ϕ 替代 Φ，h 替代 H，F_h 替代 F_H。

内、外域下游截断边界均需满足波向后传播条件。采用迭代法求解得各离散点处扰动速度势后，由式(3.17)可得水底压力系数。

3.6.3 结果分析与讨论

1. 计算结果的比较与验证

计算所采用的 Wigley 数学船型与实验船模(船模 B)具有相同主尺度,计算时在船艉增加相对于实验船模方尾影响的 0.1L 虚拟长度。

假设内、外域水深 $h=H$, $w_h=L$, $w_H=3L$,则阶梯航道退化为矩形航道情况。对 $h=H=0.2L$, $y=0$,在 $F_h=0.56$, 1.38 时的计算结果见图 3.28 和图 3.29,可见亚临界和超临界航速的计算结果与实验结果符合均较好。

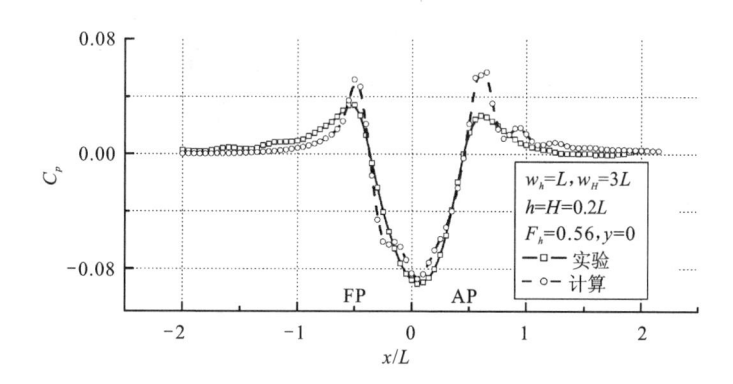

图 3.28 亚临界航速舰船水压通过曲线比较

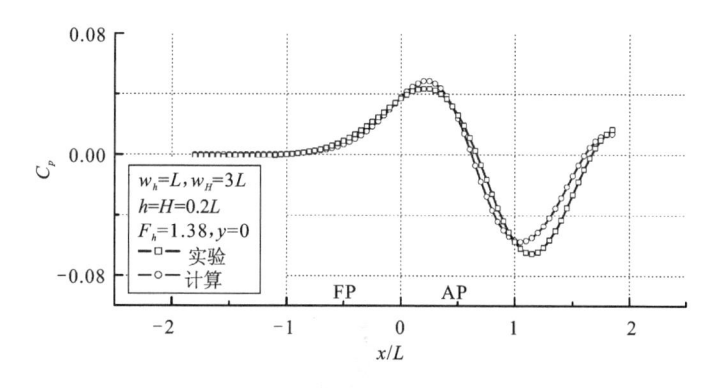

图 3.29 超临界航速舰船水压通过曲线比较

2. 三种混合流动的舰船水压场分布特性

在阶梯航道内,设 $w_h=1L$, $w_H=3L$,通过计算分析亚-亚、超-超、亚-超临界航速三种流动的舰船水压场分布特性。

1) 亚-亚临界航速

设 $h=0.2$、$H=0.1$ 及 $F_h=0.6$、$F_H=0.85$,此时阶梯航道内为亚-亚临界航速混合流动,计算得到的舰船水压场三维分布特性如图 3.30 所示。舰船水压场的正压系数峰值分别出现在船艏和船艉附近,负压系数峰值出现在船舯附近,外域和上、下游压力变化衰减较快,符合亚临界航速流动特点。

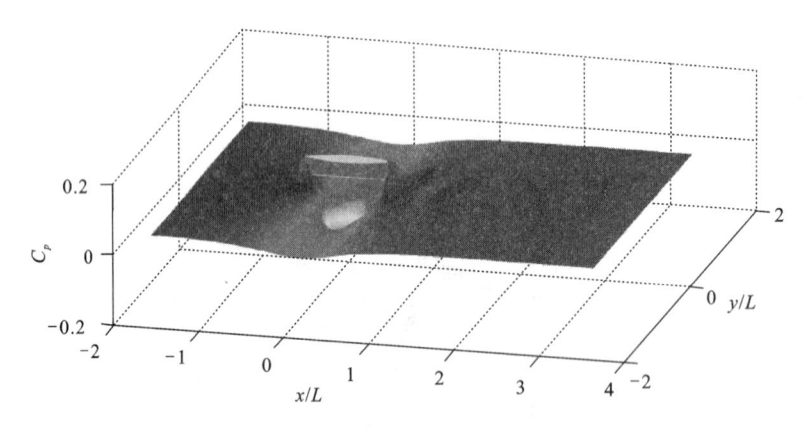

图 3.30 亚-亚临界航速舰船水压场分布特性

2) 超-超临界航速

设 $h=0.2$、$H=0.1$ 及 $F_h=1.2$、$F_H=1.7$,此时阶梯航道内为超-超临界航速混合流动,计算得到的舰船水压场平面分布特性如图 3.31 所示。可以看出舰船水压场在船艏附近急剧增大出现正压峰值,在船艉附近急剧减小出现负压峰值,压力波峰呈现超临界航速的"V"型散波特征,且在内、外域交界面上,由于 $F_H>F_h$,因而外域压力波峰线内折。另外,由于岸壁反射作用,可见船后压力波动剧烈。

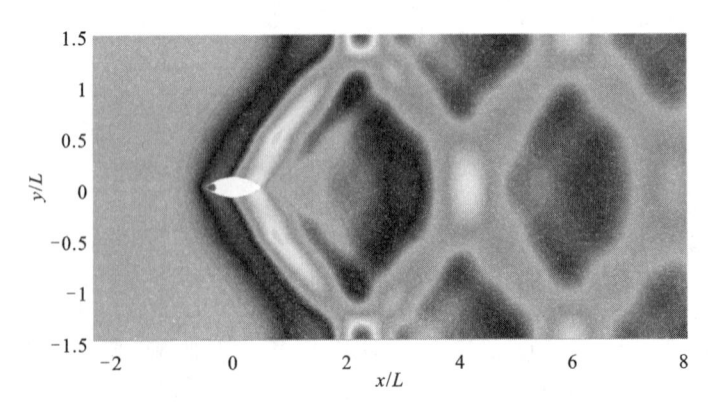

图 3.31 超-超临界航速舰船水压场分布特性

3) 亚-超临界航速

设 $h=0.2, H=0.05$ 及 $F_h=0.85, F_H=1.7$,此时阶梯航道内为亚-超临界航速混合流动,计算得到的舰船水压场平面分布特性如图 3.32 所示。可以看出舰船水压场在船艏附近增大为正压峰值,在船舯稍后下降为负压峰值,在船艉稍后又回升到正压峰值。内域呈现亚临界航速的散波和横波特征,外域呈现超临界航速的散波特征。由于岸壁反射作用,船后压力场也将受到影响,但波动不如超-超临界航速情况剧烈。

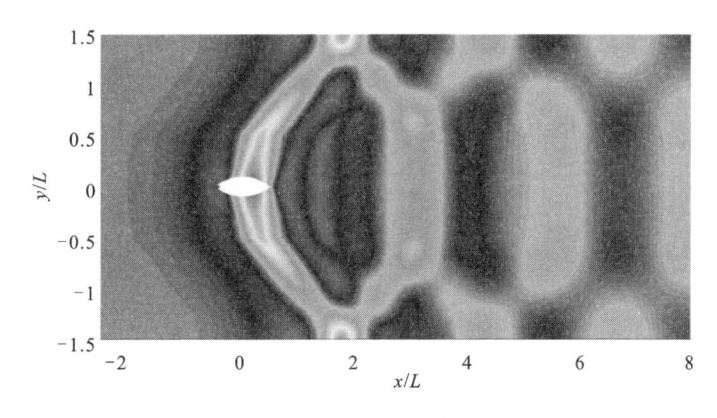

图 3.32 亚-超临界航速舰船水压场分布特性

3.6.4 小结

采用有限差分方法对阶梯航道内亚-亚、亚-超以及超-超临界航速混合流动下的舰船水压场进行了计算,将阶梯航道退化为矩形航道后,对计算得到的舰船水压场通过曲线进行了比较和验证,并对三种混合流动的舰船水压场分布特性进行了分析,证明了数学模型和计算方法的准确性和有效性。

在第 2 章中,基于 LTSW 方程,已经获得了开挖航道、阶梯航道、矩形航道和开阔海域的亚-亚、亚-超、超-超临界航速的舰船水压场解析模型。对阶梯航道和矩形航道,由于岸壁的反射作用,在舰船水压场解析模型中被积函数存在奇点,完成这些广义的奇异积分计算是相当困难的。而处理有限宽度矩形航道和阶梯航道中的舰船水压场问题,恰恰是数值计算方法的优点,因而上述计算表明,可以采用有限差分方法解决更多复杂的流动问题。通过解析解、数值解和模型实验多种手段,可以更加深入地理解和掌握舰船水压场的影响因素和分布特性。

第 2 篇　有限水深舰船、潜艇和气垫船水压场

本篇基于理想不可压缩流体势流理论,在有限水深线性兴波条件下,通过 Kelvin 源 Green 函数快速算法的精细研究,建立了薄船水压场的理论预报方法,并应用 Hess-Smith(赫斯-史密斯)面元法处理实际船型对舰船水压场的影响。利用 Rankine 源和 Kelvin 源格林函数,建立了不计兴波和计及兴波影响的潜艇水压场数值计算方法。采用 Fourier 积分变换方法,建立了气垫船水压场的理论数学模型和计算方法。计算结果得到了船模实验结果的有效验证。

第4章 基于薄船理论的有限水深舰船水压场

在研究船舶和海洋工程结构的水动力学问题时,奇点分布法得到了广泛应用,其中的关键是需要对 Green 函数进行准确、快速地计算。通常采用的 Green 函数有两类:一类是采用形式简单但不满足任何边界条件的 Green 函数(Rankine 源),场内速度势需要在所有流体边界上(如物面、自由表面、水底表面等)分布合适强度的源汇才能确定,该方法 Green 函数简单易于推广到非线性问题,但对边界截断的处理和计算机性能有一定要求;另一类是采用满足包括辐射条件在内的除船体表面条件以外的所有边界条件的特殊 Green 函数,如三维定常移动源 Green 函数(Kelvin 源或 Havelock 源)等,这一类 Green 函数形式较为复杂,主要应用于解决线性水波动力学问题,但流场内速度势只需在物体表面上分布合适强度的源汇就可确定。

在第 2、3 章中,采用浅水波动方程计算舰船水压场一般只适用水深 $h \leqslant 0.3L$ 时的情况,否则误差较大。为扩大适用的水深范围,本章采用 Kelvin 源 Green 函数计算舰船水压场,该 Green 函数中含有双重积分和广义积分,而其中的被积函数又有奇异性和振荡性,性状复杂[6,35]。文献[36-39]对无限水深 Kelvin 源 Green 函数的计算已做过大量研究,但对有限水深情况下 Kelvin 源 Green 函数的研究还较少。基于有限水深舰船水压场理论预报的需要,本章提出了 Kelvin 源 Green 函数的两种计算方法:一种是余项截断法;另一种是 Laguerre(拉盖尔)积分及指数积分法[40-42]。通过大量计算并与第 8 章 8.2 节中船模 B 的水压场实验结果和船模 A 的部分典型实验结果进行比较,表明基于薄船理论和 Kelvin 源 Green 函数所建立的计算方法除极浅水跨临界航速条件下,理论计算结果与实验结果均有较好的符合。

4.1 有限水深 Kelvin 源 Green 函数

4.1.1 Green 函数积分表达式

1. 不计水面兴波影响

建立船体动坐标系如图 1.2 所示。假设海水是理想不可压缩、运动无旋有势的流体,由式(1.30)可知舰船引起的流场扰动速度势 $\phi(x,y,z)$ 应满足的控制方程和边界条件为

$$\phi_{xx} + \phi_{yy} + \phi_{zz} = 0 \quad \text{在流场内} \tag{4.1}$$

$$\phi_{xx} + K_0\phi_z = 0 \quad \text{在 } z = 0 \text{ 的自由表面上} \qquad (4.2)$$

$$\phi_z = 0 \quad \text{在 } z = -h \text{ 的水底} \qquad (4.3)$$

$$\nabla\phi \to 0 \quad \text{当 } \sqrt{x^2 + y^2} \to +\infty \text{ 时} \qquad (4.4)$$

此外,还要满足船前无波辐射条件。式中:$K_0 = g/V^2$,g 为重力加速度,V 为船速。

如果船速很低,则 $K_0 \to \infty$,由式(4.2)可得在自由表面上有 $\phi_z \to 0$,即可视自由液面为固壁,上述数学问题式(4.1)~式(4.4)退化为水底和水面均为固壁条件的速度势求解问题。在有限水深条件下,设自由表面以下某点 (ξ, η, ζ) 处有单位强度点源($\sigma = 1$),则扰动速度势 ϕ 可用 Green 函数 G_0 表示为 $\phi = -\dfrac{\sigma}{4\pi}G_0 = -\dfrac{1}{4\pi}G_0$,此时不计兴波的 Kelvin 源 Green 函数 G_0 可记为

$$G_0 = \frac{1}{r} + \frac{1}{r_h} + N_0 \qquad (4.5)$$

式中:$r = [x_1^2 + y_1^2 + (z-\zeta)^2]^{1/2}$,$r_h = [x_1^2 + y_1^2 + (z+\zeta+2h)^2]^{1/2}$;$x_1 = x - \xi$,$y_1 = y - \eta$;函数 N_0 的形式待定。这里 $1/r_h$ 是 $1/r$ 关于水底固壁的镜像,而式(4.5)其实就是点源及其关于水底和水面的无限镜像的叠加。

由水底边界条件式(4.3),得

$$\left.\frac{\partial G_0}{\partial z}\right|_{z=-h} = \left.\frac{\partial}{\partial z}\left(\frac{1}{r} + \frac{1}{r_h} + N_0\right)\right|_{z=-h} = \left.\frac{\partial N_0}{\partial z}\right|_{z=-h} = 0 \qquad (4.6)$$

假设自由表面为固壁,则

$$\left.\frac{\partial N_0}{\partial z}\right|_{z=0} = -\left.\frac{\partial}{\partial z}\left(\frac{1}{r} + \frac{1}{r_h}\right)\right|_{z=0} = 0 \qquad (4.7)$$

将 $1/r$ 和 $1/r_h$ 用积分形式表示[43],注意到在自由表面 $z = 0$ 上,有 $z - \zeta > 0$,$z + \zeta + 2h > 0$,所以

$$\frac{1}{r} = \frac{1}{2\pi}\int_{-\pi}^{\pi}d\theta\int_0^{\infty}\exp\{k[-(z-\zeta) + i\bar{\omega}]\}dk,$$

$$\frac{1}{r_h} = \frac{1}{2\pi}\int_{-\pi}^{\pi}d\theta\int_0^{\infty}\exp\{k[-(z+\zeta+2h) + i\bar{\omega}]\}dk$$

式中:$\bar{\omega} = x_1\cos\theta + y_1\sin\theta$。

进一步,有

$$\frac{1}{r} + \frac{1}{r_h} = \frac{1}{\pi}\int_{-\pi}^{\pi}d\theta\int_0^{\infty}\exp\{k[i\bar{\omega} - (z+h)]\}\cosh[k(\zeta+h)]dk \qquad (4.8)$$

将式(4.8)代入式(4.7),得

$$\left.\frac{\partial N_0}{\partial z}\right|_{z=0} = \frac{1}{\pi}\int_{-\pi}^{\pi}d\theta\int_0^{\infty}ke^{ik\bar{\omega}}e^{-kh}\cosh[k(\zeta+h)]dk \qquad (4.9)$$

从波浪理论中得到启示[2],有限水深速度势的表达式中存在因子 $\cosh[k(z+h)]$,并考虑到

$$\left.\frac{\partial}{\partial z}\left\{\int_{-\pi}^{\pi}d\theta\int_0^{\infty}\cosh[k(z+h)]dk\right\}\right|_{z=0} = \int_{-\pi}^{\pi}d\theta\int_0^{\infty}k\sinh(kh)dk \qquad (4.10)$$

比较式(4.9)和式(4.10),得

$$N_0 = \frac{1}{\pi} \int_{-\pi}^{\pi} d\theta \int_0^\infty \frac{\cosh[k(z+h)]\cosh[k(\zeta+h)]}{\sinh(kh)} e^{ik\overline{\omega}} e^{-kh} dk \quad (4.11)$$

显然,N_0 满足水底条件式(4.6),计算时取 N_0 的实部。重记

$$N_0 = \frac{4}{\pi} \int_0^{\pi/2} d\theta \int_0^\infty \frac{\cosh[k(z+h)]\cosh[k(\zeta+h)]e^{-kh}}{\sinh(kh)} \cos(kx_1\sin\theta)\cos(ky_1\cos\theta) dk \quad (4.12)$$

当 $k \to 0$ 时,上式被积函数分母趋于零,存在奇异性,积分时需特殊处理。所以,在水底和水面均为固壁条件下的 Green 函数可由式(4.5)表示出来。显然,Green 函数 G_0 除了满足水底、水面固壁条件外,还满足 Laplace 方程和扰动衰减条件。如前所述,Green 函数 G_0 其实反映的是点源及其关于水底、水面无数镜像源势的叠加。当然,也可采用 n 次镜像的方法来近似,当 $n \to \infty$ 时,两者所得结果应趋于一致。因此,对水面低速航行的舰船,或对大深度条件下航行的潜艇,只要可以忽略舰船兴波对水压场的影响,均可采用 Green 函数 G_0 来计算舰船水压场。如果船速较高,舰船兴波现象明显,则自由表面为固壁的假定不能成立,需要在定解问题中进一步考虑线性自由表面条件(4.2)式,采用类似上面的做法,可以得到计及线性兴波的 Kelvin 源 Green 函数。

2. 计及水面线性兴波影响

在有限水深条件下,考虑有一位于自由面下 (ξ,η,ζ) 处的单位强度点源,计及线性兴波的影响,满足式(4.1)~式(4.4)的 Kelvin 源 Green 函数记为 G,则 $\phi = -\frac{1}{4\pi}G$,此时水底条件可改写为:$\left.\frac{\partial G}{\partial z}\right|_{z=-h} = 0$。

为满足水底条件,针对 (ξ,η,ζ) 处的点源,需要以水底平面为镜面作一镜像,其位置为 $(\xi,\eta,-2h-\zeta)$,如图 4.1 所示。若水面为刚性壁面,则点源及其水下的镜像又将在水面以上产生镜像,由此往复映射。

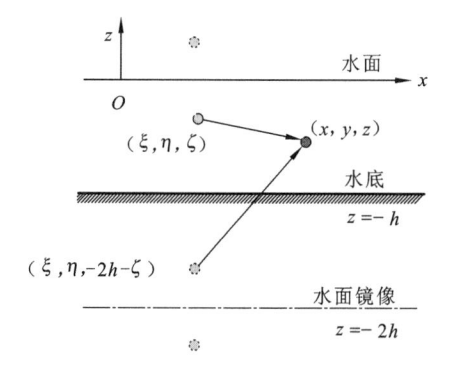

图 4.1 有限水深点源及其镜像

因为水面为自由波动面,将自由表面存在引起的镜像系统的作用记为 N。则有限水深定常运动点源引起的 Green 函数可写成

$$G = \frac{1}{r} + \frac{1}{r_h} + N \tag{4.13}$$

式中：$r = [x_1^2 + y_1^2 + (z-\zeta)^2]^{1/2}$，$r_h = [x_1^2 + y_1^2 + (z+\zeta+2h)^2]^{1/2}$；$x_1 = x-\xi$，$y_1 = y-\eta$；函数 N 的形式待定。

因为 $\dfrac{\partial}{\partial z}\left(\dfrac{1}{r} + \dfrac{1}{r_h}\right)\bigg|_{z=-h} = 0$，根据水底条件：$\dfrac{\partial G}{\partial z}\bigg|_{z=-h} = 0$，所以有：$\dfrac{\partial N}{\partial z}\bigg|_{z=-h} = 0$。

根据线性自由表面条件式(4.2)，有：$\dfrac{\partial G}{\partial z} + \dfrac{V^2}{g}\dfrac{\partial^2 G}{\partial x^2} = 0$，由式(4.13)，得

$$\left(\frac{\partial^2 N}{\partial x^2} + K_0 \frac{\partial N}{\partial z}\right)\bigg|_{z=0} = -\left[\frac{\partial^2}{\partial x^2}\left(\frac{1}{r} + \frac{1}{r_h}\right) + K_0\frac{\partial}{\partial z}\left(\frac{1}{r} + \frac{1}{r_h}\right)\right]\bigg|_{z=0}$$

根据式(4.8),得

$$\left(\frac{\partial^2 N}{\partial x^2} + K_0 \frac{\partial N}{\partial z}\right)\bigg|_{z=0} = \frac{1}{\pi}\int_{-\pi}^{\pi}d\theta\int_0^\infty k(k\cos^2\theta + K_0)e^{-kh}\cosh[k(\zeta+h)]e^{ik\overline{\omega}}dk$$

为求 N,注意到

$$\left(\frac{\partial^2}{\partial x^2} + K_0 \frac{\partial}{\partial z}\right)\bigg|_{z=0}\int_{-\pi}^{\pi}d\theta\int_0^\infty \cosh[k(z+h)]e^{ik\overline{\omega}}dk$$

$$= \int_{-\pi}^{\pi}d\theta\int_0^\infty [-k^2\cos^2\theta\cosh(kh) + kK_0\sinh(kh)]e^{ik\overline{\omega}}dk$$

比较以上两式,得

$$N = \frac{1}{\pi}\int_{-\pi}^{\pi}d\theta\int_0^\infty \frac{(k\cos^2\theta + K_0)\cosh[k(z+h)]\cosh[k(\zeta+h)]e^{-kh}}{K_0\sinh(kh) - k\cos^2\theta\cosh(kh)}\cos(k\overline{\omega})dk \tag{4.14}$$

当点源运动速度 $V \to 0$，即 $K_0 = g/V^2 \to \infty$ 时,式(4.14)退化为式(4.12)。另外,上式分母为零时有极点,对应于分母的正实根。对 k 积分时应绕过此极点,不同的绕过方向将有不同的结果,通过满足船前无波的辐射条件,可以消除兴波源势解的不确定性。当 $|\theta| < \pi/2$ 时,极点在实轴下方,上式积分应从实轴上方以顺时针方向绕过极点,积分路径为 L_1；当 $|\theta| > \pi/2$ 时,极点在实轴上方,上式积分应从实轴下方以逆时针方向绕过极点,积分路径为 L_2。

所以,有限水深点源运动的 Green 函数可写为[43]

$$G = \frac{1}{r} + \frac{1}{r_h} + \frac{1}{\pi}\int_{-\pi/2}^{\pi/2}d\theta\int_{0(L_1)}^\infty \frac{(k\cos^2\theta + K_0)e^{-kh}\cosh[k(\zeta+h)]}{-k\cos^2\theta\cosh(kh) + K_0\sinh(kh)}\cosh[k(z+h)]e^{ik\overline{\omega}}dk$$

$$+ \frac{1}{\pi}\int_{-\pi/2}^{\pi/2}d\theta\int_{0(L_2)}^\infty \frac{(k\cos^2\theta + K_0)e^{-kh}\cosh[k(\zeta+h)]}{-k\cos^2\theta\cosh(kh) + K_0\sinh(kh)}\cosh[k(z+h)]e^{-ik\overline{\omega}}dk \tag{4.15}$$

令式(4.15)极点对应的 k 为 k_h,利用 Cauchy(柯西) 积分主值概念,作出该式中的两

路积分,并分别记两路积分中极点处的留数为 R_1 和 R_2,则

$$G = \frac{1}{r} + \frac{1}{r_h} + \frac{2}{\pi}\text{Re}\int_{-\pi/2}^{\pi/2}\text{d}\theta\text{V.P}\int_0^\infty \frac{(k\cos^2\theta + K_0)\text{e}^{-kh}\cosh[k(\zeta+h)]}{-k\cos^2\theta\cosh(kh) + K_0\sinh(kh)}\cosh[k(z+h)]\text{e}^{\text{i}k\bar{\omega}}\text{d}k$$

$$+ \frac{1}{\pi}\text{Re}\int_{-\pi/2}^{\pi/2}(-\text{i}\pi R_1 + \text{i}\pi R_2)\text{d}\theta \tag{4.16}$$

式中:V.P 表示取 Cauchy 主值积分,Re 表示取实部。

利用留数定理,求留数 R_1 和 R_2。令式(4.16)中被积函数的分母为 $\psi(k)$,即

$$\psi(k) = -k\cos^2\theta\cosh(kh) + K_0\sinh(kh)$$

则

$$\psi'(k_h) = \cosh(k_h h)[K_0 h - \cos^2\theta - k_h h \cos^2\theta\tanh(k_h h)]$$

所以

$$R_1 = \frac{(k_h\cos^2\theta + K_0)\text{e}^{-k_h h}\cosh[k_h(\zeta+h)]\cosh[k_h(z+h)]}{\cosh(k_h h)[K_0 h - \cos^2\theta - k_h h \cos^2\theta\tanh(k_h h)]}\text{e}^{\text{i}k_h\bar{\omega}}$$

$$R_2 = \frac{(k_h\cos^2\theta + K_0)\text{e}^{-k_h h}\cosh[k_h(\zeta+h)]\cosh[k_h(z+h)]}{\cosh(k_h h)[K_0 h - \cos^2\theta - k_h h \cos^2\theta\tanh(k_h h)]}\text{e}^{-\text{i}k_h\bar{\omega}}$$

因为 k_h 满足方程 $\cosh(k_h h)[K_0\tanh(k_h h) - k_h\cos^2\theta] = 0$,所以有

$$\text{Re}(-\text{i}\pi R_1 + \text{i}\pi R_2) = \text{Re}2\pi i\frac{K_0\cosh[k_h(\zeta+h)]\cosh[k_h(z+h)]}{\cos^2\theta\cosh^2(k_h h) - K_0 h}\text{e}^{\text{i}k_h\bar{\omega}}$$

将 N 分解为单重积分 N_1 和双重积分 N_2 两项之和,可得

$$G = \frac{1}{r} + \frac{1}{r_h} + N_1 + N_2 \tag{4.17}$$

式中

$$N_1 = 4K_0\int_{\theta_0}^{\pi/2}\frac{\cosh[k_h(\zeta+h)]\cosh[k_h(z+h)]}{K_0 h - \cos^2\theta\cosh^2(k_h h)}\sin(k_h x_1\cos\theta)\cos(k_h y_1\sin\theta)\text{d}\theta \tag{4.18}$$

$$N_2 = \frac{4}{\pi}\int_0^{\pi/2}\text{d}\theta\text{V.P}\int_0^\infty \frac{\exp(-kh)(k\cos^2\theta + K_0)\cosh[k(\zeta+h)]\cosh[k(z+h)]}{K_0\sinh(kh) - k\cos^2\theta\cosh(kh)}$$

$$\cdot \cos(kx_1\cos\theta)\cos(ky_1\sin\theta)\text{d}k \tag{4.19}$$

$$\theta_0 = \begin{cases} 0, & F_h < 1 \\ \arccos(1/F_h), & F_h > 1 \end{cases} \tag{4.20}$$

其中 k_h 为关于未知量为 k 的色散方程

$$\tanh(kh) = khF_h^2\cos^2\theta \tag{4.21}$$

的正实根。

4.1.2 Green 函数的偏导数

在计算舰船兴波阻力、表面波形和水底压力场时,常常要涉及 Green 函数及其偏导数的计算,Green 函数 G_0 较为简单,这里不予叙述。以下给出 Green 函数 G 的部分偏导数结

果,由式(4.17),得

$$\frac{\partial G}{\partial x} = \frac{\partial}{\partial x}\left(\frac{1}{r}\right) + \frac{\partial}{\partial x}\left(\frac{1}{r_h}\right) + \frac{\partial N_1}{\partial x} + \frac{\partial N_2}{\partial x}, \quad \frac{\partial G}{\partial y} = \frac{\partial}{\partial y}\left(\frac{1}{r}\right) + \frac{\partial}{\partial y}\left(\frac{1}{r_h}\right) + \frac{\partial N_1}{\partial y} + \frac{\partial N_2}{\partial y}$$

(4.22)

而

$$\frac{\partial}{\partial x}\left(\frac{1}{r}\right) = -\frac{x_1}{r^3}, \quad \frac{\partial}{\partial y}\left(\frac{1}{r}\right) = -\frac{y_1}{r^3}, \quad \frac{\partial}{\partial x}\left(\frac{1}{r_h}\right) = -\frac{x_1}{r_h^3}, \quad \frac{\partial}{\partial y}\left(\frac{1}{r_h}\right) = -\frac{y_1}{r_h^3}$$

$$\frac{\partial N_1}{\partial x} = 4K_0 \int_{\theta_0}^{\pi/2} \frac{\cosh[k_h(\zeta+h)]\cosh[k_h(z+h)]}{K_0 h - \cos^2\theta \cosh^2(k_h h)} k_h \cos\theta \cos(k_h x_1 \cos\theta) \cos(k_h y_1 \sin\theta) d\theta$$

$$\frac{\partial N_1}{\partial y} = 4K_0 \int_{\theta_0}^{\pi/2} \frac{\cosh[k_h(\zeta+h)]\cosh[k_h(z+h)]}{K_0 h - \cos^2\theta \cosh^2(k_h h)} (-k_h \sin\theta) \sin(k_h x_1 \cos\theta) \sin(k_h y_1 \sin\theta) d\theta$$

$$\frac{\partial N_2}{\partial x} = -\frac{4}{\pi} \int_0^{\pi/2} d\theta \mathrm{V.P} \int_0^{\infty} \frac{k\cos\theta \exp(-kh)(k\cos^2\theta + K_0)\cosh[k(\zeta+h)]\cosh[k(z+h)]}{K_0 \sinh(kh) - k\cos^2\theta \cosh(kh)}$$
$$\cdot \sin(kx_1 \cos\theta) \cos(ky_1 \sin\theta) dk$$

$$\frac{\partial N_2}{\partial y} = -\frac{4}{\pi} \int_0^{\pi/2} d\theta \mathrm{V.P} \int_0^{\infty} \frac{k\sin\theta \exp(-kh)(k\cos^2\theta + K_0)\cosh[k(\zeta+h)]\cosh[k(z+h)]}{K_0 \sinh(kh) - k\cos^2\theta \cosh(kh)}$$
$$\cdot \cos(kx_1 \cos\theta) \sin(ky_1 \sin\theta) dk$$

此外,$\frac{\partial G}{\partial z}$ 中各项可以类似写出,在此不再赘述。

4.1.3 Green 函数及其偏导数的无因次化

为计算方便,取水深 h 为参考尺度,对以下变量进行无因次化,即令

$$\tilde{x},\tilde{y},\tilde{z},\tilde{\xi},\tilde{\eta},\tilde{\zeta} = \frac{1}{h}(x,y,z,\xi,\eta,\zeta), \quad \tilde{x}_1,\tilde{y}_1 = \frac{1}{h}(x_1,y_1), \quad \tilde{k}_h = k_h h, \quad \tilde{k} = kh$$

(4.23)

式中:上标符号"~"代表无因次量。

将式(4.23)代入式(4.17),得

$$G = \frac{1}{h}(\tilde{G}_1 + \tilde{G}_2 + \tilde{G}_3 + \tilde{G}_4) \tag{4.24}$$

式中

$$\tilde{G}_1 = \frac{1}{[\tilde{x}_1^2 + \tilde{y}_1^2 + (\tilde{z} - \tilde{\zeta})^2]^{1/2}}, \quad \tilde{G}_2 = \frac{1}{[\tilde{x}_1^2 + \tilde{y}_1^2 + (\tilde{z} + \tilde{\zeta} + 2)^2]^{1/2}}$$

$$\tilde{G}_3 = 4\int_{\theta_0}^{\pi/2} \frac{\cosh[\tilde{k}_h(\tilde{\zeta}+1)]\cosh[\tilde{k}_h(\tilde{z}+1)]}{1 - F_h^2 \cos^2\theta \cosh^2(\tilde{k}_h)} \sin(\tilde{k}_h \tilde{x}_1 \cos\theta) \cos(\tilde{k}_h \tilde{y}_1 \sin\theta) d\theta$$

$$\tilde{G}_4 = \frac{4}{\pi}\int_0^{\pi/2} d\theta \mathrm{V.P}\int_0^{\infty} \frac{\exp(-\tilde{k})(\tilde{k}F_h^2 \cos^2\theta + 1)\cosh[\tilde{k}(\tilde{\zeta}+1)]\cosh[\tilde{k}(\tilde{z}+1)]}{\sinh(\tilde{k}) - \tilde{k}F_h^2 \cos^2\theta \cosh(\tilde{k})}$$
$$\cdot \cos(\tilde{k}\tilde{x}_1 \cos\theta)\cos(\tilde{k}\tilde{y}_1 \sin\theta) d\tilde{k}$$

利用式(4.23),并对式(4.24)求偏导数,得

$$G_x = \frac{1}{h^2}\widetilde{G}_{\widetilde{x}} \tag{4.25}$$

$$G_y = \frac{1}{h^2}\widetilde{G}_{\widetilde{y}} \tag{4.26}$$

式中

$$\widetilde{G}_{\widetilde{x}} = \widetilde{G}_{1\widetilde{x}} + \widetilde{G}_{2\widetilde{x}} + \widetilde{G}_{3\widetilde{x}} + \widetilde{G}_{4\widetilde{x}}, \qquad \widetilde{G}_{\widetilde{y}} = \widetilde{G}_{1\widetilde{y}} + \widetilde{G}_{2\widetilde{y}} + \widetilde{G}_{3\widetilde{y}} + \widetilde{G}_{4\widetilde{y}}$$

$$\widetilde{G}_{1\widetilde{x}} = -\frac{\widetilde{x}_1}{[\widetilde{x}_1^2 + \widetilde{y}_1^2 + (\widetilde{z}-\widetilde{\zeta})^2]^{3/2}}, \qquad \widetilde{G}_{1\widetilde{y}} = -\frac{\widetilde{y}_1}{[\widetilde{x}_1^2 + \widetilde{y}_1^2 + (\widetilde{z}-\widetilde{\zeta})^2]^{3/2}}$$

$$\widetilde{G}_{2\widetilde{x}} = -\frac{\widetilde{x}_1}{[\widetilde{x}_1^2 + \widetilde{y}_1^2 + (\widetilde{z}+\widetilde{\zeta}+2)^2]^{3/2}}, \qquad \widetilde{G}_{2\widetilde{y}} = -\frac{\widetilde{y}_1}{[\widetilde{x}_1^2 + \widetilde{y}_1^2 + (\widetilde{z}+\widetilde{\zeta}+2)^2]^{3/2}}$$

$$\widetilde{G}_{3\widetilde{x}} = 4\int_{\theta_0}^{\pi/2} \frac{\cosh[\widetilde{k}_h(\widetilde{\zeta}+1)]\cosh[\widetilde{k}_h(\widetilde{z}+1)]}{1-F_h^2\cos^2\theta\cosh^2(\widetilde{k}_h)}\widetilde{k}_h\cos\theta\cos(\widetilde{k}_h\widetilde{x}_1\cos\theta)\cos(\widetilde{k}_h\widetilde{y}_1\sin\theta)\mathrm{d}\theta \tag{4.27}$$

$$\widetilde{G}_{3\widetilde{y}} = -4\int_{\theta_0}^{\pi/2} \frac{\cosh[\widetilde{k}_h(\widetilde{\zeta}+1)]\cosh[\widetilde{k}_h(\widetilde{z}+1)]}{1-F_h^2\cos^2\theta\cosh^2(\widetilde{k}_h)}\widetilde{k}_h\sin\theta\sin(\widetilde{k}_h\widetilde{x}_1\cos\theta)\sin(\widetilde{k}_h\widetilde{y}_1\sin\theta)\mathrm{d}\theta \tag{4.28}$$

$$\widetilde{G}_{4\widetilde{x}} = -\frac{4}{\pi}\int_0^{\pi/2}\mathrm{d}\theta \mathrm{V.P}\int_0^{\infty} \frac{\exp(-\widetilde{k})(\widetilde{k}F_h^2\cos^2\theta+1)\cosh[\widetilde{k}(\widetilde{\zeta}+1)]\cosh[\widetilde{k}(\widetilde{z}+1)]}{\sinh(\widetilde{k})-\widetilde{k}F_h^2\cos^2\theta\cosh(\widetilde{k})}$$

$$\cdot \widetilde{k}\cos\theta\sin(\widetilde{k}\widetilde{x}_1\cos\theta)\cos(\widetilde{k}\widetilde{y}_1\sin\theta)\mathrm{d}\widetilde{k} \tag{4.29}$$

$$\widetilde{G}_{4\widetilde{y}} = -\frac{4}{\pi}\int_0^{\pi/2}\mathrm{d}\theta \mathrm{V.P}\int_0^{\infty} \frac{\exp(-\widetilde{k})(\widetilde{k}F_h^2\cos^2\theta+1)\cosh[\widetilde{k}(\widetilde{\zeta}+1)]\cosh[\widetilde{k}(\widetilde{z}+1)]}{\sinh(\widetilde{k})-\widetilde{k}F_h^2\cos^2\theta\cosh(\widetilde{k})}$$

$$\cdot \widetilde{k}\sin\theta\cos(\widetilde{k}\widetilde{x}_1\cos\theta)\sin(\widetilde{k}\widetilde{y}_1\sin\theta)\mathrm{d}\widetilde{k} \tag{4.30}$$

由式(4.21)可知,$\widetilde{k}_h$ 应为方程

$$\tanh(\widetilde{k}) = \widetilde{k}F_h^2\cos^2\theta \tag{4.31}$$

的正实根,而 θ_0 的取值仍由式(4.20)确定。如 $F_h^2\cos^2\theta \geqslant 1$,则可直接取式(4.31)的正实根 $\widetilde{k}_h = 0$。

4.1.4 双重积分的处理方法

1. 余项截断法

在 $\widetilde{G}_4$ 及其偏导数各项中,需要进行一个包含主值积分的双重积分,在积分区间内被积函数存在奇异性和振荡性,由于积分表达式性状复杂,如处理不当,不仅耗费大量计算

时间,而且可能得出错误的计算结果。为此,需要对 $\widetilde{G}_4$ 及其偏导数各项作出特殊处理,以下以 $\widetilde{G}_{4\widetilde{x}}$ 为例,说明数值计算方法,其余各项可以类似得到,并不产生新的困难。

记 $t = \widetilde{k}$,式(4.29) 可写为

$$\widetilde{G}_{4\widetilde{x}} = \frac{4}{\pi} \int_0^{\pi/2} Q_1 d\theta \tag{4.32}$$

式中

$$Q_1 = \text{V.P} \int_0^\infty F(t,\theta) dt \tag{4.33}$$

$$F(t,\theta) = \frac{F_1(t,\theta)}{F_2(t,\theta)} \tag{4.34}$$

$$F_1(t,\theta) = -t\cos\theta \exp(-t)(tF_h^2\cos^2\theta + 1)\cosh[t(\widetilde{\zeta}+1)]\cosh[t(\widetilde{z}+1)]$$
$$\cdot \sin(t\widetilde{x}_1\cos\theta)\cos(t\widetilde{y}_1\sin\theta)/\cosh(t) \tag{4.35}$$

$$F_2(t,\theta) = \tanh(t) - tF_h^2\cos^2\theta \tag{4.36}$$

以下考虑含有主值积分的 Q_1 的计算。在极点 $t = a$ 处对 $F_2(t,\theta)$ 展开,有

$$F_2(t,\theta) = F_2(a,\theta) + (t-a)F_2'(a,\theta) + \frac{1}{2}(t-a)^2 F_2''(a,\theta) + \cdots \approx (t-a)F_2'(a,\theta)$$

令

$$F_3(t,\theta) = \frac{F_1(a,\theta)}{(t-a)F_2'(a,\theta)} \tag{4.37}$$

式中:$F_2'(a,\theta) = \text{sech}^2(a) - F_h^2\cos^2\theta$。则

$$Q_1 = \int_0^\infty [F(t,\theta) - F_3(t,\theta)] dt + \text{V.P} \int_0^\infty F_3(t,\theta) dt$$

因为 $\text{V.P} \int_0^{2a} F_3(t,\theta) dt = 0$,$\text{V.P} \int_0^\infty F_3(t,\theta) dt = \int_{2a}^\infty F_3(t,\theta) dt$,所以

$$Q_1 = \int_0^{2a} [F(t,\theta) - F_3(t,\theta)] dt + \int_{2a}^\infty F(t,\theta) dt \tag{4.38}$$

记 $Q_1 = Q_{11} + Q_{12}$,则

$$Q_{11} = \int_0^{2a} [F(t,\theta) - F_3(t,\theta)] dt \tag{4.39}$$

$$Q_{12} = \int_{2a}^\infty F(t,\theta) dt \tag{4.40}$$

由于 $\lim\limits_{t \to 0} F(t,\theta) = 0$,$\lim\limits_{t \to \infty} F(t,\theta) = 0$,所以 Q_{11} 和 Q_{12} 中的被积函数均为连续函数,可以按常规方法求积,通过这样对主值积分的处理,即可把 $t = a$ 时的奇异性问题解决。

进一步考虑广义积分 Q_{12} 的计算,将 Q_{12} 写成

$$Q_{12} = \int_{2a}^m F(t,\theta) dt + R_m \tag{4.41}$$

式中:余项 $R_m = \int_m^\infty F(t,\theta)\mathrm{d}t, m > 2a$。

可以证明,一般有

$$|R_m| \leqslant \frac{2.5\sqrt{3}\exp(-m)(m^2+1)\sqrt{m}}{\left\{\tanh\left(\dfrac{m}{2}\right)\left[2\tanh\left(\dfrac{m}{2}\right)-1\right]\right\}^{\frac{1}{2}}} = \varepsilon \quad (4.42)$$

式中:ε 为预先设定的最大误差。如取 $\varepsilon = 10^{-6}$,则需取 $m = 23.2$;如取 $\varepsilon = 10^{-3}$,则需取 $m = 15.2$。通过舍去余项 R_m,使无穷积分变为有限积分,在满足一定精度要求条件下,可以节省计算时间。

针对 Q_{11} 和 Q_{12} 的计算,在给定 F_h 和 θ 的前提下,首先求解式(4.31)得其正实根 $\tilde{k}_h$(此即为奇点 a 的值),如 $a \geqslant m/2$,直接可令 $Q_{12} = 0$,只需计算 Q_{11};如 $a < m/2$,则需分别进行 Q_{11} 和 Q_{12} 的计算。

2. Laguerre 与指数积分法

根据式(4.32)可以知道,$\tilde{G}_{4\tilde{z}}$ 是一个包含了主值积分的双重积分,虽然上面已经解决了被积函数的奇异性和无穷积分限的计算问题,但并未减少积分的重数,随着 θ 的变化,还将涉及一系列奇点值 a 的计算。因此,在实际应用时,为减少双重积分的计算时间,需要予以改进。重写式(4.33)为

$$Q_1 = I_{11} + I_{22} \quad (4.43)$$

式中

$$I_{11} = \int_0^\infty e^{-t}[e^t F(t,\theta) - e^a F_3(t,\theta)]\mathrm{d}t \quad (4.44)$$

$$I_{12} = \mathrm{V.P}\int_0^\infty e^{-t}e^a F_3(t,\theta)\mathrm{d}t \quad (4.45)$$

对广义积分 I_{11},可以采用 Laguerre 求积公式进行计算[40-42]。这里相应于权函数为 e^{-t},

$$f(t) = e^t F(t,\theta) - e^a F_3(t,\theta)$$

值得注意的是,当 $t = a$ 时,$f(t)$ 的分母会为零出现奇异性,此时可直接令 $f(t) = 0$,从而使被积函数连续。

在 $\tilde{z} = -1$ 的水底,当 $a \to \infty$ 时,积分 I_{11} 中被积函数的第二项可进一步写为

$$\lim_{a \to \infty} e^a F_3(t,\theta) = 2a^2 e^{a\tilde{\zeta}}\cos\theta\sin(a\tilde{x}_1\cos\theta)\cos(a\tilde{y}_1\sin\theta)/(t-a)$$

对 I_{12} 积分的计算,当 $t = a$ 时,I_{12} 中的被积函数分母会为零出现奇异性,为处理此主值积分,可以引入指数积分解决,根据式(4.45)和式(4.37),有

$$I_{12} = \frac{e^a F_1(a,\theta)}{F_2'(a,\theta)}\mathrm{V.P}\int_0^\infty \frac{e^{-t}}{t-a}\mathrm{d}t = \frac{e^a F_1(a,\theta)}{F_2'(a,\theta)}\mathrm{V.P}\int_{-a}^\infty \frac{e^{-a}e^{-t}}{t}\mathrm{d}t = -\frac{F_1(a,\theta)}{F_2'(a,\theta)}\mathrm{Ei}(a)$$

$$(4.46)$$

式中：$\mathrm{Ei}(a) = -\mathrm{V.P}\int_{-a}^{\infty}\frac{\mathrm{e}^{-t}}{t}\mathrm{d}t$ 为指数积分。

指数积分有以下性质

$$\mathrm{Ei}(a) = \gamma + \ln a + \sum_{n=1}^{\infty}\frac{a^n}{nn!}, \qquad 当 a > 0 时$$

及

$$a\mathrm{e}^{-a}\mathrm{Ei}(a) = \sum_{n=0}^{\infty}\frac{n!}{a^n} = 1 + \frac{1}{a} + \frac{2}{a^2} + \frac{6}{a^3} + \cdots, \qquad 当 a \to \infty 时$$

式中：$\gamma = 0.5772156649\cdots$ 为 Euler 常数。

在 $\tilde{z} = -1$ 的水底，当 $a \to \infty$ 时，积分 I_{12} 可由式(4.46)和指数积分的渐进特性进一步写为

$$\lim_{a\to\infty} I_{12} = -2a\mathrm{e}^{a\tilde{\zeta}}\cos\theta\sin(a\tilde{x}_1\cos\theta)\cos(a\tilde{y}_1\sin\theta)\left(1 + \frac{1}{a} + \frac{2}{a^2} + \frac{6}{a^3} + \cdots\right)$$

通过上述处理方法，主值积分化为 Laguerre 积分和指数积分两部分。Laguerre 积分和指数积分均可根据预置精度通过有限项的代数求和方式得到，从而将双重积分式(4.32)转化为单重积分，大大提高了计算速度。

4.1.5　单重积分的处理方法

在 $\tilde{G}_3$ 及其偏导数各项中，存在一个单重积分。不失一般性，这里讨论 $\tilde{G}_{3\tilde{x}}$ 的积分计算问题。由于关心水底情况，故取 $\tilde{z} = -1$，重写式(4.27)为

$$\tilde{G}_{3\tilde{x}} = \int_{\theta_0}^{\pi/2} Q_2(\theta)\mathrm{d}\theta \tag{4.47}$$

式中

$$Q_2 = \frac{4a\cos\theta\cosh[a(\tilde{\zeta}+1)]}{1 - F_h^2\cos^2\theta\cosh^2(a)}\cos(a\tilde{x}_1\cos\theta)\cos(a\tilde{y}_1\sin\theta) \tag{4.48}$$

以下分析被积函数 Q_2 的奇异性：

当 $F_h < 1$ 时，有 $F_h^2\cos^2\theta < 1$，此时 $a > 0$，Q_2 的分母为 $[2a - \sinh(2a)]/2a \neq 0$，故 Q_2 无奇异性。

当 $F_h > 1$ 时，因为 $\theta \geqslant \theta_0 = \cos^{-1}(1/F_h)$，所以有 $F_h^2\cos^2\theta \leqslant 1$，此时 $a \geqslant 0$。在 $\theta = \theta_0$ 的端点处，有 $F_h^2\cos^2\theta = 1$ 及 $a = 0$，Q_2 分母为零，积分存在奇异性。

当 $F_h = 1$ 时，$\theta_0 = 0$，故在 $\theta = \theta_0 = 0$ 的端点处，有 $F_h^2\cos^2\theta = 1$，此时 $a = 0$，Q_2 分母为零，同样存在奇异性。

由上面分析可得以下两点结论：

(1) 当 $F_h < 1$ 时，Q_2 无奇异性，可直接用式(4.47)计算 $\tilde{G}_{3\tilde{x}}$。注意到 a 随 θ 增加而增加，当 θ 增加到一定程度以至于 a 足够大时，有 $F_h^2\cos^2\theta \to 1/a$，$Q_2$ 迅速趋于零，下式近似成立

$$|Q_2| \leqslant \frac{4a^2}{\cosh(a)} < \varepsilon \tag{4.49}$$

如取 $\varepsilon = 10^{-6}$ 或 $\varepsilon = 10^{-3}$ 时,则分别取 $a = 22.1$ 或 $a = 14.3$ 即可。在积分截断误差允许范围内,可直接令 $Q_2 = 0$。

(2) 当 $F_h \geqslant 1$ 时,Q_2 在积分下限端点处存在奇异性,为克服由此带来的积分困难,下面对式(4.47) 做如下变化。根据式(4.31),有

$$\cos^2\theta = \frac{\tanh(a)}{aF_h^2} \tag{4.50}$$

及

$$a\cos\theta = \frac{\sqrt{a\tanh(a)}}{F_h}, \quad a\sin\theta = \frac{\sqrt{a^2F_h^2 - a\tanh(a)}}{F_h} \tag{4.51}$$

$$\mathrm{d}\theta = -\frac{2a - \sinh(2a)}{4\cosh^2(a)\ \sqrt{a\tanh(a)}\ \sqrt{a^2F_h^2 - a\tanh(a)}}\mathrm{d}a \tag{4.52}$$

将式(4.50) ~ 式(4.52) 代入到式(4.47),得

$$\widetilde{G}_{3\tilde{x}} = \int_0^\infty Q_3(a)\mathrm{d}a \tag{4.53}$$

式中

$$Q_3 = -\frac{2\cosh[a(\tilde{\zeta}+1)]\cos[\tilde{x}_1\ \sqrt{a\tanh(a)}/F_h]\cos[\tilde{y}_1\ \sqrt{a^2F_h^2 - a\tanh(a)}/F_h]}{F_h\cosh^2(a)\ \sqrt{F_h^2 - \tanh(a)/a}} \tag{4.54}$$

因为 $\lim\limits_{a \to 0} Q_3 = -\dfrac{2}{F_h\ \sqrt{F_h^2 - 1}}$,$\lim\limits_{a \to \infty} Q_3 = 0$。所以,在 $F_h > 1$ 时,式(4.53) 虽仍属广义积分,但在积分区间内被积函数 Q_3 具有良好的光滑性能,不存在奇异性,可以证明,广义积分式(4.53) 存在。并注意到当 $a \geqslant 2$ 时,下式近似成立

$$|Q_3| \leqslant \frac{2\ \sqrt{a}}{F_h\cosh^2(a)\ \sqrt{aF_h^2 - \tanh(a)}} \leqslant \frac{2\ \sqrt{a}}{\cosh^2(a)\ \sqrt{a-1}} \leqslant \frac{2.828}{\cosh^2(a)} \leqslant \varepsilon \tag{4.55}$$

当 a 增加时,Q_3 迅速衰减。如取 $\varepsilon = 10^{-6}$ 或 $\varepsilon = 10^{-3}$ 时,则分别取 $a = 8.1$ 或 $a = 4.7$ 即可。所以,对于给定的允许误差 ε,可以确定式(4.53) 的积分上限为 $a_m = a$,并用下式近似计算 $\widetilde{G}_{3\tilde{x}}$,即

$$\widetilde{G}_{3\tilde{x}} = \int_0^{a_m} Q_3(a)\mathrm{d}a \tag{4.56}$$

通过上述分析和处理,成功解决了单重积分中被积函数的奇异性问题,针对 $F_h < 1$ 和 $F_h > 1$ 两种情况,就可分别采用式(4.54) 和式(4.56) 用于计算 $\widetilde{G}_{3\tilde{x}}$。在 $F_h = 1$ 时,Q_3 的奇异性无法消除,说明临界航速条件下的积分计算无法进行。

4.2 双重积分与单重积分的计算

4.2.1 双重积分中内层积分 Q_1 的计算

作为算例,假定源点在$(\tilde{\xi},\tilde{\eta},\tilde{\zeta})=(0,0,0)$处,场点选在$(\tilde{x},\tilde{y},\tilde{z})=(-0.2,-0.2,-1)$的水底处。取 $\varepsilon = 10^{-3}$,则$m=15.2$,采用余项截断法计算式(4.38),得到低亚临界航速和超临界航速条件下 $\tilde{G}_{4\tilde{z}}$ 中内层积分 Q_1 值随 θ 的变化曲线,如图4.2、图4.3所示。计算结果表明,Q_1 值随 θ 的变化曲线性状光滑,然而,在 $F_h > 1$ 时,Q_1 值随 θ 的变化曲线在 $\theta = \arccos(1/F_h)$ 处存在拐点,计算积分 $\tilde{G}_{4\tilde{z}}$ 时可以分区进行。

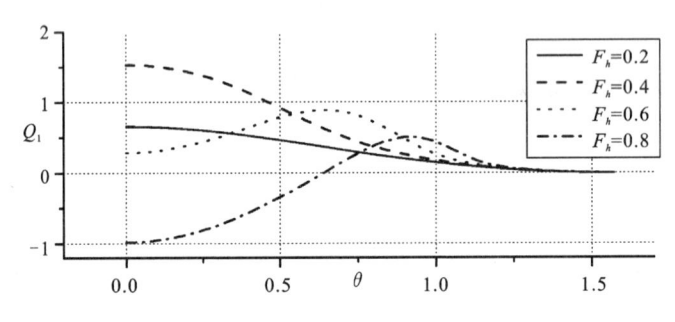

图 4.2 低亚临界航速 Q_1 随 θ 的变化

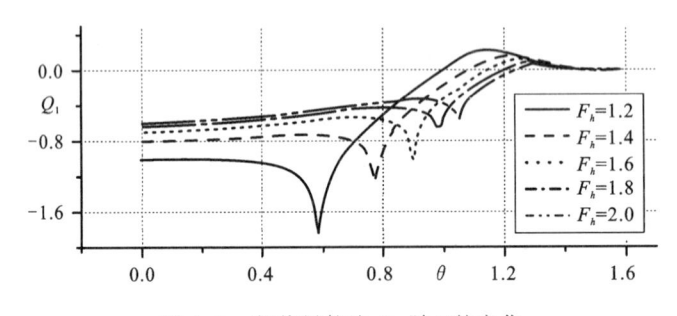

图 4.3 超临界航速 Q_1 随 θ 的变化

采用余项截断法,在水深较小、水深Froude数较大的情况下,被积函数衰减较慢,计算时间偏长。采用Laguerre及指数积分方法,可以加速计算时间。Laguerre积分采用的节点个数 $n=15$,此时将计算 Q_1 的积分化为有限项的代数求和运算。采用Laguerre及指数积分方法得到的计算结果,与余项截断法的计算结果依据场点远近精度有所不同。在场点距源点较近时(如 $\tilde{x}=-0.2, \tilde{y}=-0.2, \tilde{z}=-1$)两者计算结果一致性很好。而在场点较远时(如 $\tilde{x}=-5, \tilde{y}=-5, \tilde{z}=-1$),两者之间的计算结果差别较大。

一般而言,采用余项截断法,只要计算时间足够长,就可以实现预定的计算精度要求。但之所以出现上述两种方法计算结果上的差别,关键在于计算Laguerre积分时为了节省时间,计算节点只取了 15 个,因而造成计算误差增大。

计算分析表明,余项截断法精度高,但在浅水时计算时间较长,而 Laguerre 及指数积分法计算速度快,但在水深较大时计算误差较大。因此,对 $h < 0.2L$ 时,可以采用 Laguerre 及指数积分法;对 $h \geqslant 0.2L$ 时,可以采用余项截断法。综合运用上述两种方法计算舰船引起的水底压力分布,可以兼顾计算精度和实时性的要求。

4.2.2 单重积分中被积函数 Q_2 的计算

下面考察式(4.47)中被积函数的性状,场点选为 $\tilde{x} = -0.2, \tilde{y} = -0.2, \tilde{z} = -1$。当 $F_h < 1$ 时,被积函数 Q_2 光滑连续,如图 4.4 所示,对其积分不存在任何困难。当 $F_h > 1$ 时,在 $\theta = \cos^{-1}(1/F_h)$ 处,因为 $a = 0$,故被积函数 $Q_2 \to \infty$,如图 4.5 所示,计算积分 $\widetilde{G}_{3\tilde{x}}$ 存在一定困难,但将式(4.47)变换到式(4.56)后,被积函数 Q_3 的性状大为改善,且随 a 增加而衰减迅速,如图 4.6 所示。

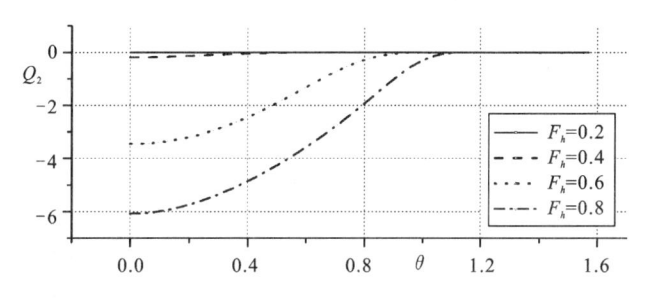

图 4.4 亚临界航速 Q_2 随 θ 的变化曲线

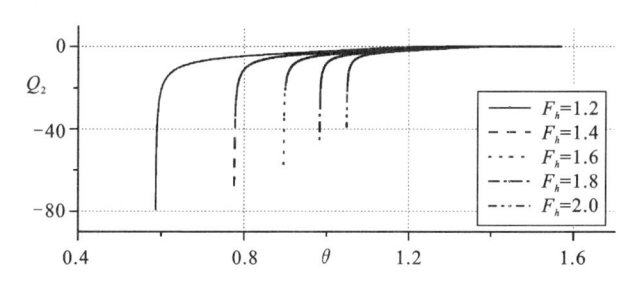

图 4.5 超临界航速 Q_2 随 θ 的变化曲线

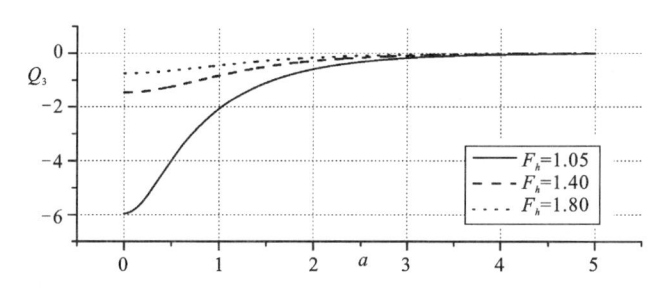

图 4.6 超临界航速 Q_3 随 a 的变化

在场点 ($\tilde{x}=-5,\tilde{y}=-5,\tilde{z}=-1$) 离源点距离增加后，被积函数 Q_3 的振荡性变强，如图 4.7 所示，但 Q_3 在积分区间内不存在奇异性，因此当 $F_h>1$ 时，计算积分 $\tilde{G}_{3\tilde{x}}$ 也不存在任何困难。

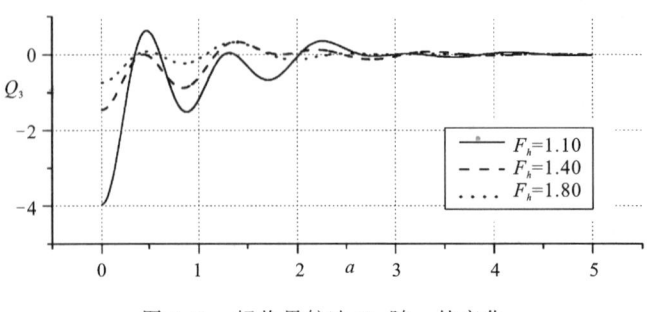

图 4.7 超临界航速 Q_3 随 a 的变化

4.2.3 Green 函数偏导数的计算结果

在计算出 $\tilde{G}_{1\tilde{x}},\tilde{G}_{2\tilde{x}},\tilde{G}_{3\tilde{x}},\tilde{G}_{4\tilde{x}}$ 后，可得 $\tilde{G}_{\tilde{x}}=\tilde{G}_{1\tilde{x}}+\tilde{G}_{2\tilde{x}}+\tilde{G}_{3\tilde{x}}+\tilde{G}_{4\tilde{x}}$。在 $\tilde{z}=-1$ 的水底，有 $\tilde{G}_{1\tilde{x}}=\tilde{G}_{2\tilde{x}}$，所以 $\tilde{G}_{\tilde{x}}=2\tilde{G}_{1\tilde{x}}+\tilde{G}_{3\tilde{x}}+\tilde{G}_{4\tilde{x}}$。

关于 $\tilde{G}_{1\tilde{x}}$ 的计算非常简单，在此不需讨论。关于 $\tilde{G}_{3\tilde{x}}$ 的计算，通过将被积函数 Q_2 变换为 Q_3 后，消除了奇异性，因此对 $\tilde{G}_{3\tilde{x}}$ 进行数值积分也不存在任何困难。关于 $\tilde{G}_{4\tilde{x}}$ 的计算，前面已提出了余项截断法和 Laguerre 与指数积分法两种有效的解决方案。

在亚临界和超临界航速条件下，图 4.8、图 4.9 分别给出了 $\tilde{y}=0$ 时 $\tilde{G}_{1\tilde{x}},\tilde{G}_{3\tilde{x}},\tilde{G}_{4\tilde{x}}$ 及 $\tilde{G}_{\tilde{x}}$ 随纵向距离 $\tilde{x}$ 变化的计算曲线，结果表明，在 $\tilde{x}\to\infty$ 时，有 $\tilde{G}_{\tilde{x}}\to0$，满足源前无波的辐射条件。

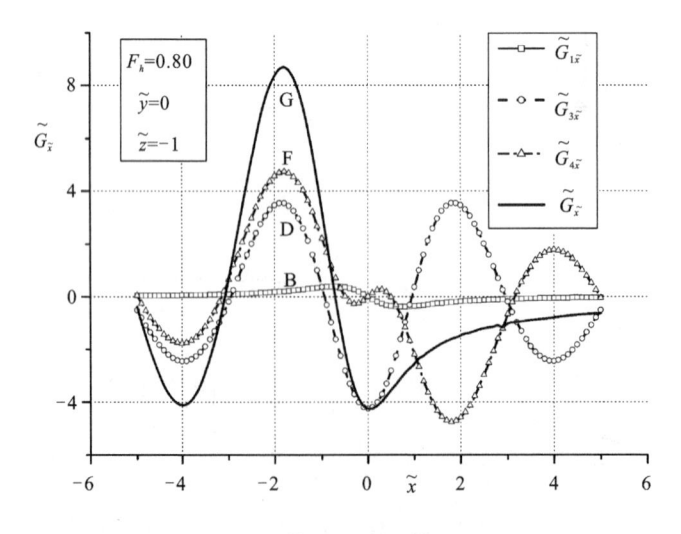

图 4.8 $\tilde{G}_{\tilde{x}}$ 随 $\tilde{x}$ 的变化曲线

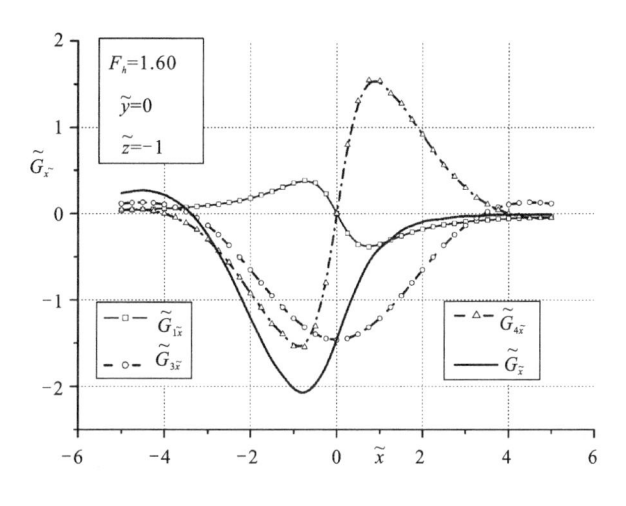

图 4.9　$\widetilde{G}_{\widetilde{x}}$ 随 $\widetilde{x}$ 的变化曲线

4.3　舰船水压场计算公式

从 Green 第三公式出发,如果舰船不是薄船,计算流场速度势时除了需要在水下物面上布置源汇外,还需补充一个沿水线的线积分项,忽略此项对低速运动物体将带来较大误差[44]。满足线性自由表面条件和准确物面条件的这类问题也称之为 Neumann-Kelvin 问题。如果将船型视为薄船,忽略沿水线的积分项,但又在实际的船体表面上布置源汇,则在理论上存在不协调之处。对薄船而言,沿水线的积分是个小量,可以略去,此时船体物面条件可以通过将源汇分布在静水面下的船体纵中剖面上来满足,这从理论上讲是协调的。此时流场速度势为

$$\phi(x,y,z) = -\frac{1}{4\pi}\iint_{S_0} \sigma(\xi,0,\zeta)G(x,y,z,\xi,0,\zeta)\mathrm{d}S \tag{4.57}$$

式中:S_0 为静水面下船体的中纵剖面。

对薄船,根据源汇的物理含义或严格的数学证明可以得出源强密度为[43]

$$\sigma(\xi,0,\zeta) = -2VY_\xi(\xi,\zeta) \tag{4.58}$$

式中:$y = \pm Y(\xi,\zeta)$ 为船体表面方程。

所以,薄船运动引起的流场纵向扰动速度为

$$\phi_x(x,y,z) = -\frac{1}{4\pi}\iint_{S_0} \sigma(\xi,0,\zeta)G_x(x,y,z,\xi,0,\zeta)\mathrm{d}S \tag{4.59}$$

为了简化舰船水压场的计算,可以采用 Wigley 数学船型代替实际舰船,保持数学船型和舰船的水线长、型宽和吃水相同。Wigley 数学船型的船体表面方程可写为

$$Y(\xi,\zeta) = b\left[1 - \left(\frac{\xi}{l}\right)^2\right]\left[1 - \left(\frac{\zeta}{T}\right)^2\right] \tag{4.60}$$

且有

$$Y_\xi(\xi,\zeta) = -\frac{2b\xi}{l^2}\left[1-\left(\frac{\zeta}{T}\right)^2\right] \quad (4.61)$$

式中：$-l \leqslant \xi \leqslant l, -T \leqslant \zeta \leqslant 0$；$b$ 为船的半宽，l 为船的半长，T 为船的吃水深度。

取水深 h 作为特征长度，对 b, l, T 无因次化，即 $(\tilde{b},\tilde{l},\tilde{T})=(b,l,T)/h$，则式(4.61)可写为无因次形式

$$\tilde{Y}_{\tilde\xi}(\tilde\xi,\zeta) = -\frac{2\tilde{b}\tilde\xi}{\tilde{l}^2}\left[1-\left(\frac{\tilde\xi}{\tilde T}\right)^2\right] \quad (4.62)$$

式中：$-\tilde{l} \leqslant \tilde\xi \leqslant \tilde{l}, -\tilde T \leqslant \zeta \leqslant 0$。

根据式(1.75)，得水底场点 $(\tilde{x},\tilde{y},-1)$ 处的无因次压力系数为

$$C_p(\tilde{x},\tilde{y},-1) = \frac{1}{\pi}\int_{-\tilde l}^{\tilde l}\int_{-\tilde T}^{0}\tilde Y_{\tilde\xi}\tilde G_{\tilde x}\,\mathrm{d}\tilde\xi\,\mathrm{d}\zeta \quad (4.63)$$

式(4.63)带"~"号的无因次量均是以水深 h 作为参考长度的，而工程上习惯用船长 L 作为参考长度，这里记以船长 L 作为特征长度的无因次量用"^"表示，两者之间存在如下转换关系

$$(\tilde{x},\tilde{y},\tilde{z},\tilde{b},\tilde{l},\tilde{T}) = \frac{1}{\hat h}(\hat{x},\hat{y},\hat{z},\hat{b},\hat{l},\hat{T})$$

式中：$(\hat{x},\hat{y},\hat{z},\hat{b},\hat{l},\hat{T},\hat h)=(x,y,z,b,l,T,h)/L$。

4.4　舰船水压场特性分析

4.4.1　计算程序编制说明

计算舰船水压场的关键是计算有限水深 Kelvin 源 Green 函数的偏导数，只要能准确快速地计算出不同水深、不同场点处的 Green 函数偏导数值，依据式(4.63)就能计算航行舰船在水底引起的压力分布。关于 Green 函数的计算已在 4.1 节和 4.2 节中做了详细说明，依此编程计算并无实质性困难。采用 Newton(牛顿)迭代法计算方程(4.31)的正实根，指数积分的计算采用级数展开式或者调用库函数得到，Laguerre 积分计算节点数 n 取为 15。针对 Green 函数中被积函数存在奇异性和振荡性的特点，积分计算采用 Romberg(龙贝格)积分方法，该方法应用逐次分半加速原理，是一种具有超线性收敛速度的自动积分方法。实践证明，采用 Romberg 积分方法计算 Green 函数偏导数和舰船水压场效果良好。

4.4.2　余项截断法和 Laguerre 积分法计算结果的比较

采用余项截断法计算舰船水压场时，计算精度可以保证，但在极浅水、大水深 Froude

数条件下计算时间较长,难于满足实时性要求。采用 Laguerre 和指数积分法,减少了一重积分,并简化了主值积分的运算,计算速度可以大大提高,但其不足是计算舰船水压场远场时误差较大。

以船模 B 作为研究对象,计算分析表明:当 $|x| \leqslant 5h, |y| \leqslant 5h$ 时,两种方法计算得到的舰船水压通过曲线符合较好;而当 $|x| > 5h, |y| > 5h$ 时,采用 Laguerre 积分法得到的计算结果误差较大。计算结果对比如图 4.10 和 4.11 所示,对 $h=0.1L, h=0.4L$,分别在 $|x/L| \leqslant 0.5, |x/L| \leqslant 2.0$ 范围内计算曲线符合较好,船艏(FP)、船艉(AP)位置分别位于 -0.5 和 0.5 处。由此可见,只要水深不是太浅,采用两种方法计算得到的水底压力场在船体下方大部分区域均能符合良好。

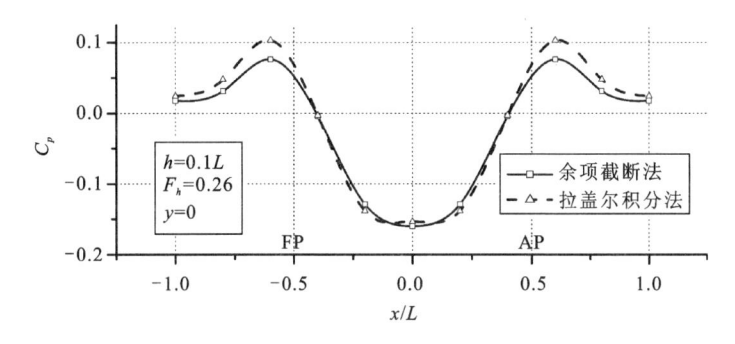

图 4.10 两种方法计算结果的比较

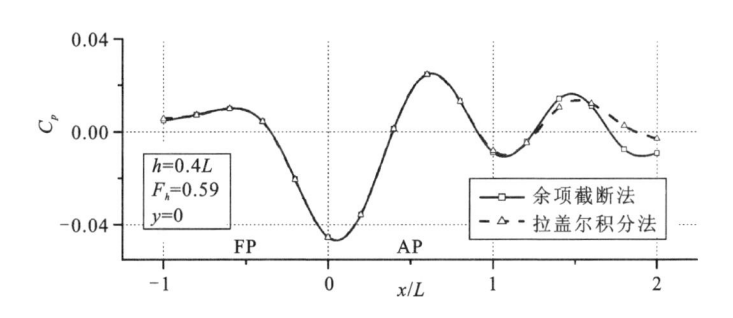

图 4.11 两种方法计算结果的比较

4.4.3 舰船水压场计算与实验结果的比较

1. 船模 A

采用 Laguerre 和指数积分法对船模 A 的水压场进行计算,并与船模 A 的水压场通过曲线实验结果进行比较,两者显示了较好的一致性,如图 4.12~图 4.13 所示。

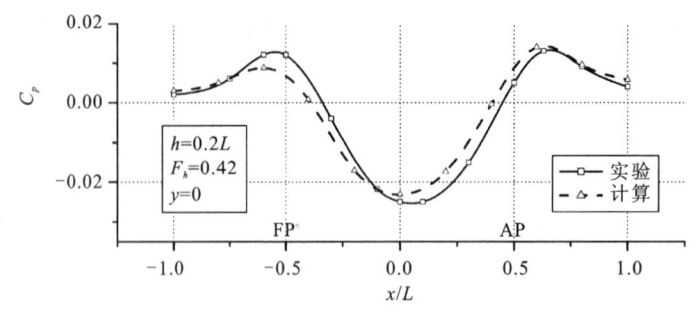

图 4.12 船模 A 水压通过曲线比较

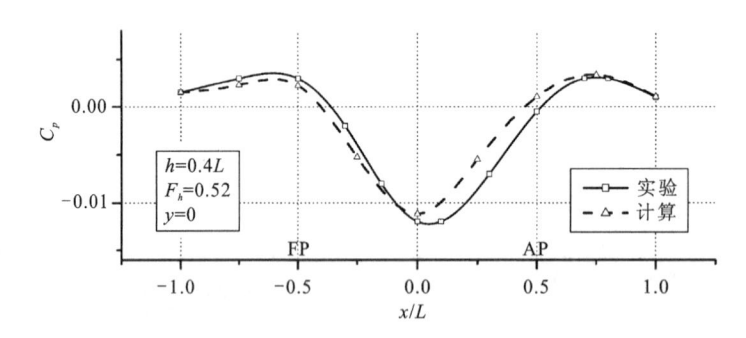

图 4.13 船模 A 水压通过曲线比较

2. 船模 B

1) 水压通过曲线结果比较

采用 Laguerre 和指数积分法对船模 B 的水压通过曲线进行计算,并与实验结果进行比较,在大多数情况下两者之间符合较好,少数情况定性一致。具体情况说明如下:

(1) 水深较大($h/L \geqslant 0.2$)时,在计算与实验结果之间符合程度较好,如图 4.14～图 4.17 所示;而当水深极浅($h/L \approx 0.1$)时,两者之间定性符合,如图 4.18 所示。说明采用薄船理论将源汇分布于船体中纵剖面上,对较大水深情况下的水底压力场(可视为远场)计算较为合理,而对浅水水底的压力场(可视为近场)的计算则较为近似。换言之,水深较大时,船体形状对水底压力场的影响较小,即使采用数学船型代替实际舰船,计算结果与实验结果也能符合较好。

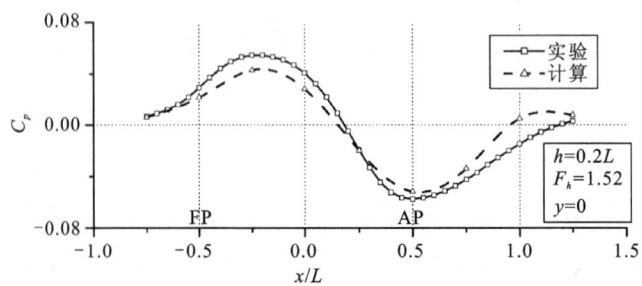

图 4.14 船模 B 水压通过曲线比较

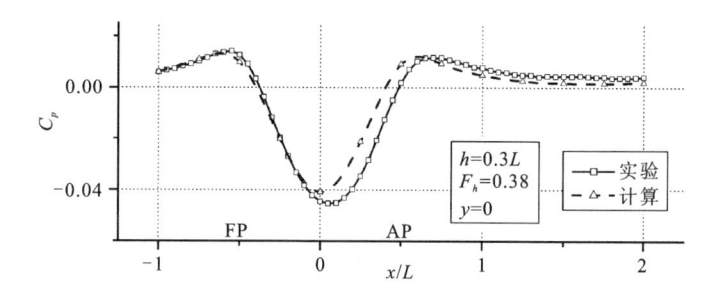

图 4.15　船模 B 水压通过曲线比较

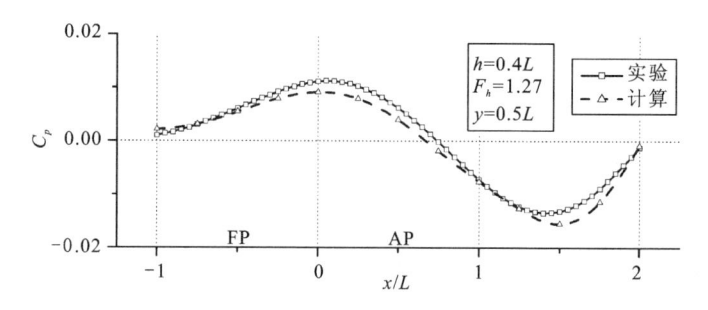

图 4.16　船模 B 水压通过曲线比较

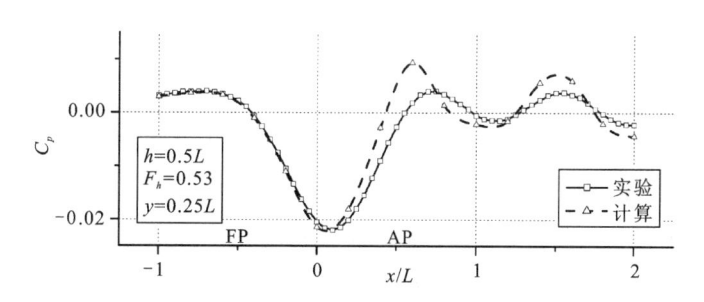

图 4.17　船模 B 水压通过曲线比较

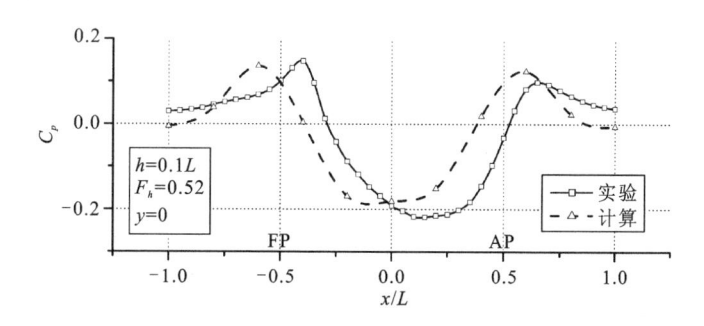

图 4.18　船模 B 极浅水水压通过曲线比较

(2) 在跨临界航速(即 $F_h = 0.8 \sim 1.2$)范围内,舰船兴波存在一定非线性效应,舰船水压通过曲线理论计算与实验结果定性符合,如图 4.19 所示。在跨临界航速范围之外,理论计算与实验结果吻合程度较好,说明采用线性兴波理论,对计算低亚临界航速($F_h \leqslant 0.8$)和高超临界航速($F_h \geqslant 1.2$)条件下的舰船水压场是行之有效的。

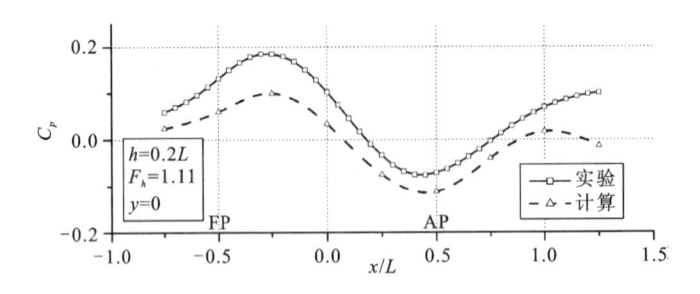

图 4.19　船模 B 跨临界航速水压通过曲线比较

（3）对极浅水(如 $h/L=0.1$)或肥大船型舰船,低亚临界航速舰船水压场负压区一般呈"U"型或"W"型分布,而水深 $h/L \geqslant 0.2$ 时,负压区一般呈"V"型分布。低亚临界航速舰船水压场负压区一般处于船体下方,随着水深 Froude 数 F_h 增加,舰船水压场负压区也随之后移,甚至移至船艉之后,因而在船体下方大部分区域出现正压区,如图 4.14 所示。由于计算采用势流理论模型,忽略了流体黏性的耗散作用,因而船艉之后计算的压力波动相比于实验结果而言衰减较慢,如图 4.17 所示。

2) 负压系数峰值 $C_{p\min}$ 随 F_h 的变化曲线

对船模 B 水压场进行计算,并与实验结果进行比较。结果分析表明,$C_{p\min}$ 随 F_h 增加呈现一定规律的变化,如图 4.20～图 4.23 所示。在低亚临界航速范围内,$C_{p\min}$ 平缓下降;在跨临界航速范围内,$C_{p\min}$ 急剧变化(先降后升);在高超临界航速范围内,$C_{p\min}$ 再平缓上升。在水深 $h \leqslant 0.3L$ 时,$C_{p\min}$ 的理论计算与实验结果符合良好。在水深 $h \geqslant 0.4L$ 时,跨临界航速条件下,$C_{p\min}$ 的计算与实验结果差别较大。整体而言,$C_{p\min}$ 在 $F_h=0.8\sim1.0$ 范围内达到最小;在极浅水时,$C_{p\min}$ 在接近 $F_h \to 1$ 时达到最小,而随着水深增加,$C_{p\min}$ 向较小的 F_h 方向移动。

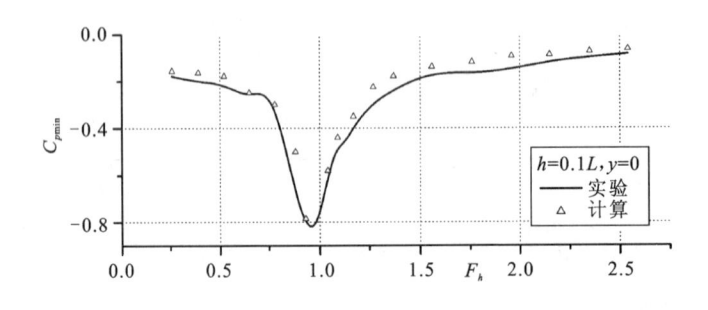

图 4.20　$C_{p\min}$ 随 F_h 变化的结果比较

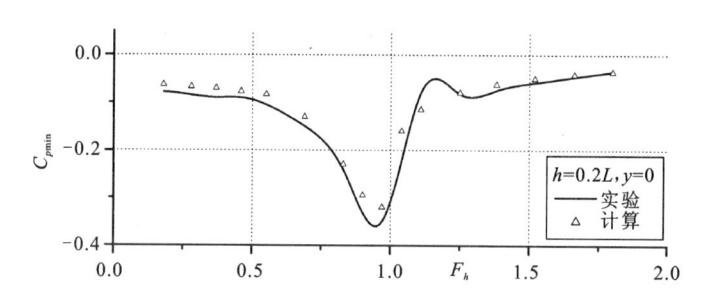

图 4.21 $C_{p\min}$ 随 F_h 变化的结果比较

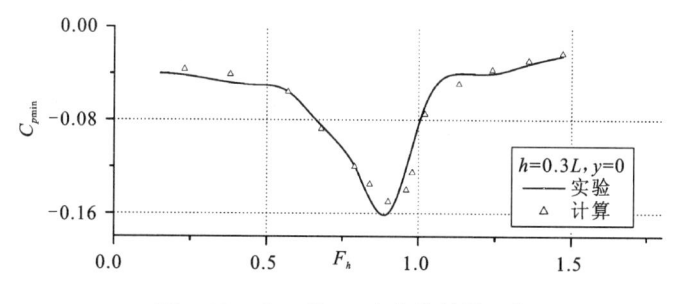

图 4.22 $C_{p\min}$ 随 F_h 变化的结果比较

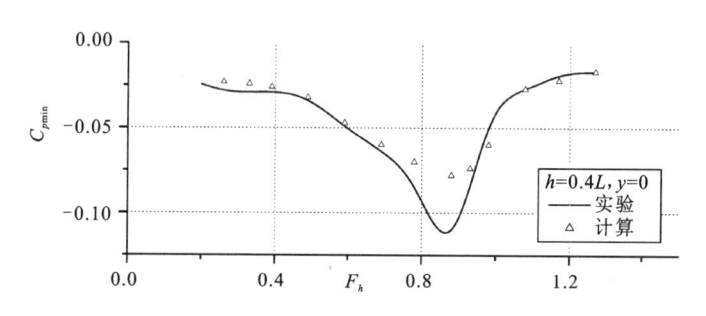

图 4.23 $C_{p\min}$ 随 F_h 变化的结果比较

3) 负压系数峰值位置 $L_{p\min}$ 随 F_h 的后移变化

定义 $L_{p\min}$ 是舰船水压通过曲线负压系数峰值 $C_{p\min}$ 与船舯($x/L=0$)之间的纵向距离。图 4.24～图 4.27 给出了船模 B 横距 $y=0$ 时 $L_{p\min}$ 随 F_h 的变化规律。在 $F_h<0.6$ 时，负压峰值位置后移不明显，而当 F_h 进一步增加时，负压峰值位置快速后移。在 $h\geqslant 0.3L$ 时，负压峰值位置的计算与实验结果整体符合较好；而在水深较浅如 $h\leqslant 0.2L$ 时，只有在 $F_h>0.6$ 时才符合良好，在 $F_h<0.6$ 时，负压峰值位置甚至还有可能前移。预选确定舰船水压场负压峰值的大小和位置的后移，可为有效打击舰船目标提供依据。

在 $F_h<0.6$ 时，舰船兴波现象不严重，负压峰值位置实验结果后移主要是由于实际舰船横截面的最大面积分布在船舯之后造成的，因为计算所采用的是前后对称的数学船型，故计算结果与实验结果相差较大。在 $F_h>0.6$ 之后，舰船兴波现象趋于严重，负压峰

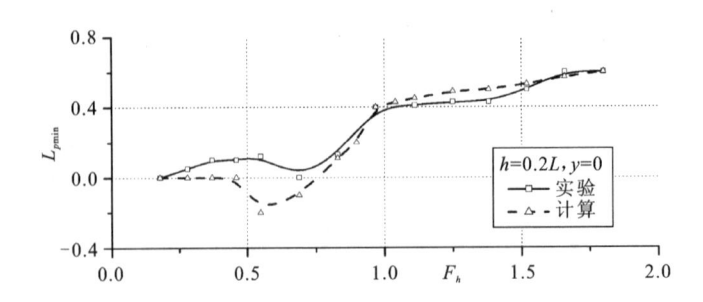

图 4.24 $L_{p\min}$ 随 F_h 变化的结果比较

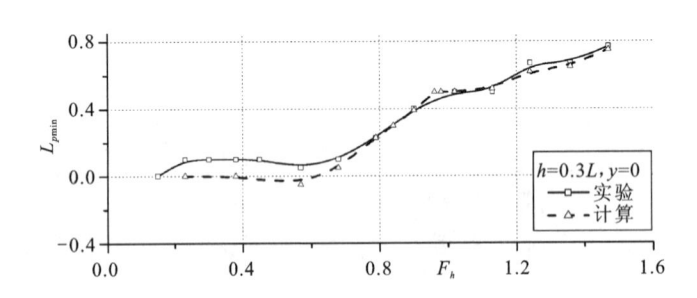

图 4.25 $L_{p\min}$ 随 F_h 变化的结果比较

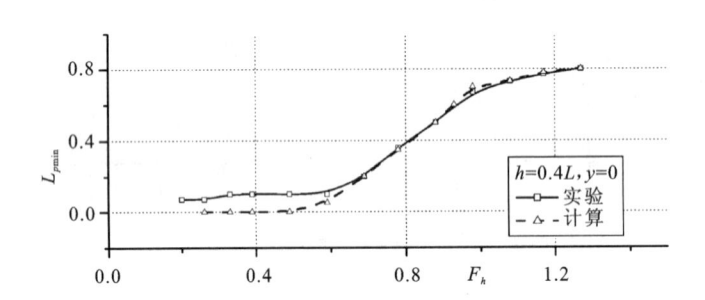

图 4.26 $L_{p\min}$ 随 F_h 变化的结果比较

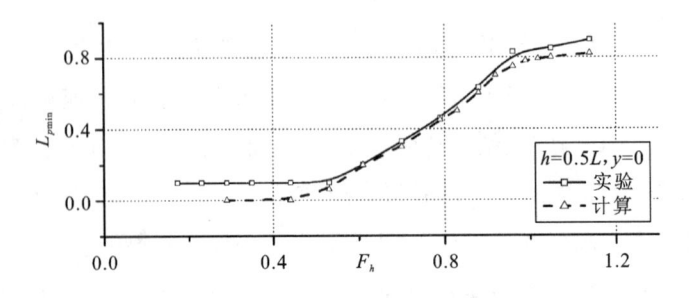

图 4.27 $L_{p\min}$ 随 F_h 变化的结果比较

值位置后移主要是兴波水压场造成的,舰船横截面面积分布不对称引起的后移相对较小,计算结果与实验结果有较好的符合,说明所采用的计算方法可以较好地反映舰船的兴波现象。

以上基于线性薄船势流理论,建立了计算有限水深舰船水压场的数学模型,并编制了方便实用的舰船水压场预报软件。通过对有限水深 Kelvin 源 Green 函数的振荡性和奇异性研究,给出了 Kelvin 源 Green 函数及其偏导数的两种计算方法:余项截断法以及 Laguerre 和指数积分法。在余项截断法中,有效处理了 Green 函数中的主值积分,计算精度容易控制,但计算时间较长;在 Laguerre 和指数积分法中,引入指数积分解决 Green 函数中的主值积分,采用 Laguerre 积分处理 Green 函数中的广义积分,因而将无穷积分转化为有限项的代数求和,减少了一重积分,大大提高了计算速度,但计算精度受 Laguerre 积分方法精度限制,不易预先确定。在水深较大时,两种方法得到的水压场计算结果符合良好,Laguerre 和指数积分法因计算时间短,更具实用性,但在极浅水情况时,采用该方法计算得到的舰船水压场随着场点趋远而误差变大。

舰船水压场计算与实验结果比较表明,在大多数水深和水深 Froude 数条件下,两者符合较好,其他条件下也定性符合。具体而言,当 $F_h < 0.8$ 和 $F_h > 1.2$ 时,所采用的线性势流模型的计算与实验结果符合良好,而在跨临界航速范围内,两者存在一定差别,说明在跨临界航速条件下需要计及非线性兴波的影响。采用数学船型代替实际薄船,对水深较大时,计算结果与实验结果符合较好,说明水深较大时船体外形对水压场的影响较小,将源汇分布于船体中纵剖面具有较好的合理性;水深极浅且水深 Froude 数较小时,舰船兴波较小,船体外形对舰船水压场的影响较大。

本章附录　Laguerre 求积公式[45]

$$\int_0^\infty e^{-x} f(x) dx = \sum_{i=1}^n w_i f(x_i) + R_n$$

式中:$R_n = \dfrac{(n!)^2}{(2n)!} f^{(2n)}(\xi), 0 < \xi < \infty$。节点 x_i 为 Laguerre 多项式的根,w_i 为求积系数。当 $n \to \infty$ 时,截断误差 $R_n \to 0$,Laguerre 求积公式收敛于原定积分。

n 次 Laguerre 多项式可以采用以下递推公式得到

$$L_0(x) = 1, \quad L_1(x) = x - 1, \quad L_{n+2}(x) = [x - (2n+3)] L_{n+1}(x) - (n+1)^2 L_n(x)$$

Laguerre 多项式的根 $x_i (i = 1, 2, \cdots, n)$ 可以采用求函数零点的 Newton 迭代法得到,而系数

$$w_i = \frac{(n!)^2 x_i}{[L_{n+1}(x_i)]^2}$$

$n = 15$	
x_i	w_i
0.093307812017;	(−1)2.18234885940;
0.492691740302;	(−1)3.42210177923;
1.215595412071;	(−1)2.63027577942;
2.269949526204;	(−1)1.26425818106;
3.667622721751;	(−2)4.02068649210;
5.425336627414;	(−3)8.56387780361;
7.565916226613;	(−3)1.21243614721;
10.120228568019;	(−4)1.11674392344;
13.130282482176;	(−6)6.45992676206;
16.654407708330;	(−7)2.22631690710;
20.776478899449;	(−9)4.22743038498;
25.623894226729;	(−11)3.92189726704;
31.407519169754;	(−13)1.45651526407;
38.530683306486;	(−16)1.48302705111;
48.026085572686;	(−20)1.60059490621;

注：对应于表中的 w_i，有 $(-j)a = a \times 10^{-j}$。

第5章 基于面元法的有限水深舰船水压场

5.1 有限水深 Kelvin 源 Green 函数另一表达式

为了研究舰船航行时引起的水底压力变化，前一章已提出了有限水深 Kelvin 源 Green 函数的计算方法。基于薄船理论时，满足船体边界条件的舰船纵中剖面源强密度分布容易解析确定。如果需要考虑实际船型对舰船水压场的影响，基于 Hess-Smith 面元法时，满足船体边界条件的船体表面源强密度分布的计算则需要反复调用 Kelvin 源 Green 函数才能确定，因而计算更为费时。为此，需要进一步优化 Kelvin 源 Green 函数的快速算法问题[46-54]。

建立船体动坐标系如图 1.2 所示。假设海水是理想不可压缩的运动无旋有势的流体，舰船引起的流场扰动速度势 $\phi(x,y,z)$ 应满足的控制方程和边界条件可重新写为

$$\phi_{xx} + \phi_{yy} + \phi_{zz} = 0 \quad \text{在流场内} \tag{5.1}$$

$$\phi_{xx} + K_0 \phi_z = 0 \quad \text{在 } z=0 \text{ 的自由表面上} \tag{5.2}$$

$$\phi_z = 0 \quad \text{在水底 } z=-h \text{ 处} \tag{5.3}$$

$$\nabla \phi \to 0 \quad \text{当 } \sqrt{x^2+y^2} \to +\infty \text{ 时} \tag{5.4}$$

$$\nabla \phi \cdot \boldsymbol{n} = -\boldsymbol{V} \cdot \boldsymbol{n} \quad \text{在船体沾湿表面上} \tag{5.5}$$

此外，还要满足船前无波辐射条件。式中：$K_0 = g/V^2$，g 为重力加速度，$\boldsymbol{V}$ 为船速，$\boldsymbol{n}$ 为船体表面外法线方向单位向量。

在文献[55-56]利用 Kelvin 源 Green 函数解决舰船兴波阻力的基础上，进一步发展用于考虑船型影响的水底压力分布计算。将有限水深 Kelvin 源 Green 函数分解为简单的 Rankine 源项、局部扰动项和波函数项，类似式(4.23)，以水深 h 为参考尺度对各变量无因次化，逐一对各项计算进行分析。为书写简便，以下省略代表无因次量的上标符号"~"。有限水深 Kelvin 源 Green 函数的另一种表达式可写为

$$G = A + D + W \tag{5.6}$$

$$A = \frac{1}{r} - \frac{1}{r_1} + \sum_{j=1}^{\infty}(-1)^j\left(-\frac{1}{r_{1,j}} + \frac{1}{r_{2,j}} - \frac{1}{r_{3,j}} + \frac{1}{r_{4,j}}\right) \tag{5.7}$$

$$D = -\frac{2}{\pi}\int_{-\pi/2}^{\pi/2} d\theta \int_0^{\infty} dk \frac{\cosh[k(1+\zeta)]\cosh[k(1+z)]e^{iku_1} - f(\theta,k)}{\cosh^2 k(kF_h^2\cos^2\theta - \tanh k + i\varepsilon\cos\theta)} \tag{5.8}$$

$$W = -4\mathrm{i}H(-x_1)\left(\int_{\theta_0}^{\pi/2} + \int_{-\pi/2}^{-\theta_0}\right)\mathrm{d}\theta \frac{\cosh[k_h(1+\zeta)]\cosh[k_h(1+z)]\mathrm{e}^{\mathrm{i}k_h\omega_1}}{\cosh^2 k_h(F_h^2\cos^2\theta - \mathrm{sech}^2 k_h)} \quad (5.9)$$

式中

$$r = \sqrt{x_1^2 + y_1^2 + (z-\zeta)^2}, \qquad r_1 = \sqrt{x_1^2 + y_1^2 + (z+\zeta)^2}$$

$$r_{1,j} = \sqrt{x_1^2 + y_1^2 + (z+\zeta+2j)^2}, \quad r_{2,j} = \sqrt{x_1^2 + y_1^2 + (z-\zeta+2j)^2}$$

$$r_{3,j} = \sqrt{x_1^2 + y_1^2 + (z+\zeta-2j)^2}, \quad r_{4,j} = \sqrt{x_1^2 + y_1^2 + (z-\zeta-2j)^2}$$

$\omega_1 = |x_1|\cos\theta + y_1\sin\theta; x_1 = x-\xi, y_1 = y-\eta$。$\varepsilon$ 为满足辐射条件的 Rayleigh(瑞利) 黏性系数。$H(x)$ 为 Heaviside(赫维赛德) 函数,定义:当 $x \geqslant 0$ 时,$H(x) = 1$;当 $x < 0$ 时,$H(x) = 0$。θ_0 的取值仍由式(4.20)确定。k_h 为色散方程(4.31)的正实根。式(5.8)中引入 $f(\theta,k)$ 是为了消除 D 中被积函数分母 $k=0$ 时的奇异性,令 $f(\theta,k) = \cosh^2 k$ 时,这项在计算偏导数时会消失。

式(5.6)由三部分组成:① A 为关于水面和水底无穷多次镜像的 Rankine 源集合;② 双重积分 D 是 Green 函数计算的难点和重点,其贡献主要是近场局部扰动;③ 单积分 W 为波函数项,其贡献主要是远场兴波。以下计算有限水深 Kelvin 源 Green 函数及其偏导数时,将这三部分分开讨论,偏导数只考虑 x 方向的导数,y,z 方向可依此类推。

5.1.1 Rankine 源集合

如水深无限时,A 中仅有前两项。当水深有限时,需考虑关于水面及水底做无穷次镜像的影响,j 为镜像的次数。A 的表达形式相对简单,其中包含求和至 ∞ 的振荡衰减项,为加快振荡函数的收敛速度,可采用部分和重复平均[57]的方法,计算表明该方法收敛速度非常快。定义前 n 项的部分项和 S_n 为

$$S_n = \frac{1}{r} - \frac{1}{r_1} + \sum_{j=1}^{n}(-1)^j\left(-\frac{1}{r_{1,j}} + \frac{1}{r_{2,j}} - \frac{1}{r_{3,j}} + \frac{1}{r_{4,j}}\right) \quad (5.10)$$

当 $\sqrt{x_1^2 + y_1^2} = 0.2, z = -0.2, \zeta = -0.1$ 时,计算 A 的值。下面算例中 M_k 表示左侧上方和下方两数的第 k 次平均值,如图 5.1 所示。为简略起见,只列出左侧两数尾数不同部分。

n	S_n	M_1	M_2	M_3	M_4	M_5	M_6
5	1.71661104	56475					
6	1.71651846	54761	5618				
7	1.71657676	55723	5242	430			
8	1.71653770	55142	5433	338	384		
9	1.71656514	55514	5328	382	360	72	
10	1.71654514	55265	5390	359	372	66	**1.71655369**
11	1.71656016						

图 5.1 部分和重复平均计算方法算例

通过上述算例可知:采用部分和重复平均的方法,只需计算 7 个部分项和,再做 6 次平均,即可快速确定 $1.71655366 \leqslant A \leqslant 1.71655372$,误差在 5×10^{-8} 内。若按通常的做法,当

$$[S(n+1) - S(n)]/S(n) < 5 \times 10^{-8}$$

时,才认为收敛,这需要计算至 $n=61$。可以看出,利用部分和重复平均的方法大大减少了计算工作量,该方法适用于计算振荡衰减函数。$\partial A/\partial x$ 的计算也可类似进行。

5.1.2 局部扰动项

令 Rayleigh 黏性系数 $\varepsilon = 0$,式(5.8)分母中含有 $(kF_h^2 \cos^2\theta - \tanh k)$,当 $k=0$ 时,分母为 0,说明局部扰动项 D 的被积函数存在奇异性。采用面元法时需要求解 D 的偏导数,这里重写 D 为

$$D = -\frac{2}{\pi} \int_{-\pi/2}^{\pi/2} d\theta \int_0^\infty dk \frac{\cosh[k(1+\zeta)]\cosh[k(1+z)]e^{ik\omega_1} - f(\theta, k)}{\cosh^2 k (kF_h^2 \cos^2\theta - \tanh k)} \quad (5.11)$$

式(4.31)重写为:$kF_h^2 \cos^2\theta = \tanh k$。若已知 k,则 θ 值的求解有解析表达式,这里不做讨论。下面主要分析当 k 为未知量时的求解方法,方程根的求解可理解为两条曲线求交点,$k \in [0, \infty]$,如图 5.2 所示。

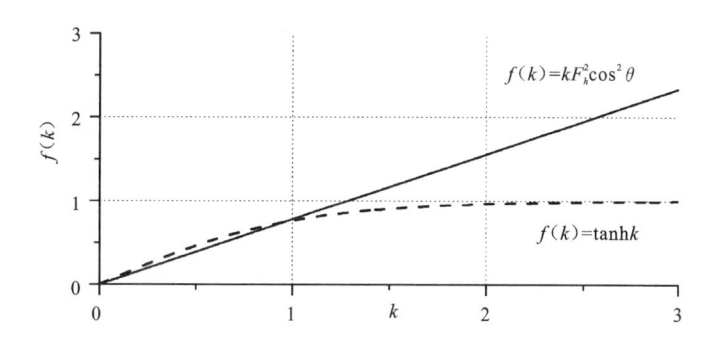

图 5.2 色散方程中两条曲线随 k 的变化($\theta = 0.2, F_h = 0.9$)

分析可知:当 $F_h^2 \cos^2\theta \leqslant 1$ 时,两条曲线才会有非零交点;当 $F_h^2 \cos^2\theta < 1$ 时,除去 $k=0$,还有一交点。利用 $\tanh k$ 函数曲线的渐近特性,$\tanh(10) = 0.99999999587769$,与 1 的误差小于 10^{-8}。所以当 $F_h^2 \cos^2\theta \leqslant 0.1$ 时,方程的解可直接赋为 $k_h \approx 1/(F_h^2 \cos^2\theta)$。

而当 $F_h^2 \cos^2\theta > 0.1$ 时,采用 Newton 迭代法,初始迭代点选为 10,通常只需五到六步,即可快速找到非线性色散方程的非零根,这样简化处理后,计算效率提高很多。对于不同的 F_h 和 θ,求解出的 k 值曲线(又称色散曲线)如图 5.3 所示。由图可见:当 $F_h < 1$ 时,对于任一 θ 值 $[0, \pi/2]$,色散方程都有非零根 k_h,$\theta = 0$ 总能成为色散曲线上的点;当 $F_h > 1$,必须满足 $F_h^2 \cos^2\theta < 1$ 时,才有非零根,此时 $\theta = 0$ 并不一定在色散曲线上,即 $\theta = 0$ 时方程无奇异性,若改变积分顺序,先对 θ 积分能消除奇异性。

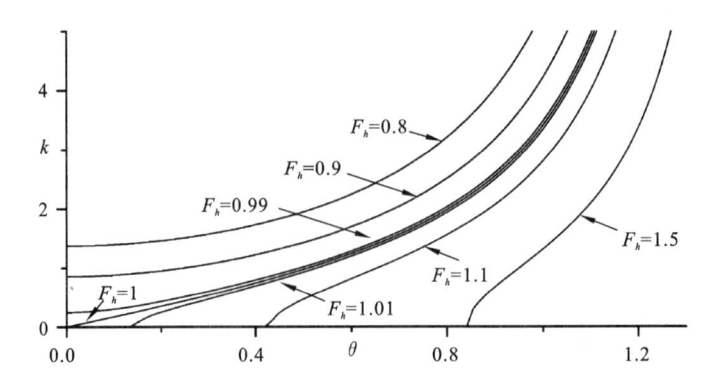

图 5.3　不同水深 Froude 数的色散曲线

针对色散曲线的不同特性,分亚临界和超临界航速两种情况进行讨论。

1) 亚临界航速 $F_h < 1$

若直接对 D 进行双重积分,被积函数奇异振荡,收敛缓慢,若要快速准确计算 D,需仔细分析被积函数特性,细心处理其奇异性。依据图 5.3 中的色散曲线,将 k 的积分区间 $[0,\infty]$ 分成两部分: $[0,a_1]$ 及 $[a_1,\infty]$,令 $a_1 = k_h/2$,则 D 可分解为两部分: $D = D_1 + D_2$,且记

$$D_1 = -\frac{2}{\pi}\int_{-\pi/2}^{\pi/2}\mathrm{d}\theta\int_0^{a_1}\mathrm{d}k\,\frac{\cosh[k(1+\zeta)]\cosh[k(1+z)]\mathrm{e}^{\mathrm{i}k\omega_1} - \cosh^2 k}{\cosh^2 k(kF_h^2\cos^2\theta - \tanh k)} \quad (5.12)$$

$$D_2 = -\frac{2}{\pi}\int_{-\pi/2}^{\pi/2}\mathrm{d}\theta\int_{a_1}^{\infty}\mathrm{d}k\,\frac{\cosh[k(1+\zeta)]\cosh[k(1+z)]\mathrm{e}^{\mathrm{i}k\omega_1}}{\cosh^2 k(kF_h^2\cos^2\theta - \tanh k)} \quad (5.13)$$

式中: D_1 积分无奇异性 ($k=0$ 的奇异性由 $f(\theta,k)=\cosh^2 k$ 去除),可以采用自适应 Simpson(辛普森)积分方法直接积分; D_2 中令 $f(\theta,k)=0$,积分中还存在一奇点 $k=k_h$,可将被积变量视为复数 $k = k_r + \mathrm{i}k_i$,利用复数积分中最速下降积分方法[58],将极大节约积分的时间,同时按指定的积分路径积分,还能消除积分中 $k=k_h$ 的奇异性。

考虑 D_2 的计算。对复数 k,积分 $f(k)\mathrm{e}^{w(k)}$ 的最速积分路径是 $-\nabla[\mathrm{Re}(w)]$,Re 表示取实部,要求 $f(k)$ 不是剧烈振荡函数。将 D_2 被积函数分子中双曲余弦函数展开,可得

$$\frac{\mathrm{e}^{2k}\mathrm{e}^{\mathrm{i}k\omega_1}[\mathrm{e}^{k(z+\zeta)} + \mathrm{e}^{k(z-\zeta-2)} + \mathrm{e}^{k(\zeta-z-2)} + \mathrm{e}^{k(-z-\zeta-4)}]}{4\cosh^2 k(kF_h^2\cos^2\theta - \tanh k)} = \sum_{j=1}^{4}g(k,\theta)\exp[k(z_j + \mathrm{i}\omega_1)] \quad (5.14)$$

式中

$$g(k,\theta) = \frac{\exp(2k)}{4\cosh^2 k(kF_h^2\cos^2\theta - \tanh k)},$$

$$z_{1,2,3,4} = [z+\zeta, z-\zeta-2, \zeta-z-2, -z-\zeta-4]$$

所以类比 $f(k)\mathrm{e}^{w(k)}$ 的表达形式时,有

$$w(k) = k(z_j + \mathrm{i}\omega_1) = (k_r + \mathrm{i}k_i)(z_j + \mathrm{i}\omega_1) = z_j k_r - \omega_1 k_i + \mathrm{i}(z_j k_i + \omega_1 k_r) \quad (5.15)$$

最速积分路径为

$$-\nabla[\mathrm{Re}(w)] = -\partial\mathrm{Re}(w)/\partial k_r \boldsymbol{i} - \partial\mathrm{Re}(w)/\partial k_i \boldsymbol{j} = -z_j \boldsymbol{i} + \omega_1 \boldsymbol{j} \qquad (5.16)$$

设积分起点为 $k_0 = k_{r0} + \mathrm{i}k_{i0}$，在 D_2 计算中，$k_{r0} = a$，$k_{i0} = 0$。积分路径 L 为：$k_r = k_{r0} - z_j l$，$k_i = k_{i0} + \omega_1 l$，$l$ 为一从 $0 \sim \infty$ 的实变量。当 z_j 很小，即离水面很近时，衰减缓慢，设 $\alpha = \arctan(|\omega_1/z_j|)$，限制 $10° \leqslant \alpha \leqslant 80°$，能加快收敛速度。

当 $\omega_1 > 0$ 时，积分路径是在复平面的上半平面，根据 Cauchy 理论，最速下降法与直接积分结果一致；当 $\omega_1 < 0$ 时，积分路径是在下半平面，此时需加上一留数。

$$D_2 = \int_{-\pi/2}^{\pi/2} \left[-\frac{2}{\pi} \sum_{j=1}^{4} \int_{L_j} g(k,\theta) \mathrm{e}^{k(z_j + \mathrm{i}\omega_1)} \mathrm{d}k + R_j \right] \mathrm{d}\theta \qquad (5.17)$$

$$R_j = \begin{cases} 0, & \omega_1 > 0 \\ \dfrac{\mathrm{i}\exp(2k_h)\exp[k_h(z_j + \mathrm{i}\omega_1)]}{\cosh(k_h)[F_h^2 \cos^2\theta - \mathrm{sech}^2(k_h)]}, & \omega_1 < 0 \end{cases} \qquad (5.18)$$

在计算 $\partial D/\partial x$ 时，被积分函数在 $k = 0$ 处连续，不需分成 D_1 和 D_2，并令 $f(\theta, k) = 0$，采用最速下降积分的路径和 D_2 一致，表达式为

$$\frac{\partial D}{\partial x} = \mathrm{sgn}(x_1) \int_{-\pi/2}^{\pi/2} \left[-\frac{2}{\pi} \sum_{j=1}^{4} \int_{L_j} \mathrm{i}k\cos\theta g(k,\theta) \mathrm{e}^{k(z_j + \mathrm{i}\omega_1)} \mathrm{d}k + \mathrm{i}k_h\cos\theta R_j \right] \mathrm{d}\theta \qquad (5.19)$$

式中：$x_1 \geqslant 0$ 时，$\mathrm{sgn}(x_1) = 1$；$x_1 < 0$ 时，$\mathrm{sgn}(x_1) = -1$。此时积分起点为 $k_{r0} = 0$，$k_{i0} = 0$。

2）超临界航速 $F_h > 1$

通过对图 5.3 中色散曲线的分析，已经知道在超临界航速时，改变积分顺序可去除在 $k = 0$ 的奇异性，变换积分顺序并应用留数定理，得

$$\begin{aligned} D &= -\frac{2}{\pi} \int_0^{\infty} \mathrm{d}k \int_{-\pi/2}^{\pi/2} \mathrm{d}\theta \frac{\cosh[k(1+\zeta)]\cosh[k(1+z)]\mathrm{e}^{\mathrm{i}k\omega_1}}{\cosh^2 k(kF_h^2\cos^2\theta - \tanh k)} \\ &= -\frac{2}{\pi} \int_0^{\infty} \mathrm{d}k \left\{ \mathrm{P.V} \int_{-\pi/2}^{\pi/2} \mathrm{d}\theta \frac{\cosh[k(1+\zeta)]\cosh[k(1+z)]\mathrm{e}^{\mathrm{i}k\omega_1}}{\cosh^2 k(kF_h^2\cos^2\theta - \tanh k)} \right. \\ &\quad \left. - \pi\mathrm{i} \frac{\cosh[k(1+\zeta)]\cosh[k(1+z)]}{2kF_h^2\cos\theta_0\sin\theta_0 \cosh^2 k} (\mathrm{e}^{\mathrm{i}k(|x_1|\cos\theta_0 + y_1\sin\theta_0)} + \mathrm{e}^{\mathrm{i}k(|x_1|\cos\theta_0 - y_1\sin\theta_0)}) \right\} \end{aligned}$$
$$(5.20)$$

式中：P.V 表示 Cauchy 主值积分，即去除色散方程奇点 $\pm\theta_0$ 的积分值，后面一项为去除这两点后的留数，注意不同的绕过方向有不同的正负号。

关于 Cauchy 主值积分，可通过以下方法消除分母的奇异性[59]

$$\mathrm{P.V} \int_0^u \frac{f(k)}{g(k)} \mathrm{d}k = \int_0^u \left[\frac{f(k)}{g(k)} - \frac{f(v)}{g'(v)(k-v)} \right] \mathrm{d}k + \frac{f(v)}{g'(v)} \ln\left|\frac{u-v}{v}\right| \qquad (5.21)$$

$$\mathrm{P.V} \int_0^u \frac{f(k)}{g(k)} \mathrm{e}^{\mathrm{i}kw} \mathrm{d}k = \int_0^u \left[\frac{f(k)}{g(k)} - \frac{f(v)}{g'(v)(k-v)} \right] \mathrm{e}^{\mathrm{i}kw} \mathrm{d}k$$

$$+ \frac{f(v)\mathrm{e}^{ivw}}{g'(v)}\{\mathrm{Ei}(ivw) - \mathrm{Ei}[\mathrm{i}(v-u)w]\} \tag{5.22}$$

式中:Ei 为指数积分,分母存在奇点 $v \in [0, u]$,$g(v) = 0$,$g'(v) \neq 0$。

超临界航速时计算 $\partial D/\partial x$ 和计算 D 方法一样,表达式为

$$\frac{\partial D}{\partial x} = -\mathrm{sgn}(x_1)\frac{2}{\pi}\int_0^\infty \mathrm{d}k \Big\{ \mathrm{P.V} \int_{-\pi/2}^{\pi/2} \mathrm{d}\theta \frac{ik\cos\theta\cosh[k(1+\zeta)]\cosh[k(1+z)]\mathrm{e}^{ik\omega_1}}{\cosh^2 k(kF_h^2\cos^2\theta - \tanh k)}$$
$$- \pi\mathrm{i}\frac{\cosh[k(1+\zeta)]\cosh[k(1+z)]}{2kF_h^2\cos\theta_0\sin\theta_0\,\cosh^2 k}ik\cos\theta_0(\mathrm{e}^{ik(|x_1|\cos\theta_0+y_1\sin\theta_0)} + \mathrm{e}^{ik(|x_1|\cos\theta_0-y_1\sin\theta_0)})\Big\}$$
$$\tag{5.23}$$

5.1.3 波函数项

在计算 D 时,已讨论当 $F_h < 1$ 时,先对 k 积分;当 $F_h > 1$ 时,先对 θ 积分。计算波函数 W 时,对应不同的 F_h 也有不同的表达形式来消除奇异性。

1) $F_h < 1$

$$W = -4\mathrm{i}H(-x_1)\int_{-\pi/2}^{\pi/2} \frac{\cosh[k_h(1+\zeta)]\cosh[k_h(1+z)]\mathrm{e}^{ik_h\omega_1}}{\cosh^2 k_h(F_h^2\cos^2\theta - \mathrm{sech}^2 k_h)}\mathrm{d}\theta \tag{5.24}$$

$$\frac{\partial W}{\partial x} = -\mathrm{sgn}(x_1)4\mathrm{i}H(-x_1)\int_{-\pi/2}^{\pi/2} \frac{ik_h\cos\theta\cosh[k_h(1+\zeta)]\cosh[k_h(1+z)]\mathrm{e}^{ik_h\omega_1}}{\cosh^2 k_h(F_h^2\cos^2\theta - \mathrm{sech}^2 k_h)}\mathrm{d}\theta \tag{5.25}$$

2) $F_h > 1$

$$W = -4\mathrm{i}H(-x_1)\int_0^\infty \frac{\cosh[k(1+\zeta)]\cosh[k(1+z)]}{2kF_h^2\cos\theta_0\sin\theta_0\,\cosh^2 k}$$
$$\cdot [\mathrm{e}^{ik(|x_1|\cos\theta_0+y_1\sin\theta_0)} + \mathrm{e}^{ik(|x_1|\cos\theta_0-y_1\sin\theta_0)}]\mathrm{d}k \tag{5.26}$$

$$\frac{\partial W}{\partial x} = -\mathrm{sgn}(x_1)4\mathrm{i}H(-x_1)\int_0^\infty \Big\{\frac{\cosh[k(1+\zeta)]\cosh[k(1+z)]}{2kF_h^2\cos\theta_0\sin\theta_0\,\cosh^2 k}$$
$$\cdot ik\cos\theta_0[\mathrm{e}^{ik(|x_1|\cos\theta_0+y_1\sin\theta_0)} + \mathrm{e}^{ik(|x_1|\cos\theta_0-y_1\sin\theta_0)}]\Big\}\mathrm{d}k \tag{5.27}$$

式中:当 $F_h < 1$ 时,k_h 是色散方程 k 作为未知量的根,也就是说在式(5.24)中,随着积分变量 θ 的变化,k_h 也随之变化,由于色散方程的非线性,得不到求解 k_h 的解析表达式,因而在积分过程中需要不断迭代求解;当 $F_h > 1$ 时,θ_0 是色散方程 θ 作为未知量的根,有解析表达式 $\theta_0 = \arccos[\tanh k/(kF_h^2)]$。

计算波函数项时,采用直接积分方法不存在奇异性,$\partial W/\partial x$ 的计算与计算 W 方法相似。注意到当 $k \to \infty$ 时,

$$\frac{\cosh[k(1+\zeta)]\cosh[k(1+z)]}{\cosh^2 k} \to \exp[k(z+\zeta)]$$

由于 $z, \zeta < 0$,故 $k \to \infty$ 时,被积函数 $\to 0$,但是当 z 与 ζ 值较小时,表示场点与源点离水

面很近,被积函数衰减缓慢,振荡剧烈,积分费时。

至此,有限水深 Kelvin 源 Green 函数的各部分及偏导数求解,均已提出计算方法。船体物面条件通过面元法来满足,在求解出物面源强分布密度后,进一步得到流场中的速度势。

5.2 Kelvin 源 Green 函数计算结果的验证

由于 Green 函数表达形式复杂,计算中涉及双重广义积分,积分中还有奇异性,在具体应用 Green 函数与面元法求解时,需先对 Green 函数自身计算的正确性做一检验。

5.2.1 Green 函数导数值与差分值比较

首先比较 Kelvin 源 Green 函数的差分值 $[f(x_2) - f(x_1)]/\Delta x$ 和直接计算偏导数的值,初步检验 Green 函数计算的正确性。Green 函数差分值与导数值之间的比较如表 5.1 所示,这里取 $y=0, z=-0.2, \xi=0, \eta=0, \zeta=-0.05, a_1=0.1, \Delta x=0.01, A$ 的表达式中不含 F_h,而 D, W 与 F_h 有关。

表 5.1　Green 函数差分值与导数值之间的比较

	A	D($F_h = 0.9$)	D($F_h = 1.2$)	W($F_h = 0.9$)	W($F_h = 1.2$)
Green 函数值($x_1 = -1$)	0.0230	8.022	-2.298	14.309	10.130
Green 函数值($x_2 = -0.99$)	0.0236	8.050	-2.291	14.332	10.093
差分值($x_1 = -1$)	0.061	2.889	0.768	2.348	-3.677
导数值($x_1 = -1$)	0.060	2.881	0.764	2.470	-3.612

从表 5.1 中结果可以看出,在亚临界和超临界航速下,Green 函数三部分的差分值和偏导数的值误差较小,初步检验了 Green 函数的计算准确性。

5.2.2 薄船兴波阻力计算结果的比较

在正确计算出 Green 函数及偏导数的基础上,应用边界元方法求解有限水深薄船的兴波阻力。薄船表面的源强密度分布为式(4.58),Wigley 数学船型的表面方程 $Y(\xi, \zeta)$ 为式(4.60),因此薄船的兴波阻力 R_w 可写为

$$\begin{aligned} R_w &= -\rho V \iint_S \phi_x(x,y,z) n_1 \mathrm{d}S \\ &\approx -2\rho V \iint_{S_0} n_1 \left[-\frac{1}{4\pi} \iint_{S_0} \sigma(\xi,\eta,\zeta) G_x(x,y,z,\xi,\eta,\zeta) \mathrm{d}S \right] \mathrm{d}S \\ &= -\frac{\rho V^2}{\pi} \iint_{S_0} Y_x(x,z) \left[\iint_{S_0} Y_\xi(\xi,\zeta) G_x(x,0,z,\xi,0,\zeta) \mathrm{d}\xi \mathrm{d}\zeta \right] \mathrm{d}x \mathrm{d}z \end{aligned} \quad (5.28)$$

式中:S 为船体沾湿表面,S_0 为薄船的中纵剖面,n_1 为船体表面法向量在 x 轴的投影。

利用式(5.28)求解兴波阻力时,面积分可采用Gauss(高斯)面积分,当场点和源点都近水面且两者距离很近时,要达到计算精度需采用更多的Gauss节点,划分更小的面元,或者调换积分顺序,先进行面积分,再对Green函数中k,θ积分。

另外,有限水深薄船兴波阻力的理论公式[60]为

$$R_w = \frac{4\rho V^2}{\pi} \int_{\theta_0}^{\pi/2} \frac{(P^2+Q^2)k_h\cos\theta}{F_h^2\cos^2\theta\cosh^2(k_h)-1}\mathrm{d}\theta \tag{5.29}$$

$$P+\mathrm{i}Q = \iint_{S_0} Y_x(x,z)\cosh[k_h(1+z)]\exp(\mathrm{i}k_h x\cos\theta)\mathrm{d}x\mathrm{d}z \tag{5.30}$$

式中:k_h是色散方程(4.31)的正实根,θ_0的取值同式(4.20)。

兴波阻力系数定义为

$$C_w = \frac{R_w}{0.5\rho V^2 S_B} \tag{5.31}$$

将船的中纵剖面划分为不同的面元网格数,来检验结果的收敛性。分别有两种面元划分方式:$50(10\times 5)$,$120(20\times 6)$。$50(10\times 5)$表示沿x方向划分10个面元,沿z方向划分5个面元。采用有限水深Kelvin源Green函数的公式(5.28)和理论公式(5.29)的计算结果如表5.2所示,表中数据均已转换为兴波阻力系数C_w乘以1000,计算的Wigley船型参数为:$B/L=0.1$,$T/L=0.0625$,取$h/L=0.1$。

表 5.2 不同面元数下 $C_w \times 1000$ 计算结果的比较

F_h	0.5	0.6	0.7	0.8	0.9	1.1	1.2	1.3	1.4
50面元	1.090	0.675	1.087	1.433	2.156	10.39	7.712	6.328	5.434
120面元	0.301	0.476	1.008	1.393	2.178	10.51	7.805	6.406	5.504
理论公式	0.297	0.483	1.014	1.397	2.192	10.48	7.786	6.393	5.497

从表5.2中数据可以看出:当$F_h\leqslant 0.7$时,要正确计算兴波阻力系数需划分更多的面元;当$F_h>0.7$即水深Froude数较大时,只需50个面元就能得到理想结果,误差在3%以内。因为当航速很小时,兴波阻力是一小量,若面元数太少,容易出现计算误差较大情形,当面元划分加密时,计算结果也更加接近于理论值。

5.3 利用面元法离散船体表面

对于船体表面仅采用源分布的单层势模型,1972年Brard[61]从Green第三公式出发,导出了包括沿船体水线积分的速度势表达式,即

$$\phi(x,y,z) = -\frac{1}{4\pi}\iint_S \sigma(q)G(p,q)\mathrm{d}S + \frac{V^2}{4\pi g}\oint_c \sigma(q)G(p,q)n_1\mathrm{d}\eta \tag{5.32}$$

式中:c为静水面船体水线周线,n_1为船体水线上的法向量在x方向的投影。对于薄船,有

$n_1 = 0$,该线积分项为零,且船体沾湿表面 S 退化到船体纵中剖面 S_0 上。

由于有限水深 Kelvin 源 Green 函数已满足式(5.1)~式(5.4)以及船前无波辐射条件,但还不满足船体物面条件式(5.5),利用式(5.32),在物面第 i 个源点 q_i 处,式(5.5)可以转化为一个第二类 Fredholm(弗雷德霍姆)积分方程[5,44,62-63],即

$$\frac{\sigma(q_i)}{2} - \frac{1}{4\pi}\iint_{S-S_i}\sigma(q)\frac{\partial G(p,q)}{\partial n}dS + \frac{V^2}{4\pi g}\oint_c \sigma(q)\frac{\partial G(p,q)}{\partial n}n_1 d\eta = -\boldsymbol{V}\cdot\boldsymbol{n} \quad (5.33)$$

式中:p 为场点,q 为源点,S_i 为源点 q_i 所在的面元。

通过 Hess-Smith 方法对式(5.33)进行离散[64],可以得到船体表面的源强密度分布。在船体表面 S_B 上划分网格,沿来流方向和垂直来流方向将表面 S_B 分割成 N 个四边形小面元 S_j,调节面元 S_j 的四个角点形成平面面元,在每个面元上布置源汇,当面元面积很小时,可认为源强密度 σ_j 为常数。物面离散后,式(5.33)改写为

$$2\pi\sigma(q_i) + \sum_{\substack{j=1 \\ j\neq i}}^{N}\boldsymbol{n}\cdot\boldsymbol{c}_j^*(q_i)\sigma_j = -4\pi\boldsymbol{V}\cdot\boldsymbol{n} \quad (5.34)$$

式中:左端第 1 项是自身面元 S_i 的贡献,左端第 2 项是除自身面元外的其他面元的贡献,$\boldsymbol{c}_j^*(q_i)$ 为单位源强的面元 S_j 对面元 S_i 上控制点 q_i 处诱导的速度,称为影响系数。

影响系数的计算公式为

$$\boldsymbol{c}_j^*(q_i) = -\iint_{S_j}\nabla G(q_i,q)dS + \frac{V^2}{g}\oint_c \nabla G(q_i,q)n_1 d\eta \quad (5.35)$$

在每个面元的控制点上均可由式(5.35)生成一个方程。面元共有 N 个,共形成 N 个方程,可以求解 N 个未知量 σ_j。改写式(5.34)可得如下线性方程组

$$\sum_{j=1}^{N}K_{ij}\sigma_j = B_i \quad (i=1,2,\cdots,N) \quad (5.36)$$

式中:$B_i = -4\pi\boldsymbol{V}\cdot\boldsymbol{n}$,$K_{ij} = \boldsymbol{n}\cdot\boldsymbol{c}_j(q_i)$,$\boldsymbol{c}_j(q_i) = \begin{cases} 2\pi\boldsymbol{n}, & i=j, \\ \boldsymbol{c}_j^*(q_i), & i\neq j. \end{cases}$

式(5.36)是一个 N 阶的线性代数方程组,系数矩阵满秩且对角线占优(为 2π),可采用 Seidel(赛德尔)迭代法快速求解。关于 $\boldsymbol{c}_j(q_i)$ 的计算,涉及 Rankine 源集合时可采用 Hess-Smith 方法分为近、中与远场来处理,求解局部扰动项和波函数项的面积分与水线积分时,可采用 Gauss 积分方法[65]来处理。

如果仅取 Green 函数 $G = \frac{1}{r}$,则这种 Green 函数称为 Rankine 源 Green 函数。Rankine 源只能满足 Laplace 方程和扰动衰减条件,而不能满足其他任何边界条件。因此,为了满足船体边界、水底边界和自由表面等边界条件,需要在这些边界上布置源汇。对基于 Kelvin 源与 Rankine 源 Green 函数的面元法,均需进行复杂编程计算。Kelvin 源的难点在于如何快速准确地计算 Green 函数本身,而 Rankine 源面元法的难点在于如何处理好自由表面与辐射条件。

5.4 水面兴波与水底压力的计算

5.4.1 水面兴波

利用有限水深Kelvin源和Rankine源面元法,将船模B静水面水下部分划分648(36×18)面元,在计算源强密度分布后得到流场扰动速度势,根据式(1.76)和式(1.75)可以获得水面兴波波形和水底压力分布。

计算得到的船模B(参见第8章8.2.2节)的典型兴波等高线如图5.4所示,上、下半幅图的波形结果分别对应于Kelvin源和Rankine源面元法。亚临界航速时兴波波形主要为横波和散波,超临界航速时主要为散波波形。

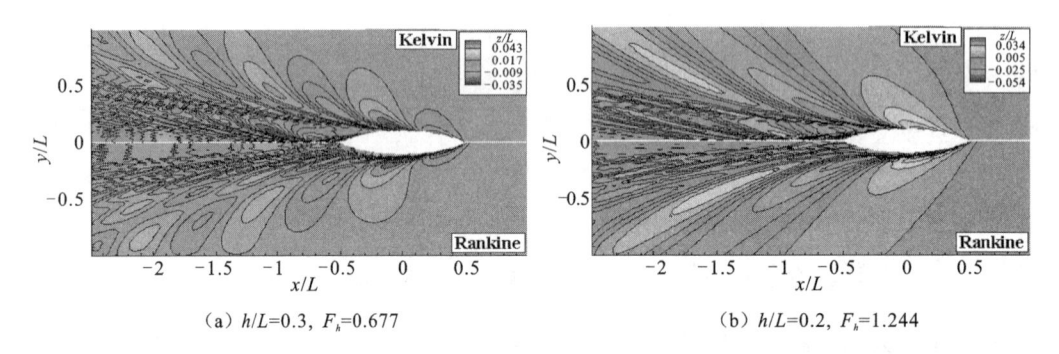

(a) $h/L=0.3$, $F_h=0.677$ (b) $h/L=0.2$, $F_h=1.244$

图5.4 不同水深与速度时船模B的兴波波形

5.4.2 水底压力

进一步利用有限水深Kelvin源和Rankine源面元法,计算船模B典型条件下的水底压力通过曲线,并与实验结果进行比较,如图5.5和图5.6所示。

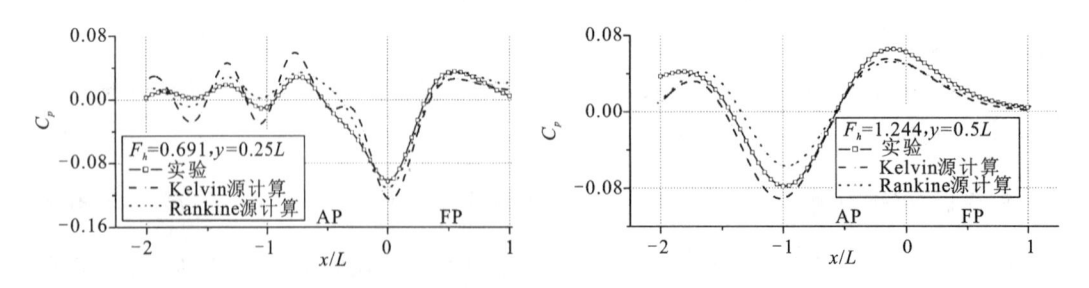

图5.5 $h/L=0.2$ 时船模B的水压通过曲线比较

计算得到的船模B的典型水底压力等高线分布如图5.7所示,上、下半幅图分别对应于Kelvin源和Rankine源面元法。

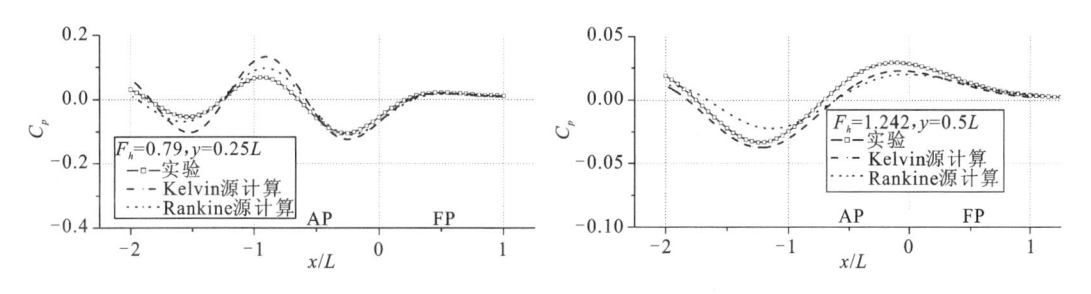

图 5.6　$h/L = 0.3$ 时船模 B 的水压通过曲线比较

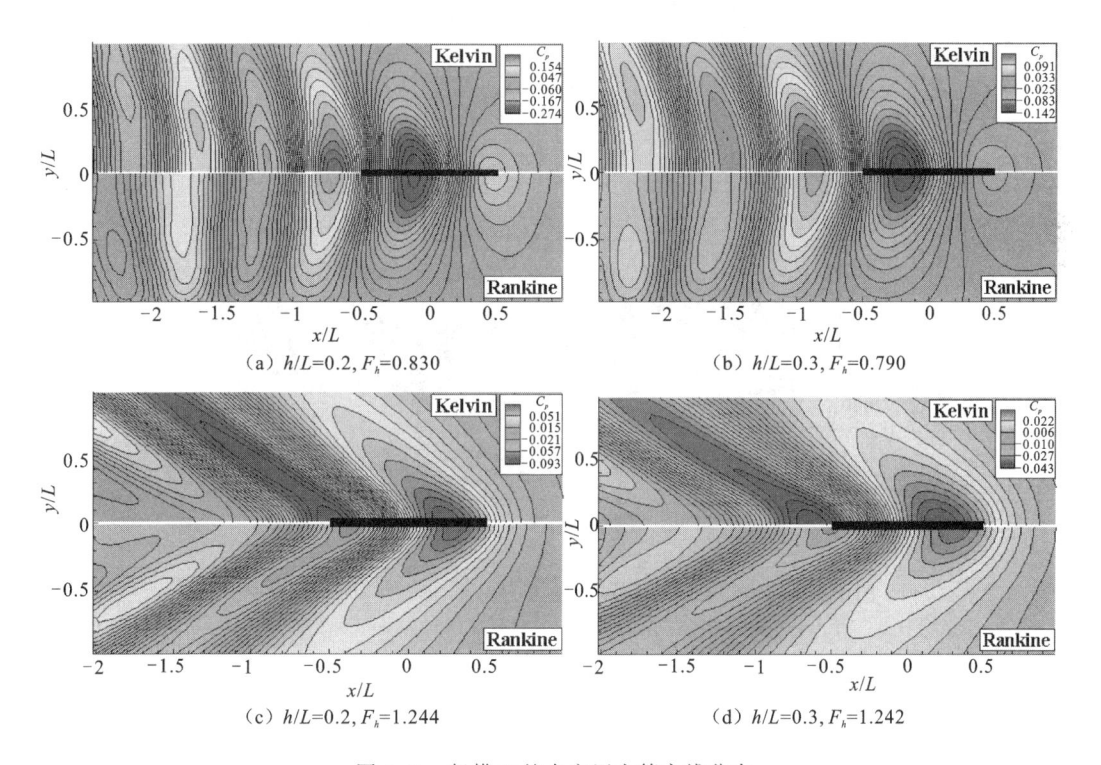

图 5.7　船模 B 的水底压力等高线分布

5.4.3　水面兴波及其对应的水底压力

以上计算了船模 B 的水面兴波波形与水底压力分布,可见两者之间的变化特征具有一定的关联。为了更加清晰地反映水面兴波与水底压力之间的对应关系,进一步将典型计算结果在同一张图上绘制出兴波波形三维图和水底压力等高线图。为便于反映数值大小,船长设定为 $L = 1$ m,水面兴波和水底压力计算结果单位均采用 mm 表示,水底压力 $1 \text{mmH}_2\text{O} = 9.81$ Pa。在水深 $h/L = 0.2$ 时,典型航速条件下的水面兴波与水底压力分布对应关系如图 5.8 ~ 图 5.10 所示。

在图 5.7 中船体位置用黑粗线条表示,在图 5.8 ~ 图 5.10 中船体位置用柱体表

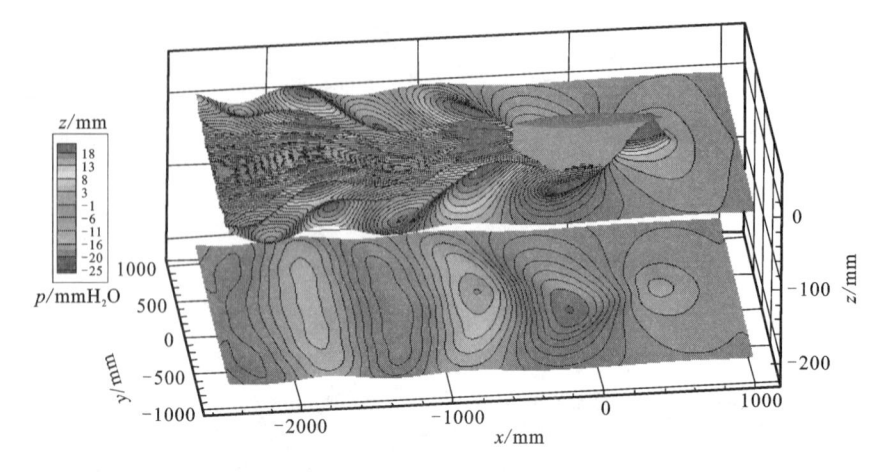

图 5.8　$F_h = 0.830$ 时船模 B 的水面兴波与水底压力结果对比

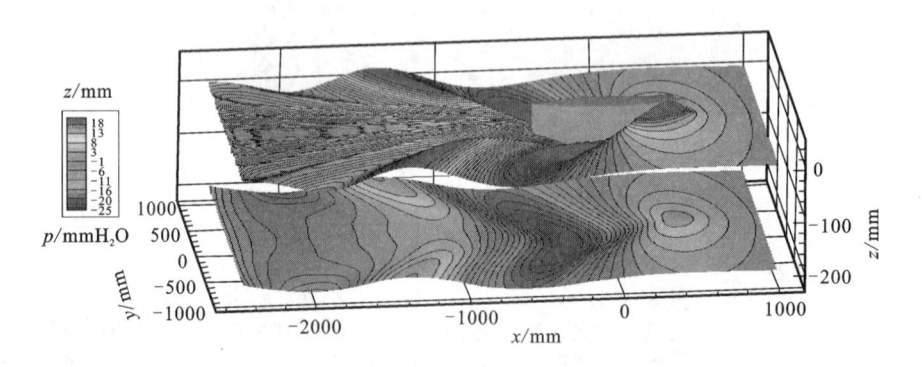

图 5.9　$F_h = 0.917$ 时船模 B 的水面兴波与水底压力结果对比

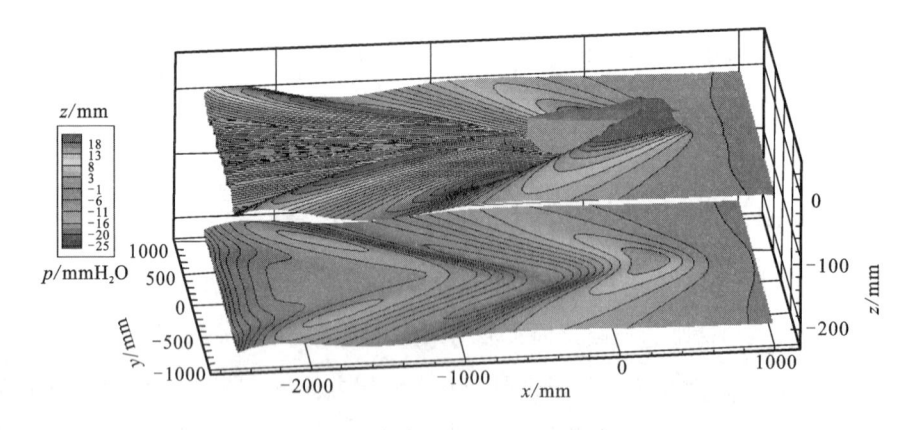

图 5.10　$F_h = 1.244$ 时船模 B 的水面兴波与水底压力结果对比

示。可见亚临界航速时船体下方水底的大部分区域是负压区,随着航速增加,负压峰值随之后移;在超临界航速时,船体下方大部分区域为正压区,而负压区后移至船艉附近,这一特性与亚临界航速有明显不同。水底压力的等高线图与水面兴波的横波与散波特性存在对应关系,水面兴波中的低频长波部分在水底压力变化中基本保留,高频短波部分则衰减很多,舰船周围的水体在表面兴波与水底压力之间充当了一个低通滤波器的作用。

有限水深 Kelvin 源 Green 函数的被积函数存在奇异性和振荡性,在计算过程中需要依据积分变量不断求解色散方程的正实根(奇点),计算复杂费时。为实现有限水深 Kelvin 源 Green 函数的快速计算,将其分解为三项并根据不同特性提出了计算方法。对于 Rankine 源集合项采用部分和重复平均的计算方法,对于局部扰动项利用复数积分中的最速下降法来加快计算速度,而对于波函数项利用亚临界与超临界航速色散曲线的特点,分别采用不同的表达形式,避免计算中的奇异性。通过比较 Green 函数的导数与差分值、薄船兴波阻力的计算结果,验证了有限水深 Kelvin 源 Green 函数计算的正确性,为利用面元法计算有限水深船体表面源强密度分布,获取舰船水压场和其他水动力参数提供了可靠基础。

运用 Kelvin 源与 Rankine 源 Green 函数,结合面元法,对船模 B 的表面兴波和水底压力进行了数值计算,并与实验结果进行了比较和分析,计算结果能较好地反映出水深与航速对表面兴波与水底压力的影响,并且两种数值计算方法得到的结果较为一致,相互之间也得到了印证。在船模 B 的表面兴波与水底压力之间存在相互关联。亚临界航速时表面兴波主要为横波和散波,超临界航速时主要为散波。表面兴波中的低频长波部分在水底压力变化中基本保留,高频短波部分则衰减很多,水底压力相对兴波波形更为光滑,舰船周围的水体在表面兴波与水底压力之间充当了一个低通滤波器的作用。

第 6 章　　有限水深潜艇水压场

当潜艇在水下航行时,潜艇水压场分布特征与水面舰船的特征不尽相同[6,66-68]。本章基于势流理论边界元方法,利用 Rankine 源和 Kelvin 源 Green 函数,根据潜艇外形特点和航行方式,建立了潜艇水压场的多种理论模型和计算方法,并将计算结果与实验结果进行了比较。

6.1　潜艇艇体水压场计算模型

设潜艇航速为 V,长为 L(或 $2l$),深潜于理想不可压缩流体中,水深为 h,艇体纵轴距水底高度为 H,距水面高度为 H'。假定潜艇离水面较远,航速较低,兴波影响可以忽略,因此将自由表面视为固壁处理。取潜艇动坐标系如图 6.1 所示,坐标原点取在潜艇纵轴线中点上。

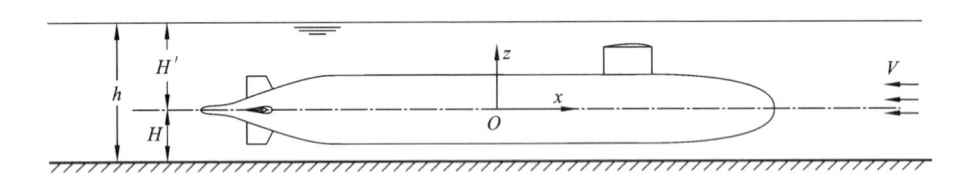

图 6.1　潜艇动坐标系

6.1.1　细长体模型

设潜艇艇体为细长体(不计围壳、艉翼等附体影响),艇体横截面面积分布为 $S(x)$,对无旋运动的势流,采用 Rankine 源 Green 函数,在潜艇轴线上布置源汇等价潜艇绕流。无界流场中运动潜艇在 $(x, y, -H)$ 点处引起的扰动速度势为

$$\phi(x, y, -H) = -\int_{-l}^{l} \frac{q(\xi)}{4\pi r} \mathrm{d}\xi = -\int_{-l}^{l} \frac{q(\xi)}{4\pi \sqrt{(x-\xi)^2 + y^2 + H^2}} \mathrm{d}\xi \qquad (6.1)$$

式中:$(\xi, 0, 0)$ 为源点坐标;$q(\xi)$ 为源强密度。

对细长体,为满足潜艇物面不可穿透条件,根据潜艇艇体横截面面积分布,可得

$$q(\xi) = -V \frac{\mathrm{d}S(\xi)}{\mathrm{d}\xi} \qquad (6.2)$$

式中:$S(\xi) = \pi R^2(\xi)$。

流场中的纵向扰动速度为

$$\phi_x(x,y,-H) = -\frac{V}{4\pi}\int_{-l}^{l}\frac{\mathrm{d}S}{\mathrm{d}\xi}\frac{x-\xi}{[(x-\xi)^2+y^2+H^2]^{3/2}}\mathrm{d}\xi \tag{6.3}$$

所以,无界流场中$(x,y,-H)$点处的压力系数为

$$C_p = \frac{2\phi_x}{V} = -\frac{1}{2\pi}\int_{-l}^{l}\frac{\mathrm{d}S}{\mathrm{d}\xi}\frac{x-\xi}{[(x-\xi)^2+y^2+H^2]^{3/2}}\mathrm{d}\xi \tag{6.4}$$

若已知潜艇横截面面积分布,则由式(6.4)可直接计算出无界流场中$(x,y,-H)$点处的压力系数。若仅知潜艇长度和最大横截面面积,可采用数学船型来近似计算,例如设

$$S(x) = S_{\max}[1-(x/l)^2], \quad -l \leqslant x \leqslant l \tag{6.5}$$

则

$$C_p = \frac{S_{\max}}{\pi l^2}\int_{-l}^{l}\frac{\xi(x-\xi)}{[(x-\xi)^2+y^2+H^2]^{3/2}}\mathrm{d}\xi \tag{6.6}$$

将水底及自由液面视为固壁,采用n次镜像方法以满足固壁不可穿透条件,得潜艇在水底引起的扰动压力系数为

$$C_p = \frac{2S_{\max}}{\pi l^2}\sum_{i=1}^{n}\int_{-l}^{l}\frac{\xi(x-\xi)}{[(x-\xi)^2+y^2+H_i^2]^{3/2}}\mathrm{d}\xi \tag{6.7}$$

式中:$H_1 = H, H_{2i} = H_{2i-1}+2H', H_{2i+1} = H_{2i}+2H$ $(i=1,2,3,\cdots,n)$。

积分后得水底压力系数的解析计算公式为

$$C_p(x,y,-H) = \frac{2S_{\max}}{\pi l^2}\sum_{i=1}^{n}\left\{\frac{l}{\sqrt{(x+l)^2+y^2+H_i^2}}+\frac{l}{\sqrt{(x-l)^2+y^2+H_i^2}}\right.$$
$$\left.+\ln\left[\frac{x-l+\sqrt{(x-l)^2+y^2+H_i^2}}{x+l+\sqrt{(x+l)^2+y^2+H_i^2}}\right]\right\} \tag{6.8}$$

特别地,在潜艇正下方水底$(0,0,-H)$处,可得最小压力系数为

$$C_{p\min}(0,0,-H) = \frac{4S_{\max}}{\pi l^2}\sum_{i=1}^{n}\left(\frac{l}{\sqrt{l^2+H_i^2}}+\ln\frac{H_i}{\sqrt{l^2+H_i^2}+l}\right) \tag{6.9}$$

式中:n为镜像次数。通过式(6.8)即可近似计算不计及兴波影响的潜艇艇体水压场,理论上n的取值越大越准确,一般情况下取$n=5$即有足够精度。

6.1.2 回转体模型

回转体模型没有"细长"的限制,因此可以适用线型更"胖"的潜艇。由于没有"细长"的条件,因此不宜采用式(6.2)来计算源强密度。

为确定潜艇纵轴上分布的源强密度$q(\xi)$,这里采用回转体纵向绕流理论,在源汇流场与速度为V的均流叠加后,可得流函数为

$$\psi = -\frac{1}{2}Vr^2-\frac{1}{4\pi}\int_{-l}^{l}\frac{q(\xi)(x-\xi)}{\sqrt{(x-\xi)^2+r^2}}\mathrm{d}\xi$$

令$\psi=0$,得回转体轮廓线方程为

$$\int_{-l}^{l} \frac{q(\xi)(x-\xi)}{\sqrt{(x-\xi)^2+r^2}} d\xi = -2\pi V r^2 \qquad (6.10)$$

式中:r 为回转体横截面半径。

若潜艇艇体轮廓线方程 $r=f(x)$ 已知,则由积分方程式(6.10),通过近似计算可求得 $q(\xi)$ 值。将回转体纵轴分为 m 等分,以 $q_1,q_2,\cdots,q_m$ 表示每一小段的源强密度值,并近似认为各段内源强密度值是常数。

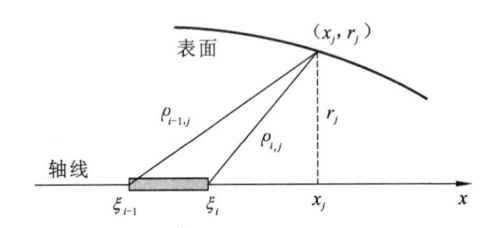

图 6.2　源强和物面坐标

采用图 6.2 符号记法,对式(6.10)离散后得到如下线性代数方程组为

$$\begin{cases} \sum_{i=1}^{m}(\rho_{i-1,1}-\rho_{i,1})q_i = -2\pi V r_1^2 \\ \sum_{i=1}^{m}(\rho_{i-1,2}-\rho_{i,2})q_i = -2\pi V r_2^2 \\ \cdots\cdots \\ \sum_{i=1}^{m}(\rho_{i-1,n}-\rho_{i,n})q_i = -2\pi V r_n^2 \end{cases} \qquad (6.11)$$

式中:$\rho_{i,j} = \sqrt{(x_j-\xi_i)^2+r_j^2}$。

若潜艇各段横截面面积已知分别为 $S_1,S_2,\cdots,S_m$,且 $\pi r_j^2 = S_j$ ($j=1,2,\cdots,m$)。则由上式可解出 $q_1,q_2,\cdots,q_m$,然后根据源强密度值再求出各段线源对水中任一点 $(x,y,-H)$ 处的扰动速度势、扰动速度和压力系数。

第 i 段线源上的微元段 $\mathrm{d}\xi$ 在 $(x,y,-H)$ 处引起的扰动速度势为

$$\phi_i = -\int_{\xi_{i-1}}^{\xi_i} \frac{q_i \mathrm{d}\xi}{4\pi\sqrt{(x-\xi)^2+y^2+H^2}} \qquad (6.12)$$

纵向扰动速度为

$$\phi_{ix} = \frac{q_i}{4\pi}\left(\frac{1}{R_i}-\frac{1}{R_{i-1}}\right) \qquad (6.13)$$

式中:$R_i = \sqrt{(x-\xi_i)^2+y^2+H^2}$,符号含义如图 6.3 所示。

整个线源对 $(x,y,-H)$ 点引起的纵向扰动速度为

$$\phi_x = \sum_{i=1}^{m}\phi_{ix} = \sum_{i=1}^{m}\frac{q_i}{4\pi}\left(\frac{1}{R_i}-\frac{1}{R_{i-1}}\right) \qquad (6.14)$$

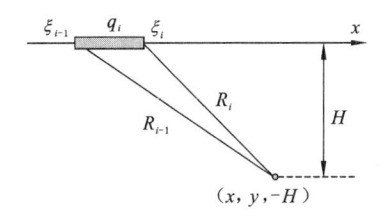

图 6.3 源强和场点坐标

压力系数为

$$C_p(x,y,-H) = \sum_{i=1}^{m} \frac{q_i}{2\pi V}\left(\frac{1}{R_i} - \frac{1}{R_{i-1}}\right) \quad (6.15)$$

仍然假定潜艇距水底高度为 H,距水面高度为 H',忽略兴波影响,将自由表面视为固壁处理,坐标系取法如图 6.1 所示。考虑水底及自由液面 n 次镜像,得潜艇在水底引起的扰动压力系数为

$$C_p(x,y,-H) = 2\sum_{j=1}^{n}\sum_{i=1}^{m} \frac{q_i}{2\pi V}\left(\frac{1}{R'_i} - \frac{1}{R'_{i-1}}\right) \quad (6.16)$$

式中:$R'_i = \sqrt{(x-\xi_i)^2 + y^2 + H_j^2}$,$H_1 = H$,$H_{2j} = H_{2j-1} + 2H'$,$H_{2j+1} = H_{2j} + 2H$ ($j=1,2,3,\cdots,n$)。

以下依据细长体和回转体模型进行计算,并对计算结果进行分析和比较。

1) 船模 C 线型

实验船模 C(参见第 8 章 8.2.3 节)为潜艇模型,实验时带有指挥台围壳及艉翼等部件,模型与实艇几何尺度之比为 1∶50,艇体线型如图 6.4 所示。横坐标为无因次艇长,纵坐标为无因次半径,参考长度均为潜艇长度。

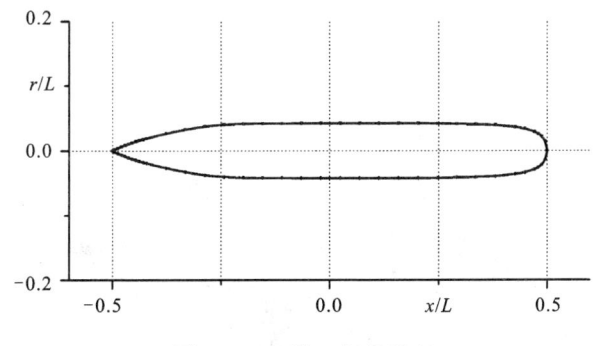

图 6.4 船模 C 艇体线型

船模 C 实验在船池中进行,模型运动速度范围为 $0.4 \sim 3.9$ m/s,模型纵轴距水底深度分别为 $H = 0.1L, 0.2L, 0.3L, 0.4L, 0.5L$,压力传感器距船模一侧布置于水底,横距位置分别为 $y = 0, 0.25L$ 和 $0.5L$,如图 6.5 所示。

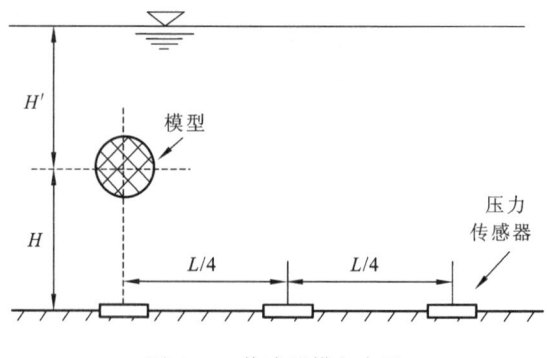

图 6.5　传感器横向布置

2) 计算结果与实验结果的比较

利用回转体水压场理论模型,在水深 $h=0.83L$ 时,计算了不同潜深条件下船模 C 的水底压力场三维分布、二维等压线图和横距 $y=0$ 时的水压通过曲线,从图 6.6～图 6.18 可以看出,艇艏、艇艉附近水底压力呈现正压分布,艇体下方大部分水底区域呈现负压分布,水下潜艇压力场与低速水面舰船压力场类似,航行潜艇在水底也能引起明显的压力场特征,其特性可资利用。本节计算与实验结果的艇艏(FP)、艇艉(AP)位置分别位于 $x/L=-0.5$ 和 0.5 处。

在水深较小或横距较小时,水压通过曲线负压区呈"W"型分布,从正压峰值到负压峰值或从负压峰值到正压峰值的压力变化迅速,如图 6.6～图 6.7、图 6.10～图 6.11、图 6.14～图 6.16 所示;而在水深或横距较大时,水压通过曲线负压区转呈"U"或"V"型分布,正负压力峰值之间的变化趋缓,如图 6.8～图 6.9、图 6.12～图 6.13、图 6.17～图 6.19 所示。因为我们关注的重点不是艇体表面的压力分布,而是关心距离艇体表面较远的场点,故在轴线上分布源汇计算艇体在水底引起的压力变化仍有较好的近似。理论计算结果不仅较好地反映了负压区分布的三种形状,而且水压通过曲线理论计算与实验结果之间的比较还具有较好的一致性,如图 6.15～图 6.19 所示。

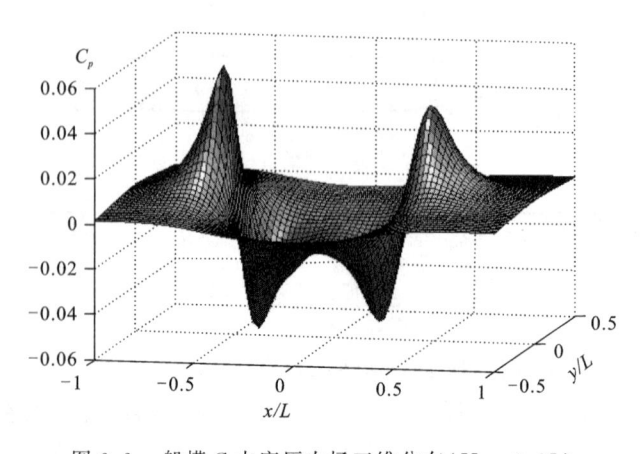

图 6.6　船模 C 水底压力场三维分布（$H=0.1L$）

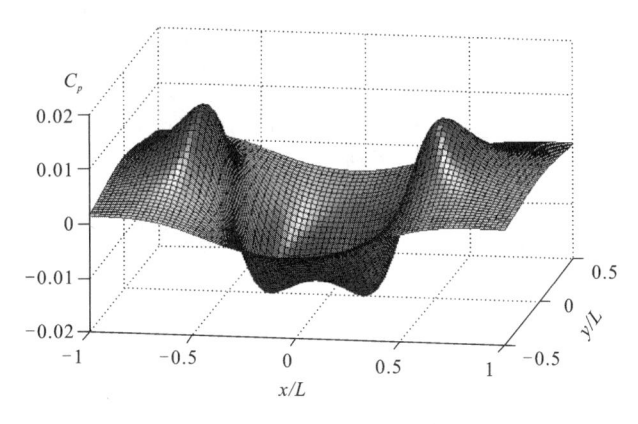

图 6.7　船模 C 水底压力场三维分布($H = 0.2L$)

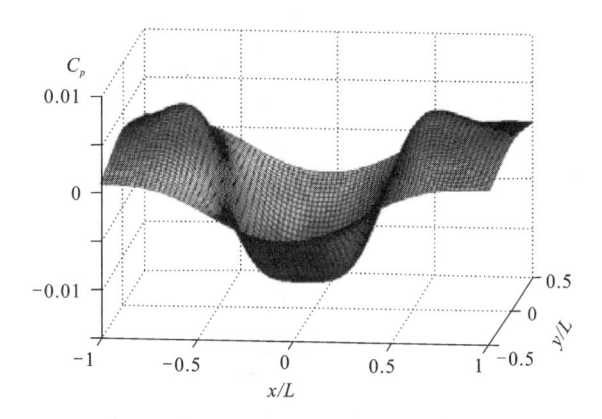

图 6.8　船模 C 水底压力场三维分布($H = 0.3L$)

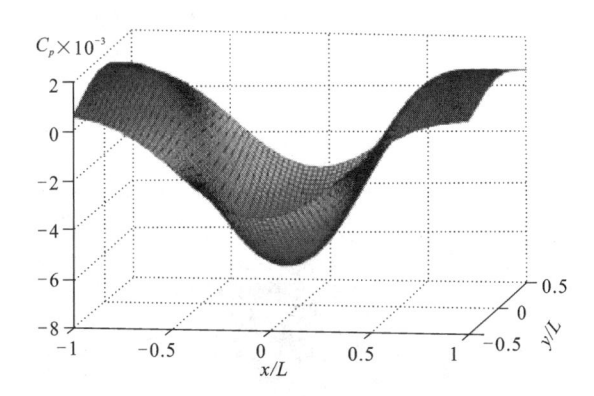

图 6.9　船模 C 水底压力场三维分布($H = 0.5L$)

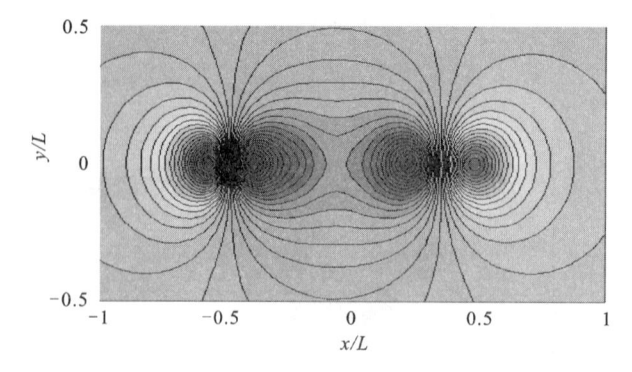

图 6.10　船模 C 水底压力场二维分布（$H=0.1L$）

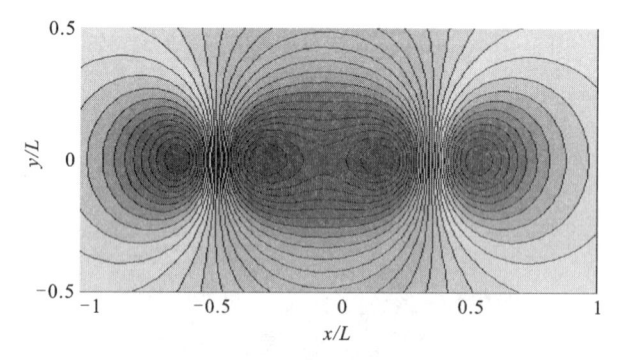

图 6.11　船模 C 水底压力场二维分布（$H=0.2L$）

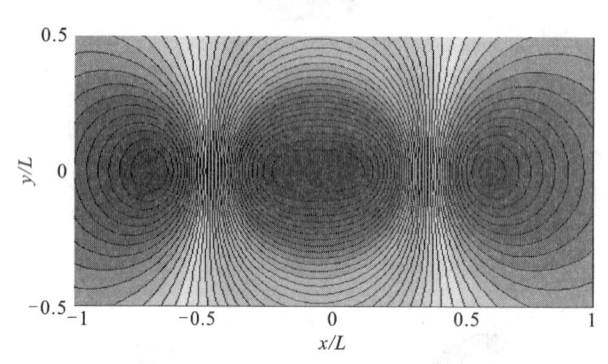

图 6.12　船模 C 水底压力场二维分布（$H=0.3L$）

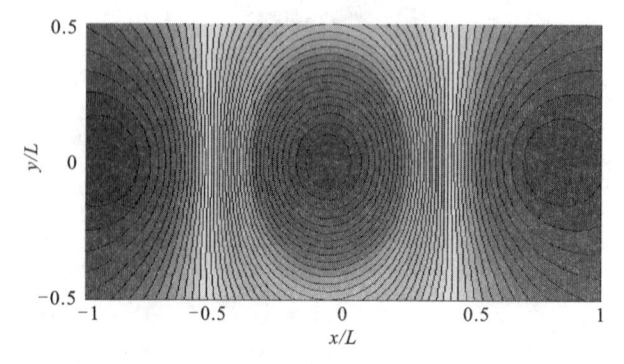

图 6.13　船模 C 水底压力场二维分布（$H=0.5L$）

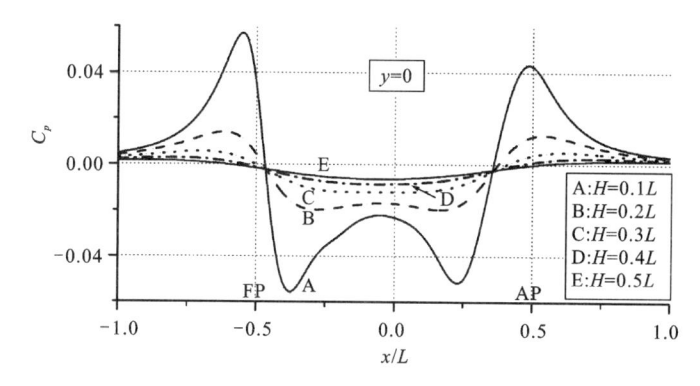

图 6.14　不同距底深度时船模 C 的水压通过曲线

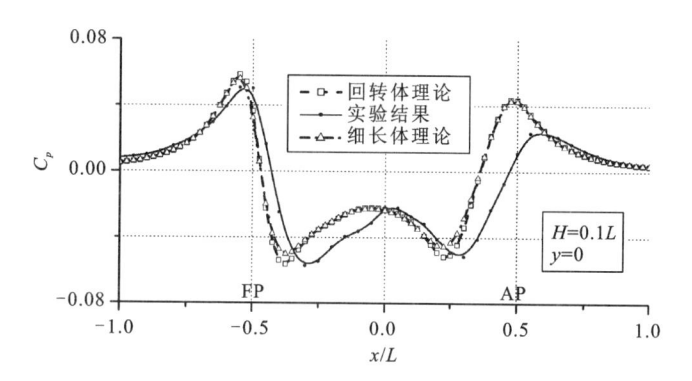

图 6.15　船模 C 的水压通过曲线比较

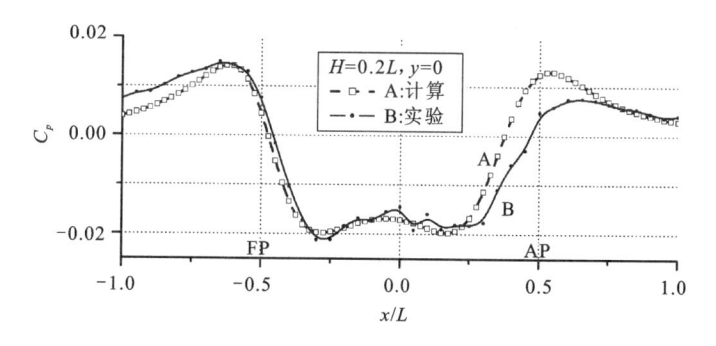

图 6.16　船模 C 的水压通过曲线比较

本节研究对象为潜艇艇体,计算时不计及围壳等附件的影响,属流线型细长体,因而采用细长体理论模型计算得到的水压通过曲线与采用回转体模型计算得到的水压场结果非常一致,如图 6.15 所示,说明对一般潜艇而言,细长体模型和回转体模型均可应用。计算结果还显示,研究场点距离潜艇较近时,潜艇水压通过曲线左右不对称,艇艏正压峰值大,艇艉负压峰值小,这是与潜艇横截面面积分布不对称相一致的;当场点距离潜艇较远时,潜艇水压通过曲线左右趋于对称,说明潜艇横截面面积分布不对称对远场水压场的影

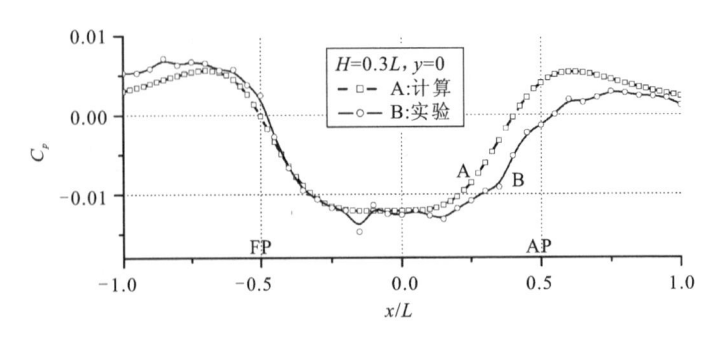

图 6.17　船模 C 的水压通过曲线比较

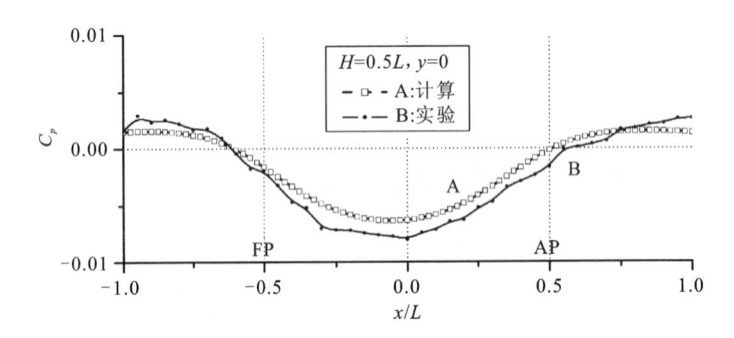

图 6.18　船模 C 的水压通过曲线比较

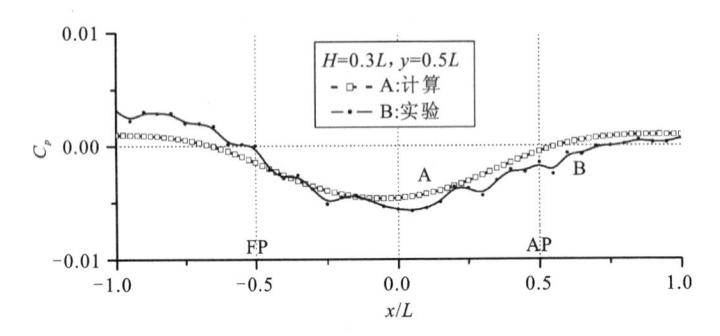

图 6.19　船模 C 的水压通过曲线比较

响变小。

　　水面舰船航行时在水底引起的压力系数与水深 Froude 数有关，水深 Froude 数是水面舰船水压场的重要影响参数，舰船水压场的许多现象和特点都与此参数有关。实验结果表明，大深度水下潜艇航行时在水底引起的压力系数与水深 Froude 数无关，其压力场特征并不出现水面舰船随水深 Froude 数增加导致的压力场后移现象，主要原因是大深度水下潜艇航行时引起的水面兴波很小，因而理论计算模型中可以忽略潜艇兴波对水压场的影响。

6.1.3 有限水深 Kelvin 源 Green 函数方法

对细长体而言,在计算得到源强密度分布后,如采用有限水深的兴波源势,则可进一步得到潜艇近水面航行时计及兴波影响的水压场。以下从有限水深 Kelvin 源 Green 函数方法出发,分别给出不考虑兴波影响和计及兴波影响的潜艇水压场计算模型。

1. 不计兴波影响的潜艇水压场计算模型

如果潜艇深潜于水中,或潜艇虽近水面航行,但航速极低,潜艇引起的水面兴波很小,则可忽略水面兴波对潜艇水压场的影响,即可将自由表面视为固壁,因而可以大大简化潜艇水压场的计算。参照图 6.1,将随潜艇运动的坐标系垂直上移置于未扰水面处,其他参数不变。在有限水深条件下,满足水面和水底固壁条件、不计兴波效应的 Kelvin 源 Green 函数为

$$G_0 = G_1 + G_2 + N_0$$

式中:$G_1 = 1/r$, $r = [(x-\xi)^2 + (y-\eta)^2 + (z-\zeta)^2]^{1/2}$

$G_2 = 1/r_h$, $r_h = [(x-\xi)^2 + (y-\eta)^2 + (z+\zeta+2h)^2]^{1/2}$

$$N_0 = \frac{4}{\pi}\int_0^{\pi/2}\mathrm{d}\theta\int_0^\infty \frac{\cosh[k(z+h)]\cosh[k(\zeta+h)]\mathrm{e}^{-kh}}{\sinh(kh)}\cos[k(x-\xi)\sin\theta]$$
$$\cdot\cos[k(y-\eta)\cos\theta]\mathrm{d}k$$

Green 函数 G_0 反映的是点源及其关于水底、水面无数镜像源势的叠加,计算 Green 函数 G_0 的关键是计算其中的 N_0 项。考虑水底 $z=-h$ 处的场点,此时

$$N_0 = \frac{4}{\pi}\int_0^{\pi/2}\mathrm{d}\theta\int_0^\infty \frac{\cosh[k(\zeta+h)]\mathrm{e}^{-kh}}{\sinh(kh)}\cos[k(x-\xi)\sin\theta]\cos[k(y-\eta)\cos\theta]\mathrm{d}k \tag{6.17}$$

式中:水深为 $h = H' + H$,潜艇距水面距离为 H'($H' = -\zeta$),潜艇距水底距离为 H。

从式(6.17)出发,对其求 x 的偏导数,得

$$N_{0x} = \frac{4}{\pi}\int_0^{\pi/2}\mathrm{d}\theta\int_0^\infty f_0(k,\theta)\mathrm{d}k \tag{6.18}$$

式中

$$f_0(k,\theta) = \frac{\mathrm{e}^{-kh}\cosh(kH)}{\sinh(kh)}(-k\sin\theta)\sin[k(x-\xi)\sin\theta]\cos[k(y-\eta)\cos\theta]$$

以下考察被积函数 $f_0(k,\theta)$ 的奇异性。因为

$$\lim_{k\to 0}f_0(k,\theta) = \lim_{k\to 0}\frac{(-k\sin\theta)\sin[k(x-\xi)\sin\theta]}{\sinh(kh)} = 0$$

$$\lim_{k\to\infty}|f_0(k,\theta)| \leqslant \lim_{k\to\infty}\frac{k\cosh(kH)}{\exp(kh)\sinh(kh)} = 0$$

所以,由上述分析可知,在计算积分式(6.18)时,在两个积分端点的极限值为零,被积函数不存在奇异性,因此可按常规数值积分方法计算 N_{0x},并进而计算出 G_{0x}。

对特别关注的水底 $z=-h$ 处的场点,有

$$G_{0x} = G_{1x} + G_{2x} + N_{0x} \tag{6.19}$$

类似式(4.59),可得水底纵向扰动速度为

$$\phi_x(x,y,-h) = -\frac{1}{4\pi}\int_{-l}^{l} q(\xi,0,-H') G_{0x}(x,y,-h;\xi,0,-H') \mathrm{d}\xi$$

据细长体假定,源强密度分布于潜艇纵轴上,由式(6.2),得

$$q(\xi,0,-H') = -V \frac{\mathrm{d}S(\xi)}{\mathrm{d}\xi} \tag{6.20}$$

所以,线化的水底压力系数计算公式为

$$C_p(x,y,-h) = \frac{1}{2\pi}\int_{-l}^{l} \frac{\mathrm{d}S(\xi)}{\mathrm{d}\xi} G_{0x}(x,y,-h;\xi,0,-H') \mathrm{d}\xi \tag{6.21}$$

式(6.21)已经包含了水底和自由表面的固壁影响,计算潜艇水压场时无须再进行镜像。

从式(6.21)看出,潜艇水压场计算需要涉及三重积分,由于被积函数具有振荡性,为节省计算时间,可采用 Laguerre 积分方法。沿潜艇纵轴的源强密度分布可按式(6.20)计算,也可根据实际潜艇纵轴各站上给定的离散半径,利用三次样条函数插值得到沿潜艇纵轴的半径或横截面面积分布,从而得到连续的源强分布。根据图 6.4 中船模 C 的艇体线型得到的源强密度分布如图 6.20 所示,作为校核,潜艇纵轴上的所有分布源点强度的总和应为 0。本节计算与实验结果的艇艏(FP)、艇艉(AP)位置分别位于 $x/L = -0.5$ 和 0.5 处。

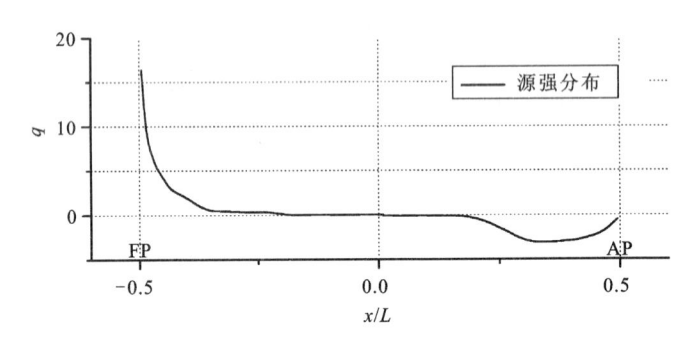

图 6.20 源强密度沿船模 C 纵轴的变化

在将潜艇艇体作为细长体假定后,依据式(6.21)计算了 3 种不同的潜艇距底高度($H = 0.1L, 0.2L, 0.5L$),$y = 0$ 条件下的水压场通过曲线,重点比较了在潜艇距底深度相同情况下,不同水深 h 或潜深 H' 对潜艇水压场的影响,如图 6.21 ~ 图 6.23 所示。由图可见,在 H 较小时,较小的水深 h 或潜深 H' 将对潜艇水压场的峰值带来较大的影响,这主要是自由表面作为固壁镜像后的贡献。当水深 h 或潜深 H' 很大时,水面影响可不予考虑,潜艇水压场的计算退化为对水底的一次镜像。

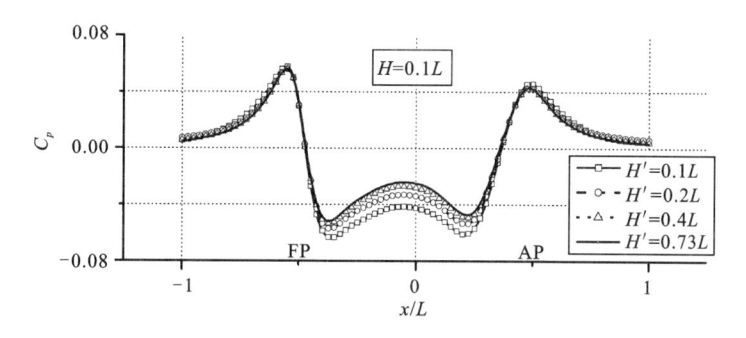

图 6.21　不同潜深对船模 C 水压通过曲线的影响

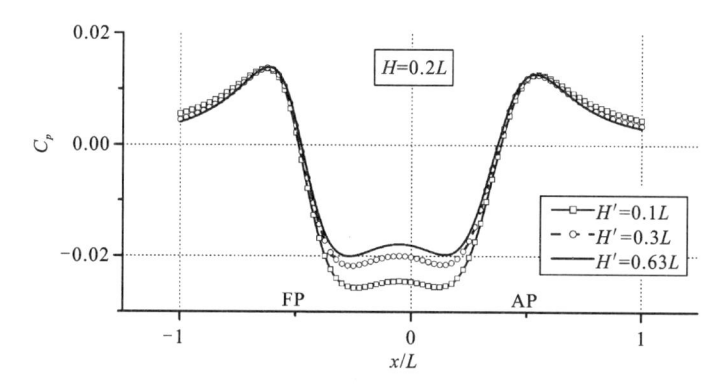

图 6.22　不同潜深对船模 C 水压通过曲线的影响

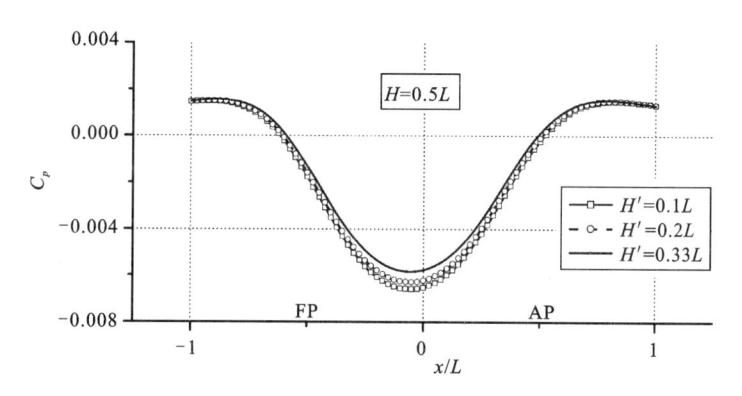

图 6.23　不同潜深对船模 C 水压通过曲线的影响

2. 计及潜艇兴波影响的潜艇水压场计算模型

如果潜艇航速较高，水深 h 或潜深 H' 较小时，潜艇将会产生明显的兴波现象，而水面兴波又将导致水底压力场发生变化。因此，有兴波影响的潜艇水压场与不计及兴波影响的潜艇水压场结果将有所不同。潜艇兴波现象越严重，两者结果的差别就越大。在潜艇兴波严重时，自由表面为固壁的假定不能成立，潜艇水压场计算模型中需要考虑自由表面变形的影响。采用满足线性自由表面条件的有限水深 Kelvin 源 Green 函数，并依据潜艇艇体为细长体的特点，可以建立计及兴波影响的潜艇水压场数学模型。

计及兴波影响的潜艇水压场的压力系数仍可按式(6.21)计算，不同的是计及兴波影响时这里需用 G_x 代替 G_{0x}，类似式(4.23)，用水深 h 作为参考尺度对各变量进行无因次化，则有

$$\widetilde{G}_{\widetilde{x}} = \widetilde{G}_{1\widetilde{x}} + \widetilde{G}_{2\widetilde{x}} + \widetilde{G}_{3\widetilde{x}} + \widetilde{G}_{4\widetilde{x}} \tag{6.22}$$

式中：上标"~"代表无因次量；$F_h = \dfrac{V}{\sqrt{gh}}$；$\widetilde{x}_1 = \widetilde{x} - \widetilde{\xi}, \widetilde{y}_1 = \widetilde{y} - \widetilde{\eta}$

$$\widetilde{G}_{1\widetilde{x}} = -\frac{\widetilde{x}_1}{[\widetilde{x}_1^2 + \widetilde{y}_1^2 + (\widetilde{z} - \widetilde{\zeta})^2]^{3/2}}$$

$$\widetilde{G}_{2\widetilde{x}} = -\frac{\widetilde{x}_1}{[\widetilde{x}_1^2 + \widetilde{y}_1^2 + (\widetilde{z} + \widetilde{\zeta} + 2)^2]^{3/2}}$$

$$\widetilde{G}_{3\widetilde{x}} = 4\int_{\theta_0}^{\pi/2} \frac{\cosh[\widetilde{k}_h(\widetilde{\zeta}+1)]\cosh[\widetilde{k}_h(\widetilde{z}+1)]}{1 - F_h^2\cos^2\theta\cosh^2(\widetilde{k}_h)} \widetilde{k}_h\cos\theta\cos(\widetilde{k}_h\widetilde{x}_1\cos\theta)\cos(\widetilde{k}_h\widetilde{y}_1\sin\theta)\mathrm{d}\theta$$

$$\widetilde{G}_{4\widetilde{x}} = \frac{4}{\pi}\int_0^{\pi/2}\mathrm{d}\theta\,\mathrm{V.P}\int_0^\infty \frac{\exp(-\widetilde{k})(\widetilde{k}F_h^2\cos^2\theta+1)\cosh[\widetilde{k}(\widetilde{\zeta}+1)]\cosh[\widetilde{k}(\widetilde{z}+1)]}{\sinh(\widetilde{k}) - \widetilde{k}F_h^2\cos^2\theta\cosh(\widetilde{k})}$$
$$\cdot(-\widetilde{k}\cos\theta)\sin(\widetilde{k}\widetilde{x}_1\cos\theta)\cos[\widetilde{k}(\widetilde{y}-\widetilde{\eta})\sin\theta]\mathrm{d}\widetilde{k}$$

其中 $\widetilde{k}_h$ 为色散方程 $\tanh(\widetilde{k}) = \widetilde{k}F_h^2\cos^2\theta$ 的正实根，而 θ_0 的取值为 $\theta_0 = \begin{cases} 0, & F_h < 1, \\ \cos^{-1}(1/F_h), & F_h > 1. \end{cases}$

通过第 4 章对单重积分和双重积分的处理方法，可以解决 Kelvin 源 Green 函数中的奇异性和振荡性问题。此时，计及线性兴波影响的潜艇水压场计算公式可写为

$$C_p(x,y,-h) = \frac{1}{2\pi}\int_{-l}^{l}\frac{\mathrm{d}S(\xi)}{\mathrm{d}\xi}G_x(x,y,-h;\xi,0,-H')\mathrm{d}\xi$$

或

$$C_p(\widetilde{x},\widetilde{y},-1) = \frac{1}{2\pi}\int_{-\gamma}^{\gamma}\frac{\mathrm{d}\widetilde{S}}{\mathrm{d}\widetilde{\xi}}\widetilde{G}_{\widetilde{x}}\mathrm{d}\widetilde{\xi} \tag{6.23}$$

针对潜艇艇体水压场的计算，现在已给出了 3 种计算模型：第 1 种数学模型是基于细长体或回转体假定，采用 Rankine 源分布，通过镜像方法来满足水底和水面固壁条件，用于计算大水深或低航速情况下不计及兴波影响的潜艇水压场；第 2 种数学模型是对第 1 种数学模型的改进，不同之处是计算潜艇水压场时不需进行镜像，而是采用不计兴波效应的 Kelvin 源 Green 函数来满足水底和自由表面的固壁作用；第 3 种数学模型是采用计及兴波效应的 Kelvin 源 Green 函数，该 Green 函数自动满足水底固壁、线性自由表面和船前无波辐射条件。在这 3 种数学模型中，第 3 种数学模型可以计算不同 F_H 数条件下的潜艇水压场，具有更广的适用性。如 $F_h \to 0$ 时，潜艇兴波可以忽略不计，第 3 种数学模型退化为

第2种数学模型；如果不计潜艇兴波影响，而且只考虑水面、水底固壁的有限次镜像，则第2种数学模型可退化为第1种数学模型。

1) 不同潜艇水压场数学模型计算结果的比较

在水深 $h = 0.5L$ 时，假定 $F_h = 0.8$，如果采用不计兴波影响的第2种（或第1种）数学模型计算潜艇近底（$H = 0.1L$）航行时的水压场，由于该数学模型中压力系数与 F_h 无关，因此即使 F_h 不同，计算得到的潜艇水压通过曲线也一样，如图6.24中曲线A所示。而实际上，采用计及兴波影响的第3种数学模型计算潜艇水压场时，两种数学模型的计算结果在潜艇艉部以后存在一些差异，其余差别不大，说明潜艇近底航行时水面兴波对潜艇正下方水底的压力场影响较小。

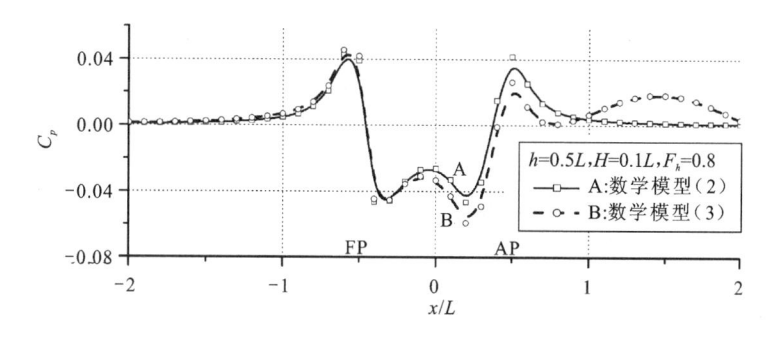

图 6.24　近底航行的潜艇水压通过曲线

在同样水深和 F_h 条件下，假设潜艇近水面航行（$H = 0.4L$），分别采用第2种数学模型和第3种数学模型计算潜艇水压场，计算结果如图6.25中的曲线C和D所示，通过分析比较看出，两种数学模型的计算结果差别较大，说明潜艇近水面航行时潜艇兴波对水底压力场的影响不容忽视。从潜艇水压场3种数学模型的适用范围看，第2种数学模型计及了潜艇关于水底和水面的所有镜像，计算精度优于第1种数学模型，而第3种数学模型计及了潜艇自身和线性兴波对水压场的影响，因此适用航速范围更广。

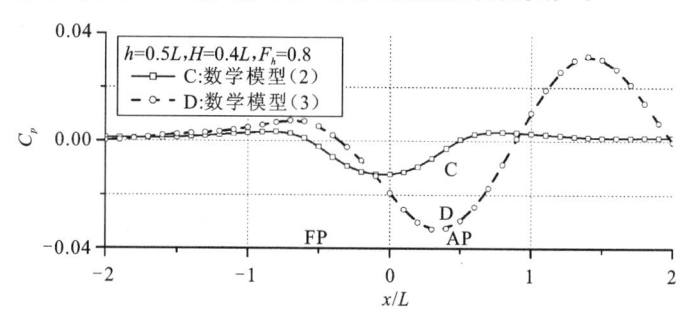

图 6.25　近水面航行的潜艇水压通过曲线

2) 水深 Froude 数对潜艇水压场的影响

在水深 h 和潜艇距底高度 H 一定时,如果潜艇距水底较近,潜艇运动产生 Bernoulli 效应引起的水压场是主要的,由于深度衰减作用,潜艇运动产生水面兴波引起的水底压力变化较小,潜艇近底航行时引起的水压场主要体现了前者的作用。因此,即使水深 Froude 数变化范围大($F_h = 0.4 \sim 1.6$),潜艇水压场通过曲线变化也不大,如图 6.26 所示。

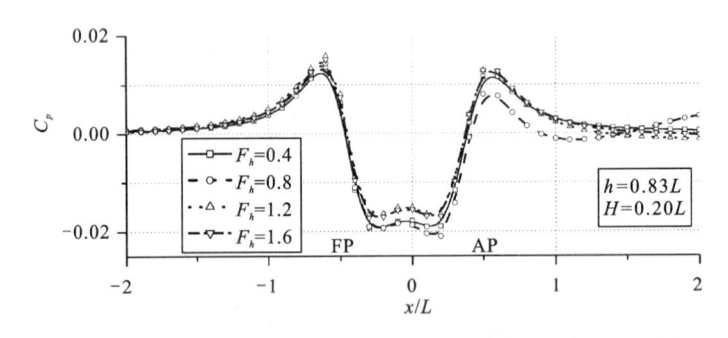

图 6.26　近底时 F_h 数对潜艇水压场的影响

如果在相同的水深 h 条件下,潜艇距水底较远而距水面较近时,由于 Bernoulli 效应引起的水压场变小,而兴波效应引起的水压场变大,因此,在高亚临界航速($F_h < 1$)时,潜艇水压场主要体现了后者的作用,其信号特征明显地随着 F_h 增加而变大,并且出现潜艇兴波导致的水压场通过曲线的后移现象;在超临界航速($F_h > 1$)时,随着 F_h 增加,潜艇兴波效应引起的水压场压力系数绝对值急剧减小,而此时由于伯努利效应引起的水压场居于主要地位,因此,潜艇水压场通过曲线负峰压力系数并不出现明显的潜艇兴波导致的后移现象,如图 6.27 所示。

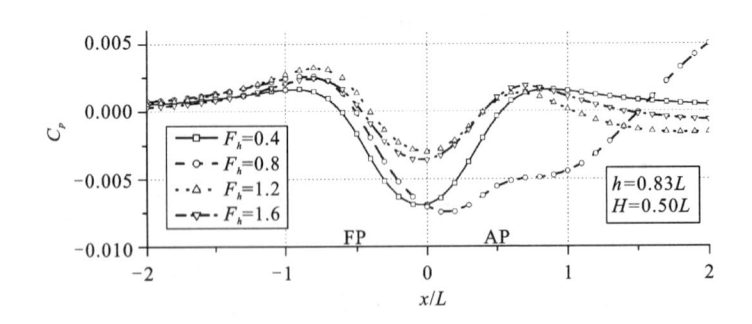

图 6.27　近水面时 F_h 数对潜艇水压场的影响

6.1.4　小结

在理想不可压流体无旋运动假定下,建立了在潜艇纵轴上分布 Rankine 源或 Kelvin 源 Green 函数的潜艇水压场的 3 种计算模型,编写了相应的计算程序。第 1 种数学模型是基于细长体或回转体理论,采用镜像方法满足水底和水面固壁条件,用于计算大水深或低航速情况下不计兴波影响的潜艇水压场;第 2 种数学模型是对第 1 种数学模型的改进,不同之处是计算潜艇水压场时不需进行镜像,而是采用不计兴波效应的 Kelvin 源 Green 函数来体现自由表面和水底的固壁作用;第 3 种数学模型是对第 2 种数学模型的拓展,采用计及兴波效应的 Kelvin 源 Green 函数反映线性自由表面边界条件和水底固壁条件,能够体现潜艇兴波对水底压力场的影响。通过上述理论模型的计算,表明计算结果与实验结果具有较好的一致性。

在水深较大、潜艇距水底较近时,潜艇运动引起 Bernoulli 效应的水压场是主要的,潜艇兴波效应对其水压场的影响很小。在潜艇距水底较远而距水面较近时,潜艇兴波效应引起的水压场成为主要的,因此,在高亚临界航速时,潜艇水压场主要体现了兴波的作用,并且出现潜艇兴波导致的水压场负压区后移现象,在超临界航速时,潜艇兴波效应引起的水压场变化急剧减小,而 Bernoulli 效应引起的水压场上升为主要地位,因此,潜艇水压场负压区并不出现明显的后移现象。

潜艇水压场与水面舰船水压场随水深 Froude 数的变化规律也有所不同,在大水深情况下,潜艇近底航行引起的水压场基本与水深 Froude 数无关。而在有限水深情况下,潜艇水压场不仅取决于水深 Froude 数的变化,同时也取决于潜深或潜艇距水底的高度,即取决于潜艇兴波和 Bernoulli 效应的共同作用。

6.2 带附体潜艇不计兴波影响的水压场计算模型

6.2.1 数学问题

为了解指挥台围壳等附体对潜艇水压场的影响,采用 Rankine 源结合 Hess-Smith 面元法,进一步建立不计兴波影响的带附体潜艇的水压场计算模型[69-74]。本节将动坐标系原点置于潜艇头部纵轴线端点上,其余参数如图 6.1 所示。

对理想不可压缩流体无旋运动,潜艇运动引起的扰动速度势 ϕ 应满足的数学问题为

$$\phi_{xx} + \phi_{yy} + \phi_{zz} = 0 \quad \text{在流场内} \tag{6.24}$$

$$\phi_z = 0 \quad \text{在 } z = H' \text{ 的水面和 } z = -H \text{ 的水底} \tag{6.25}$$

$$\nabla \phi \to 0 \quad \text{当 } \sqrt{x^2 + y^2} \to +\infty \text{ 时} \tag{6.26}$$

$$\nabla \phi \cdot \boldsymbol{n} = -\boldsymbol{V} \cdot \boldsymbol{n} \quad \text{在潜艇沾湿表面 } S \text{ 上} \tag{6.27}$$

式中:$\boldsymbol{V}$ 为潜艇运动速度矢量,$\boldsymbol{n}$ 为潜艇沾湿表面单位外法线单位向量。

已知 Rankine 源 Green 函数满足式(6.24)，通过镜像法可以满足式(6.25)和式(6.26)，而潜艇表面条件式(6.27)可以通过分布 Rankine 源来满足。潜艇运动引起的流场扰动速度势为

$$\phi(p) = -\frac{1}{4\pi}\iint_S \sigma(q)G(p,q)\mathrm{d}s \tag{6.28}$$

式中：$p(x,y,z)$ 为场点，$q(\xi,\eta,\zeta)$ 为源点，$\sigma(q)$ 为源强密度，$G(p,q)$ 为 Green 函数。

在场点 p 处的扰动速度为

$$v = \nabla \phi(p) = -\frac{1}{4\pi}\iint_S \sigma(q)\nabla G(p,q)\mathrm{d}s \tag{6.29}$$

式中：$\nabla = \frac{\partial}{\partial x}\boldsymbol{i} + \frac{\partial}{\partial y}\boldsymbol{j} + \frac{\partial}{\partial z}\boldsymbol{k}$，$G(p,q) = \frac{1}{r(p,q)}$，其中 $r = [(x-\xi)^2 + (y-\eta)^2 + (z-\zeta)^2]^{1/2}$。

由物面条件式(6.27)，可得

$$\frac{\sigma(q_j)}{2} + \frac{1}{4\pi}\boldsymbol{n}_j \cdot \iint_{S-\Delta S}\sigma(q)\frac{\boldsymbol{r}}{r^3(q_j,q)}\mathrm{d}s = -\boldsymbol{V}\cdot\boldsymbol{n}_j, \quad q_j \in S \tag{6.30}$$

式中：ΔS 表示控制点 q_j 所在的小面元；$\boldsymbol{n}_j$ 表示 q_j 点处的外法线单位向量。

式(6.30)为第二类 Fredholm 积分方程，通过 Hess-Smith 数值方法可以求解出源强密度分布，并由式(6.28)求出扰动速度势，进一步得流场压力系数为 $C_p = 2\phi_x/V$。

6.2.2 Hess-Smith 方法

1. 积分方程式的离散

对积分方程式(6.30)采用 Hess-Smith 方法处理，通过将潜艇表面离散为一系列微小面元后进行数值求解[64]。将潜艇外表面 S 划分成 N 个四边形小面元，在每个面元上建立局部坐标系，将曲面面元平面化，得到 N 个平面面元 S_i ($i=1,2,\cdots,N$)。在 S_i 上布置的源汇，因面元面积很小，可以近似将面元的源强密度取为常数 σ_i。任意选取其他面元记为 S_j，控制点记为 q_j，并将控制点放在面元的形心上。

在潜艇整体坐标系 $Oxyz$ 下，对式(6.30)进行离散后，得

$$2\pi\sigma_j + \sum_{\substack{i=1\\j\neq i}}^N \boldsymbol{n}_j\cdot\boldsymbol{c}_i(q_j)\sigma_i = -4\pi\boldsymbol{V}\cdot\boldsymbol{n}_j \tag{6.31}$$

式中：$\boldsymbol{c}_i(q_j) = \iint_{S_i}\frac{\boldsymbol{r}(q_j,q)}{r^3(q_j,q)}\mathrm{d}S$ 为影响系数，反映 S_i 面元上单位强度的面源对另一面元 S_j 上控制点 q_j 处所诱导的速度。

每个面元上均有一个控制点，在每一个控制点上均可由式(6.31)生成一个方程。面元共有 N 个，形成 N 个方程，因而可以求解 N 个未知量 σ_i。求解 σ_i 的线性代数方程组为

$$\sum_{i=1}^N K_{ji}\sigma_i = B_j \quad (j=1,2,\cdots,N) \tag{6.32}$$

式中：$B_j = -4\pi \boldsymbol{V} \cdot \boldsymbol{n}_j, K_{ji} = \boldsymbol{n}_j \cdot \boldsymbol{c}_i(q_j), \boldsymbol{c}_i(q_j) = \begin{cases} 2\pi \boldsymbol{n}_j, & i = j, \\ \iint_{S_i} \dfrac{\boldsymbol{r}}{r^3} \mathrm{d}S, & i \neq j. \end{cases}$

2. 四边形面元的处理方法

对四边形面元的处理，主要是将曲面面元平面化，同时建立每个平面面元上的局部坐标系，以方便计算。从曲面面元的外法线方向看去，对曲面面元的 4 个角点顺时针按 1,2,3,4 的顺序编号，用 $\boldsymbol{r}_k = (x_k, y_k, z_k), k = 1, 2, 3, 4$ 表示坐标原点 O 到 4 个角点的向量。四点坐标的平均向量为

$$\boldsymbol{r}_0 = \frac{1}{4} \sum_{k=1}^{4} \boldsymbol{r}_k \tag{6.33}$$

设 1 点到 3 点的对角线向量为 $\boldsymbol{T}_1$，2 点到 4 点的对角线向量为 $\boldsymbol{T}_2$，则

$$\boldsymbol{T}_1 = \boldsymbol{r}_3 - \boldsymbol{r}_1, \quad \boldsymbol{T}_2 = \boldsymbol{r}_4 - \boldsymbol{r}_2 \tag{6.34}$$

垂直于 $\boldsymbol{T}_1$ 和 $\boldsymbol{T}_2$ 的单位向量为

$$\boldsymbol{e}_3 = \frac{\boldsymbol{T}_2 \times \boldsymbol{T}_1}{|\boldsymbol{T}_2 \times \boldsymbol{T}_1|} \tag{6.35}$$

过向量 $\boldsymbol{r}_0$ 的端点 O' 作一个垂直于 $\boldsymbol{e}_3$ 的平面，该平面称为 π 平面。根据 π 平面定义，有 $\boldsymbol{e}_3 \cdot (\boldsymbol{r} - \boldsymbol{r}_0) = 0$，其中 $\boldsymbol{r}$ 端点在 π 平面上。由于曲面可能存在扭曲，$\boldsymbol{T}_1$ 和 $\boldsymbol{T}_2$ 向量可能并不相交，这时 O' 位于过 $\boldsymbol{T}_1, \boldsymbol{T}_2$ 垂线段的中点，曲面面元的顶点 1,3 和 2,4 分别位于 π 平面的两侧，且到平面的距离 $d = |d_k|$ 都相等，其中 $d_k = \boldsymbol{e}_3 \cdot (\boldsymbol{r}_k - \boldsymbol{r}_0)$ $(k = 1, 2, 3, 4)$。将曲面面元 S_i 投影在 π 平面上使面元平面化，平面面元依然用 S_i 表示，S_i 平面的 4 个角点的矢径 $\boldsymbol{r}'_k$ 表示为

$$\boldsymbol{r}'_k = \boldsymbol{r}_k + d_k \boldsymbol{e}_3 \quad (k = 1, 2, 3, 4) \tag{6.36}$$

在 Hess-Smith 方法中，将 S_i 中对本身面元所诱导的切向速度分量为零的点称为零点。通常将零点位置取为面元的控制点，但计算相对复杂，一般情况下零点与 S_i 的形心很接近，因此常取形心为控制点。

经过划分得到的每个小面元 S_i 相对潜艇整个边界面 S 是小量，如果在整体坐标下研究，面元之间的数量级相差加大，会带来较大的数值误差，故在 S_i 上建立局部坐标系 $O'\xi'\eta'\zeta'$，原点 O' 在 $\boldsymbol{r}_0$ 的端点上，取 3 个坐标轴的单位向量为 $\boldsymbol{e}_1, \boldsymbol{e}_2, \boldsymbol{e}_3$，其中 $\boldsymbol{e}_3$ 与上面定义相同，而 $\boldsymbol{e}_1 = \boldsymbol{T}_1/|\boldsymbol{T}_1|, \boldsymbol{e}_2 = \boldsymbol{e}_3 \times \boldsymbol{e}_1$。

在整体坐标系下，若以 O' 为原点，平面角点的矢径 $\boldsymbol{\rho}'_k$ 表示为

$$\boldsymbol{\rho}'_k = \boldsymbol{r}'_k - \boldsymbol{r}_0 \quad (k = 1, 2, 3, 4) \tag{6.37}$$

在局部坐标系中，4 个角点的坐标值可表示为：$\xi'_k = \boldsymbol{\rho}'_k \cdot \boldsymbol{e}_1, \eta'_k = \boldsymbol{\rho}'_k \cdot \boldsymbol{e}_2, \zeta'_k = 0$。用局部坐标改写 $\boldsymbol{\rho}'_k$ 为

$$\boldsymbol{\rho}'_k = \xi'_k \boldsymbol{e}_1 + \eta'_k \boldsymbol{e}_2 \quad (k = 1, 2, 3, 4) \tag{6.38}$$

将局部坐标系原点平移至平面面元 S_i 的形心 C 上，平移后的坐标用 $C\xi\eta\zeta$ 表示，坐标轴单位向量依然为 e_1,e_2,e_3。形心 C 在局部坐标系 $O'\xi'\eta'\zeta'$ 中可以表示为

$$\xi'_c = -\frac{1}{3}\left[\xi'_2 + \frac{\eta'_1 - \eta'_2}{\eta'_4 - \eta'_2}(\xi'_4 - \xi'_2)\right], \quad \eta'_c = -\frac{1}{3}\eta'_1, \quad \zeta'_c = 0 \tag{6.39}$$

在坐标系 $C\xi\eta\zeta$ 中，四个角点的矢径可以写为 $\boldsymbol{\rho}_k = \boldsymbol{\rho}'_k - \boldsymbol{\rho}'_c$，将它在坐标系 $O'\xi'\eta'\zeta'$ 中表示为

$$\boldsymbol{\rho}_k = (\xi_k, \eta_k, 0) = (\xi'_k - \xi'_c, \eta'_k - \eta'_c, 0) \tag{6.40}$$

式中：$(\xi_k, \eta_k, 0)$ 是 4 个角点在形心坐标系 $C\xi\eta\zeta$ 中的坐标值，即将局部坐标系 $O'\xi'\eta'\zeta'$ 中的角点坐标值 $(\xi'_k - \xi'_c, \eta'_k - \eta'_c, 0)$ 转换到形心坐标系中来表达。

3. 影响系数的计算方法

影响系数的计算在形心坐标系 $C\xi\eta\zeta$ 中进行。将 q_j 和 q 的坐标分别记为 (ξ_j, η_j, ζ_j) 和 $(\xi, \eta, 0)$，则影响系数为

$$\boldsymbol{c}_i(q_j) = \iint_{S_i} \frac{(\xi_j - \xi)\boldsymbol{e}_1 + (\eta_j - \eta)\boldsymbol{e}_2 + \zeta_j \boldsymbol{e}_3}{r(q_j, q)^3} \mathrm{d}S \tag{6.41}$$

影响系数的 3 个分量可记为

$$c_{i1}(q_j) = \iint_{S_i} \frac{\xi_j - \xi}{r(q_j, q)^3} \mathrm{d}S \tag{6.42}$$

$$c_{i2}(q_j) = \iint_{S_i} \frac{\eta_j - \eta}{r(q_j, q)^3} \mathrm{d}S \tag{6.43}$$

$$c_{i3}(q_j) = \iint_{S_i} \frac{\zeta_j}{r(q_j, q)^3} \mathrm{d}S \tag{6.44}$$

式中：$r(q_j, q) = \sqrt{(\xi_j - \xi)^2 + (\eta_j - \eta)^2 + \zeta_j^2}$。

按照 Hess-Smith 方法对上面 3 个分量积分，定义有向线段 d_{mn}，mn 分别表示 12, 23, 34, 41，在平面面元每条边的两侧平行 ξ 轴方向建立半无限长条带，在每条边的左侧条带上布置 $\sigma = -1/2$ 的汇，在右侧的条带上布置 $\sigma = 1/2$ 的源，如图 6.28 所示。将这些无限长条带上的源汇进行叠加，可以得到面元内的源强正好等于 1，而面元外的源汇相互抵消后源强为 0，由此可将 S_i 上的积分转化为与 4 条边相关的半无限长条带上的积分。

令：$c_{i1} = X_{12} + X_{23} + X_{34} + X_{41}$，$c_{i2} = Y_{12} + Y_{23} + Y_{34} + Y_{41}$，$c_{i3} = Z_{12} + Z_{23} + Z_{34} + Z_{41}$。积分，得

$$X_{mn} = \frac{\eta_m - \eta_n}{d_{mn}} \ln \frac{r_m - r_n + d_{mn}}{r_m + r_n - d_{mn}} \tag{6.45}$$

$$Y_{mn} = -\frac{\xi_m - \xi_n}{d_{mn}} \ln \frac{r_m - r_n - d_{mn}}{r_m + r_n + d_{mn}} \tag{6.46}$$

$$Z_{mn} = \left(\tan^{-1} \frac{m_{mn} e_m - h_m}{\zeta_j r_m} - \tan^{-1} \frac{m_{mn} e_n - h_n}{\zeta_j r_n}\right) \tag{6.47}$$

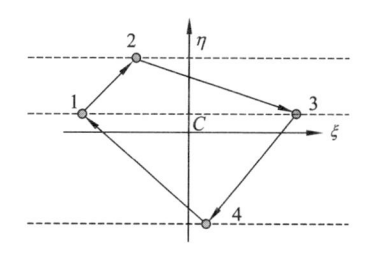

图 6.28 条带积分

式中:$mn = 12,23,34,41$

$$d_{mn} = \sqrt{(\xi_n - \xi_m)^2 + (\eta_n - \eta_m)^2}$$

$$r_m = \sqrt{(\xi_j - \xi_m)^2 + (\eta_j - \eta_m)^2 + \zeta_j^2}, \quad r_n = \sqrt{(\xi_j - \xi_n)^2 + (\eta_j - \eta_n)^2 + \zeta_j^2}$$

$$m_{mn} = (\eta_n - \eta_m)/(\xi_n - \xi_m), \quad e_m = \zeta_j^2 + (\xi_j - \xi_m)^2, \quad e_n = \zeta_j^2 + (\xi_j - \xi_n)^2$$

$$h_m = (\eta_j - \eta_m)(\xi_j - \xi_m), \quad h_n = (\eta_j - \eta_n)(\xi_j - \xi_n)$$

式(6.45)~式(6.47)是计算 Rankine 源影响系数的一般公式(近场公式)。根据 q_j 点离 S_i 面元的远近,还可导出计算影响系数的近似公式(中场和远场公式),在满足一定计算精度条件下,采用近似公式可以节省计算时间。当计算出一个面元对 q_j 点的影响系数后,全部面元的贡献尚需进行叠加,编程计算时需要注意每块面元采用的局部坐标系是不同的,因此每个影响系数都要从各自所在的局部坐标系中转化到整体坐标系中统一进行计算。在影响系数的计算问题解决以后,通过 Seidel 迭代法对式(6.32)求解即可获得源强密度分布。

6.2.3 编程计算与结果验证

以 SUBOFF 潜艇模型作为研究对象[75-76],根据其外形不同分为三种结构,如图 6.29 所示。①AFF-1 模型:为轴对称的潜艇主艇体;②AFF-2 模型:为带指挥台围壳的轴对称主艇体;③AFF-8 模型:为带指挥台围壳和 4 个艉附体的轴对称主艇体。

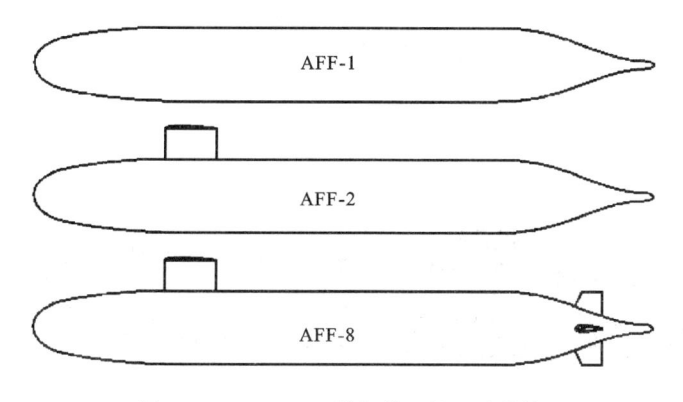

图 6.29 SUBOFF 潜艇模型的三种结构

如图 6.30 所示,SUBOFF 潜艇主艇体为回转体,总长 4.356 m,平行中体处直径为 0.508 m。指挥台围壳起始位置距离艇艏 0.924 m,长度为 0.368 m,最宽的部分为 0.033 m,其最高点距离主艇体回转轴 0.4765 m,指挥台顶帽高 0.0165 m,横截面是长宽比为 2∶1 的半椭圆形。

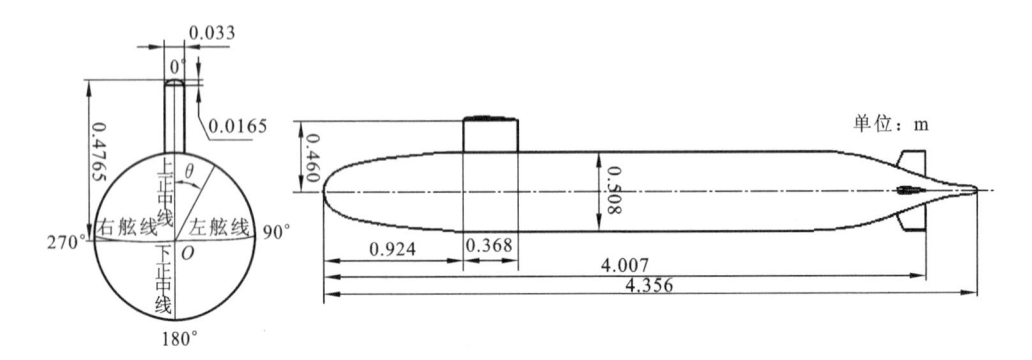

图 6.30 SUBOFF 潜艇模型几何尺寸

从模型的艉部看去,主艇体回转的方向顺时针为正,定义圆心角 θ 在模型上部正中线处为 0°,在左舷线处为 90°,下部正中线处为 180°,右舷线处为 270°。潜艇十字舵艉附体分布在主艇体表面 0°、90°、180° 和 270° 的位置,其后端距离潜艇艏部 4.007 m。

选择 UG NX 6.0(简称 UG)软件建立 SUBOFF 潜艇的几何模型。几何模型为片体结构,分别作出潜艇主艇体和相关附体结构,应用剪裁、缝合命令将它们组合在一起。以 AFF-2 为例,几何模型的划分如图 6.31 所示。导入 AFF-2 几何模型,利用 ANSYS ICEM CFD(简称 ICEM)软件对模型进行网格划分,如图 6.32 所示。对主艇体艏部和艉部网格按指数规律加密,在模型表面 $\theta = 0°$ 的上正中线附近区域也对网格进行加密,而在平行中体部分减少网格划分数量以节约计算资源。网格划分好之后,将网格文件导出,网格文件中包含编程计算需要的面元节点编号和坐标值。

图 6.31 AFF-2 几何模型

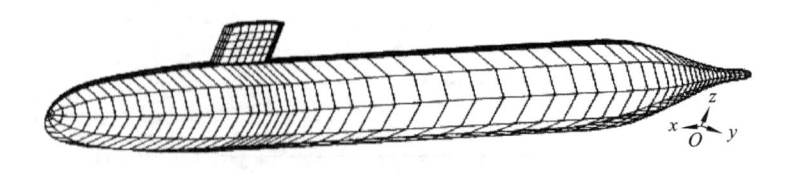

图 6.32 AFF-2 网格划分

指挥台围壳是 SUBOFF 潜艇模型中最大的附体结构,选取 AFF-1 和 AFF-2 模型作为研究对象,划分网格面元数分别为 670,890,1590,2400 四种情况,计算潜艇表面 $\theta = 0°$ 处的压力系数分布,计算结果与文献[77-78]的实验结果和计算结果对比如图 6.33(a)、(b)所示。本节计算与实验结果的艇艏(FP)、艇艉(AP)位置分别位于 $x/L = 0$ 和 -1 处。在势流理论中,潜艇的艏部和艉部顶点是流场中的驻点,计算得到的压力系数为 1。

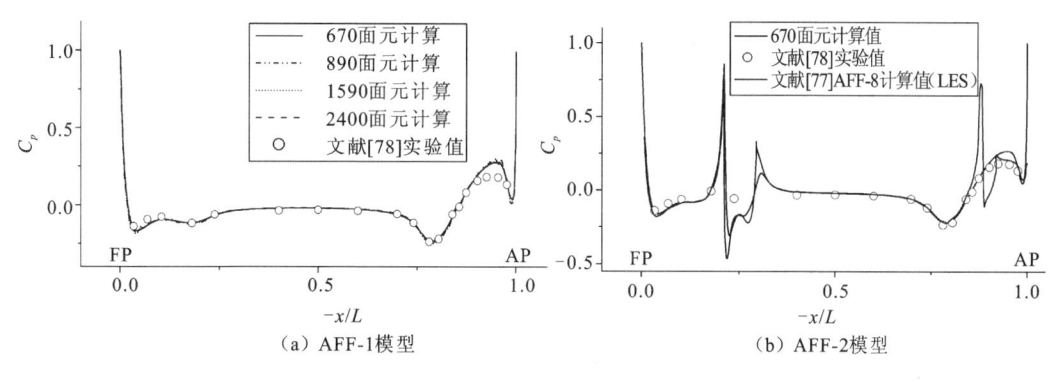

图 6.33 SUBOFF 模型 $\theta = 0°$ 处的压力系数分布

在图 6.33(a)中,当 $0 < -x/L < 0.85$ 时,计算值和实验值吻合较好,而当 $0.85 < -x/L < 1$ 时,计算值稍大于实验值,在潜艇艉部引起误差的原因主要是理论模型中没有考虑流体黏性的影响。对比 4 种网格的计算结果,可见压力系数曲线基本重合,采用 670 个面元即可符合计算精度要求。

AFF-2 模型的网格中比 AFF-1 模型多指挥台围壳面元,增加相应面元后,成为 750 个面元。将 AFF-2 模型表面 $\theta = 0°$ 处的压力系数计算结果与实验结果进行比较,除了在指挥台围壳 $-x/L = 0.25$ 附近的计算结果没有实验结果可供对比外,其余地方整体符合较好,如图 6.33(b)所示。进一步将 AFF-2 模型的计算结果与文献[77]用大涡模拟(LES)方法得到的具有艉附体的 AFF-8 模型的计算结果进行比较,可见在 $\theta = 0°$ 处的压力系数曲线一致性较好,在指挥台围壳附近的压力分布也基本一致。

对 AFF-1 模型水压场进行计算。令 $h = L, H = 0.2L, 0.5L$,采用镜像法满足水底、水面不可穿透条件,AFF-1 模型引起的水底压力系数三维分布计算结果如图 6.34(a)、(b)所示。

对带指挥台围壳的 AFF-2 模型水压场进行计算。令 $h = L, H = 0.2L, 0.3L, 0.4L, 0.5L, y = 0$,AFF-2 模型的水压场通过曲线如图 6.35 所示。可见当 H 较大时,负压系数曲线呈 V 形,两个正压系数峰值分别位于潜艇模型的艏部和艉部附近;随着 H 减小,正压和负压系数峰值(绝对值)不断增大,负压系数曲线由 U 形逐渐转为 W 形分布。

对比 AFF-2 模型和 AFF-1 模型在 $H = 0.1L$ 的水底引起的水压通过曲线,两者计算结果基本重合,如图 6.36 所示。可见当 $H/L \geqslant 0.1$ 时,潜艇的指挥台围壳对水底压力场的

(a) $H=0.2L$

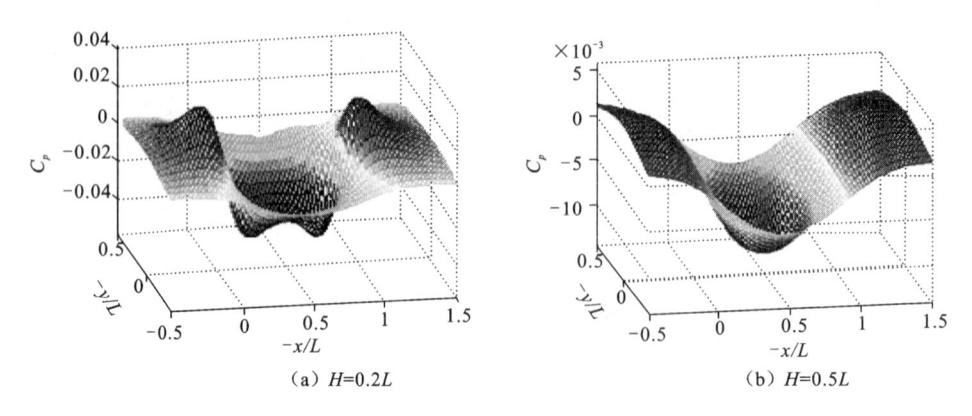

(b) $H=0.5L$

图 6.34　AFF-1 模型引起的水底压力场三维分布

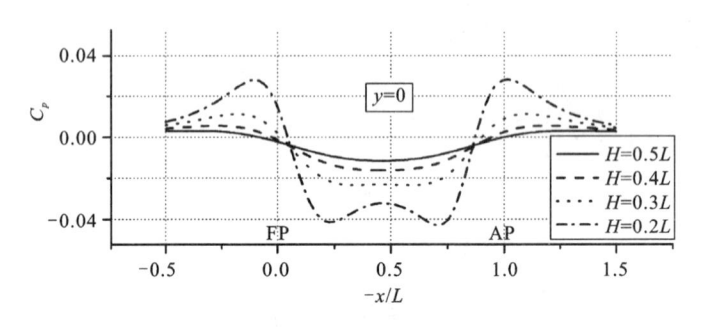

图 6.35　AFF-2 模型水压通过曲线

影响不大,可以忽略不计。

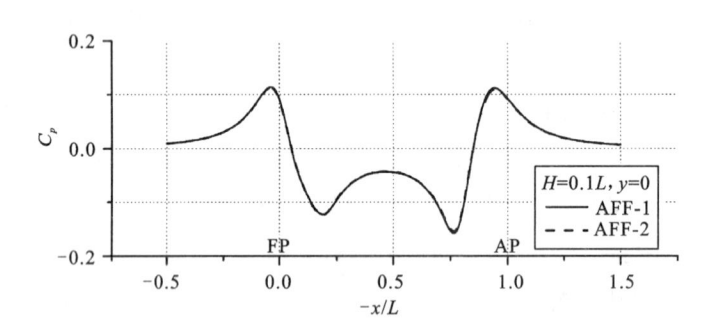

图 6.36　AFF-1 与 AFF-2 模型水压通过曲线对比

在无界流场中,进一步探求指挥台围壳对潜艇表面和周围流场压力的影响。因为 AFF-1 模型是回转体无附体结构,无界流场中任意 θ 处的表面压力分布都相同,因而可以利用其表面 $\theta=0°$ 处的压力分布作为指挥台围壳影响大小的基准。AFF-1 模型表面 $\theta=0°$ 处和 AFF-2 模型表面不同 θ 值处的压力分布计算曲线,如图 6.37 所示。通过对比可以发现,在 x 方向上,指挥台围壳对表面压力系数的影响基本局限在围壳附近即 $0.1<-x/L<0.4$ 之间;在 θ 方向上,指挥台围壳对 $\theta=0°$ 处的表面压力分布影响较大,在 $\theta=30°$ 时仍

有一定影响,对 $\theta = 60°$ 时的影响已经很小,在 $90° < \theta < 180°$ 时,指挥台围壳的影响已可忽略不计,此时接近于无附体的 AFF-1 模型的计算结果。

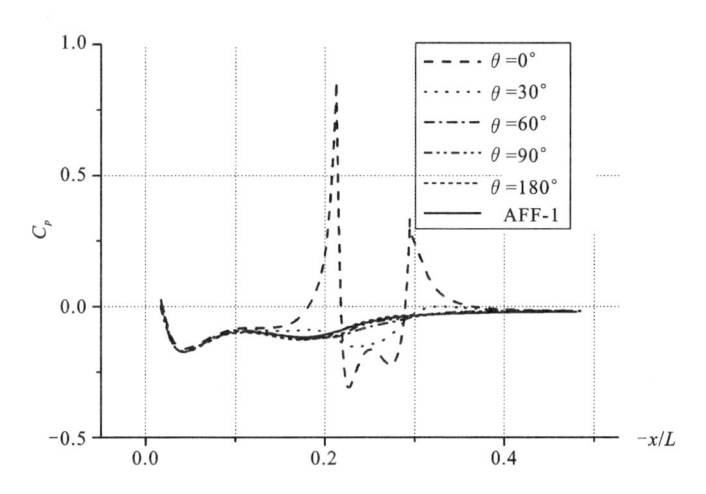

图 6.37 指挥台围壳对船模 C 表面压力分布的影响

对比 AFF-2 模型上下 $|z|$ 相同的两个水平面中 $y =$ 直线上的压力系数曲线,如图 6.38 所示。可以发现在指挥台围壳 $x = -0.25L$ 附近对潜艇上半部分的流场压力有一定影响,但这种影响随场点距离增加而快速衰减,因此对潜艇下半部分流场压力的影响较小。综上分析可知,由于水底位于 AFF-2 模型下方,故指挥台围壳对潜艇引起的水底压力分布的影响可以忽略不计。究其原因,在于潜艇引起的流场压力变化与其体积大小密切相关,指挥台围壳以及艉附体相对于潜艇主艇体的体积较小,在水底产生的压力扰动相对于主艇体而言是小量,因而指挥台围壳等附体对水底压力分布的影响可以忽略不计。

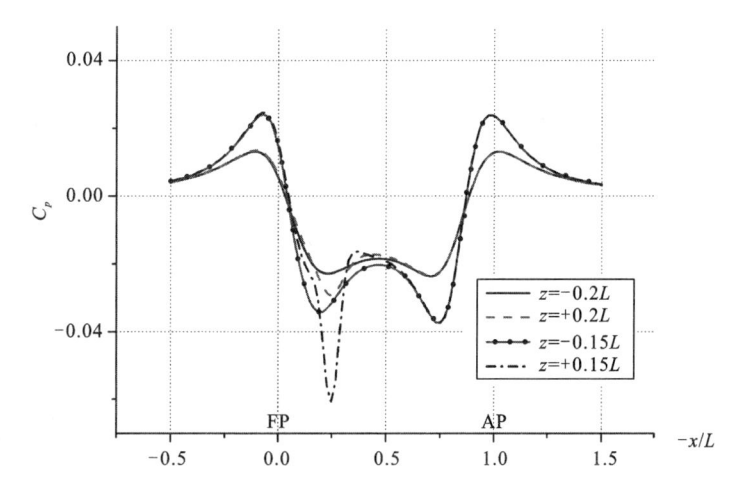

图 6.38 指挥台围壳对不同高度处压力分布的影响

6.2.4 船模 C 水压场的计算

在 ICEM 中对船模 C 进行网格划分,由于不带附体,因而网格面元数减少为 343,如图 6.39 所示。应用 Rankine 源法,对不计兴波影响的船模 C 水压场进行计算。在 $h=0.83L$, $H=0.1L,0.2L,0.3L$ 时,计算得到的 $y=0$ 处船模 C 的水压场通过曲线如图 6.40 所示,可见船模 C 的水底压力分布特征和 SUBOFF 潜艇水压场类似,随潜艇距底高度增加,水压场负压区分布从 W 形、U 形逐渐变化到 V 形。本节计算与实验结果的艇艏、艇艉位置分别位于 $x/L=0$ 和 -1 处。

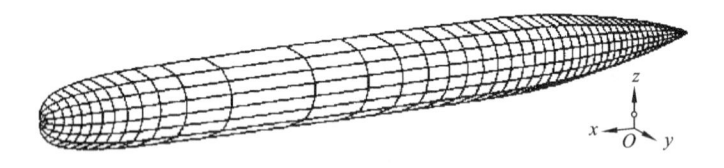

图 6.39 船模 C 的网格划分

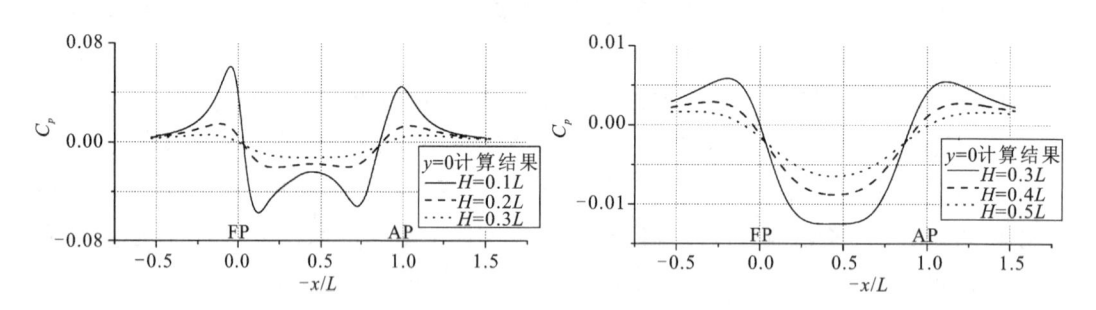

图 6.40 船模 C 水压通过曲线计算结果

在 $h=0.83L,H=0.1L,0.2L,y=0$ 时,船模 C 水压通过曲线计算结果与实验结果整体符合较好,如如图 6.41 所示。在潜艇艉部的正压峰值计算结果偏大,主要原因是因为理论模型中忽略流体黏性造成的,说明应用 Rankine 源法可以较准确地预报不计兴波影响的大潜深、低航速条件下的潜艇水压场特性。

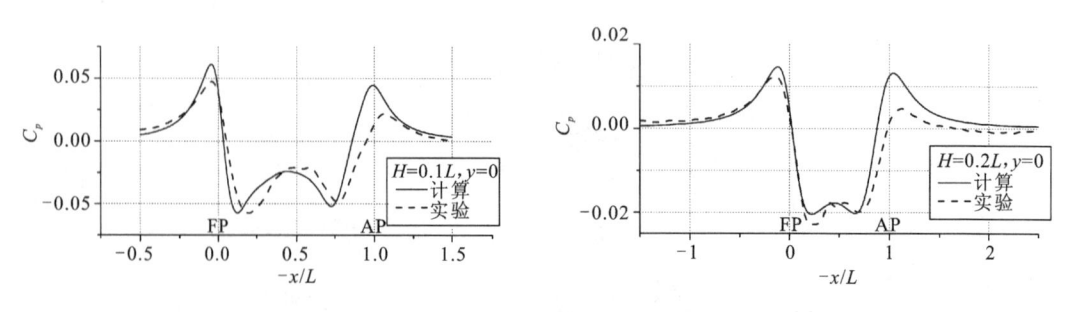

图 6.41 船模 C 水压通过曲线比较

6.2.5 小结

基于理想不可压缩流体无旋运动的势流理论,建立了求解不计兴波影响的有限水深潜艇水压场的数学模型。根据 Hess-Smith 方法在潜艇表面对积分方程进行离散,采用镜像法满足水底和水面固壁条件,通过 Rankine 源分布法编写了 SUBOFF 潜艇(AFF-1,AFF-2 两个模型)与船模 C 的水压场计算程序,并将计算结果与相关实验数据进行了对比,验证了计算模型和编写程序的正确性。应用 Rankine 源法求解潜艇水压场,对面元数量要求不高,较少的网格划分就可以得到较准确的计算结果。

应用 Rankine 源法进行潜艇水压场数值计算,可以处理和反映潜艇外形以及指挥台围壳等附体对周围流场和水底压力场的影响。对 SUBOFF 潜艇计算结果的分析表明,在不计兴波情况下,潜艇附体结构对水底压力的影响较小,可以忽略不计。应用 Rankine 源法求解大潜深、低航速潜艇引起的水底压力变化时,可以只考虑主艇体的影响,近似用主艇体代替整个潜艇进行计算。当潜艇高速航行或近水面航行时,水面将不宜作为固壁条件处理,在理论模型中需要进一步考虑水面兴波对潜艇水压场的影响。

6.3 带附体潜艇计及兴波影响的水压场计算模型

潜艇近水面高速航行时将会产生兴波,求解时假设的水面固壁条件不再适用。针对这种情况,可以采用计及线性兴波效应的 Kelvin 源 Green 函数和 Hess-Smith 面元法,建立带附体潜艇计及兴波影响的水压场计算模型。为了能够直接利用前面导出的 Kelvin 源 Green 函数表达形式,本节建立随潜艇运动的坐标系,并将坐标系原点置于艇艏前端正上方未扰水面处,其余参数如图 6.1 所示。

6.3.1 计算模型

在流体是理想不可压缩、运动无旋有势的假定下,潜艇运动引起的流场扰动速度势应满足的控制方程和边界条件仍为式(5.1)～式(5.4),满足 Laplace 方程和除物面条件之外的其他边界条件的有限水深 Kelvin 源 Green 函数采用式(5.6),通过在潜艇表面分布 Kelvin 源来满足潜艇物面条件式(6.27),由于水下航行潜艇的沿水线积分项为零,因而可得潜艇引起的扰动速度势 $\phi(x,y,z)$ 的表达形式为式(6.28)。类似 6.2 节,可得确定源强密度分布的积分方程为

$$\frac{\sigma(q_j)}{2} - \frac{1}{4\pi}\bm{n}_j \cdot \iint_{S-\Delta S}\sigma(q)\nabla G(q_j,q)\mathrm{d}S = -\bm{V} \cdot \bm{n}_j, \quad q_j \in S \tag{6.48}$$

式中:G 为有限水深 Kelvin 源 Green 函数;S 为潜艇沾湿表面,ΔS 表示控制点 q_j 所在的小面元;$\bm{n}_j$ 表示 q_j 点处的外法线单位向量。

根据 Hess-Smith 方法,在潜艇表面划分 N 个小面元,每个面元强度 σ_i 视为常数,因此可得求解源强密度的线性代数方程组为

$$\sum_{i=1}^{N} K_{ji}\sigma_i = B_j, \quad (j = 1, 2, \cdots, N) \tag{6.49}$$

式中:$B_j = -4\pi V_\infty \cdot \boldsymbol{n}_j$, $K_{ji} = \boldsymbol{n}_j \cdot \boldsymbol{c}_i(q_j)$, $\boldsymbol{c}_i(q_j) = \begin{cases} 2\pi \boldsymbol{n}_j, & i = j, \\ -\iint_{S_i} \nabla G \mathrm{d}S, & i \neq j. \end{cases}$

求解式(6.49)时需要先求解出影响系数 c_i,其中涉及 ∇G 项的计算,这与 6.2 节中采用 Rankine 源 Green 函数计算影响系数情况有所不同。有限水深 Kelvin 源 Green 函数存在奇异性和振荡性,影响系数难于导出重积分的简化计算公式,因而需要采用数值积分方法进行计算。关于 Kelvin 源 Green 函数及其偏导数的快速算法可参见第 5 章。潜艇面元的 Hess-Smith 离散方法可参见 6.2 节。

6.3.2 SUBOFF 潜艇水压场计算结果及分析

在计算式(6.49)中的系数矩阵 $[K_{ji}]$ 时,利用 UG NX 6.0 建立 SUBOFF 潜艇几何模型,并将模型长度 L 设定为单位长度 1。对 SUBOFF 两种潜艇模型进行网格划分,为了提高计算效率,在变化缓慢的潜艇表面可以划分较为稀疏的网格。作为算例,AFF-1 和 AFF-2 潜艇模型的网格面元数分别为 310 和 332 个,如图 6.42 所示。本节计算与实验结果的艇艏、艇艉位置分别位于 $x/L = 0$ 和 -1 处。

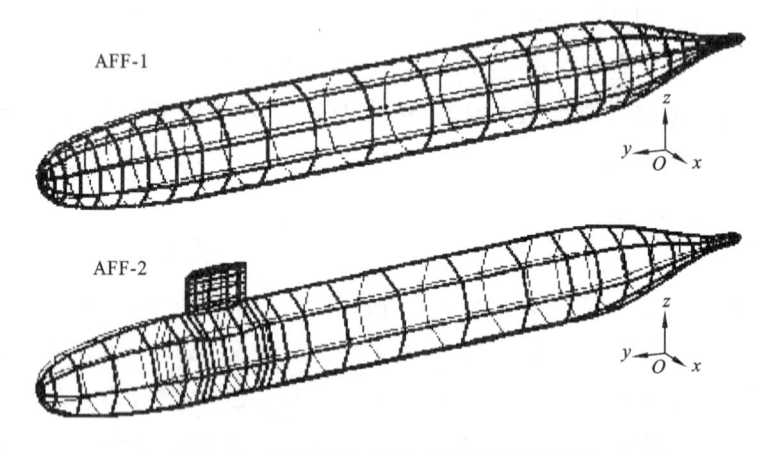

图 6.42 AFF-1 和 AFF-2 模型的网格划分

设水深 $h = L$, $V = 1$ m/s,此时 $F_h = 0.319$。

(1) 选取潜艇距底深度为 $H = 0.2L, 0.5L$ 两种工况,计算 AFF-1 与 AFF-2 潜艇模型引起的水底压力变化,并将计及兴波效应的 Kelvin 源法和不计兴波效应的 Rankine 源法的计算结果进行比较,可见低水深 Froude 数下潜艇近底航行时计算得到的水压通过曲线符合较好,说明此时兴波效应可以忽略不计,如图 6.43 所示。

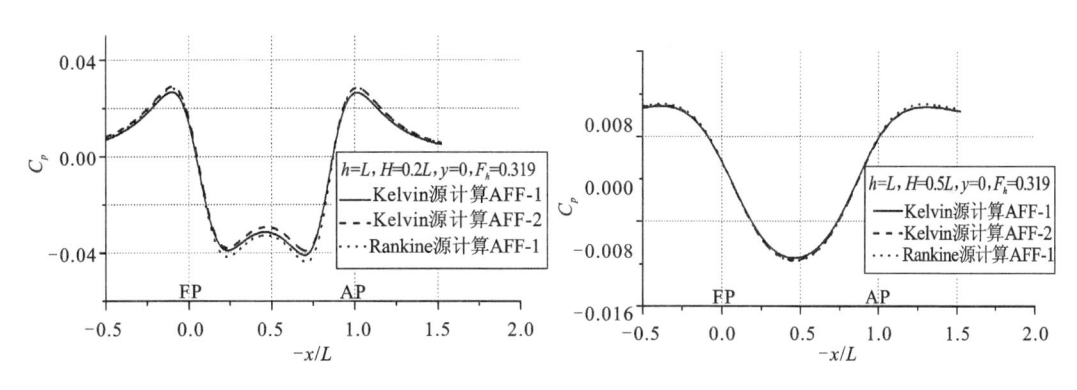

图 6.43 Kelvin 源与 Rankine 源法的计算结果对比

（2）选取 $H=0.8L$，此时 AFF-1 上表面距水面高度为 $0.14L$，AFF-2 指挥台围壳顶端接近水面且高度为 $0.09L$，计算结果如图 6.44 所示，可见利用 Kelvin 源法计算得到的负压峰值系数值略大于 Rankine 源法的计算结果，说明低水深 Froude 数下潜艇近水面航行时潜艇兴波对水底负压峰值系数有少许影响。

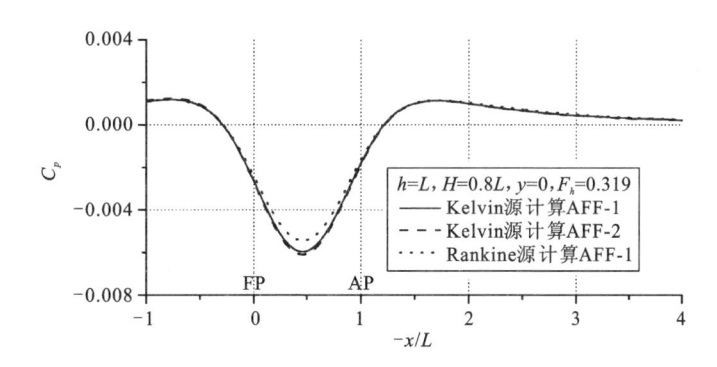

图 6.44 Kelvin 源与 Rankine 源法的计算结果对比

通过 AFF-1 与 AFF-2 潜艇模型计算结果的对比，说明在低航速情况下，Kelvin 源和 Rankine 源法计算结果较为一致，潜艇水压场受指挥台围壳和兴波的影响很小，可以忽略不计。

为研究潜艇兴波对其水底压力场的影响，设水深 $h=L$，潜艇航速分别为 1、2、3、4、5 和 6 m/s，对应的水深 Froude 数分别为 0.319、0.638、0.957、1.277、1.596 和 1.915。考虑潜艇近水面航行（$H=0.8L$）情况，此时计算的 AFF-2 模型引起的表面兴波和水底压力等高线图，如图 6.45（a）、（b）所示。由于计算结果关于 y 轴对称，故只给出 $y<0$ 时的图形，可见亚临界航速时表面兴波有频率较高、波长较短的横波和散波，而超临界航速时主要为频率较低、波长较长的散波。对相应条件下的水底压力分布而言，压力场与水面兴波之间并不是完全一一对应的变化关系，压力场中高频成分衰减较快，而低频成分保留较多，使水底压力的变化更为平滑。

在 $h=L$，$H=0.8L$，$y=0$ 时，不同 F_h 条件下的潜艇表面兴波波形和对应的水底压

(a) 表面兴波　　　　　　　　　　　　(b) 水底压力

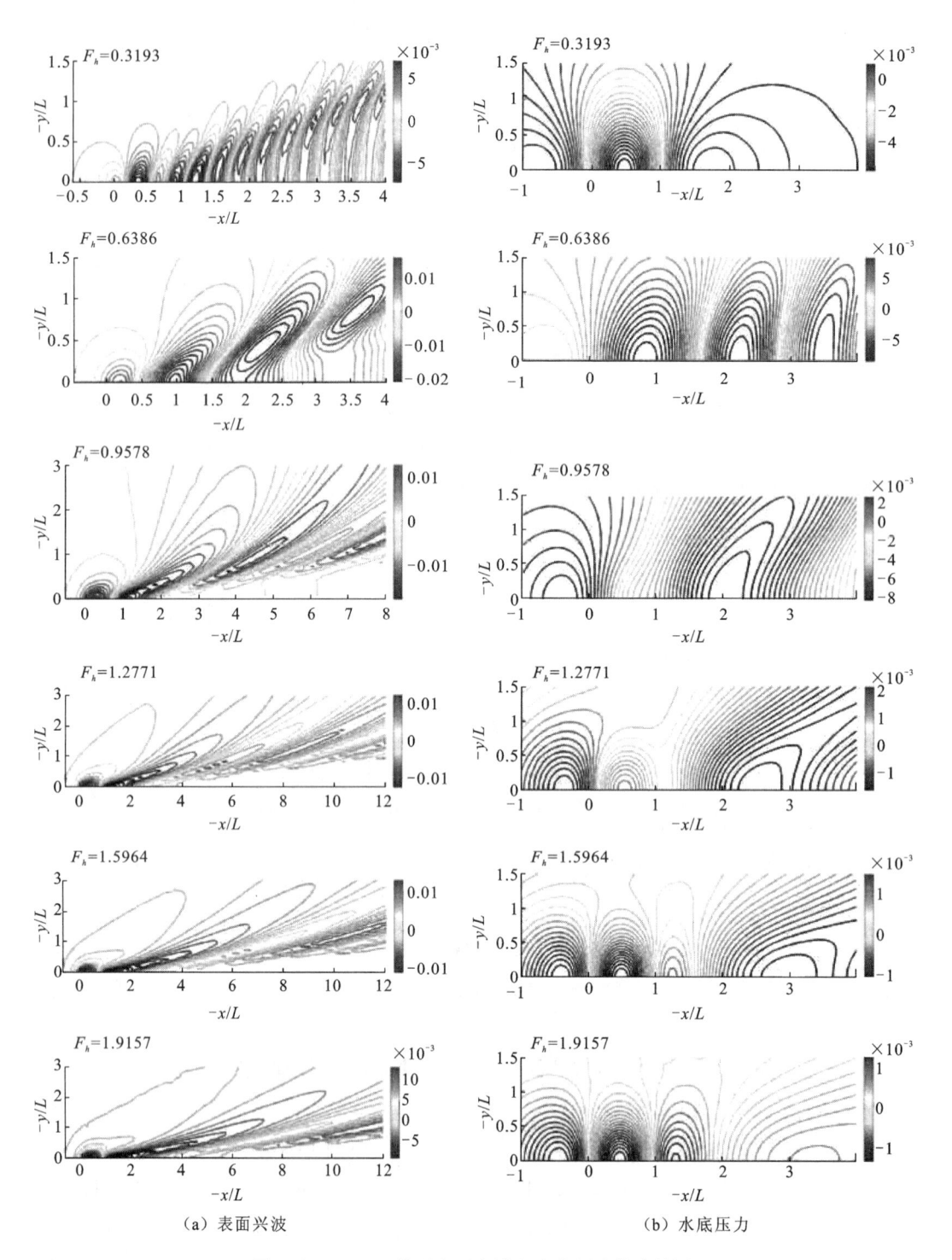

图 6.45　AFF-2 模型表面兴波和水底压力等高线图

力通过曲线如图 6.46 和图 6.47 所示。通过分析图 6.45 可以知道当 $F_h = 0.319$ 时,潜艇引起的高频微幅兴波对水底压力场的影响很小,而且势流理论也表明如果将自由表面视

第 6 章　有限水深潜艇水压场

为固壁,则潜艇水压场的压力系数分布将不随 F_h 增加而变化,因此可以推断图 6.47 中的水压通过曲线随 F_h 增加而发生变化,应该主要是潜艇兴波效应引起的。对比水面兴波和水底压力分布,在 $-1 < -x/L < 2$ 的区间内水底压力分布可以认为是潜艇自身体积效应和表面兴波共同作用的结果,而在 $2 < -x/L < 4$ 区间潜艇自身体积效应已经较弱,水底压力分布的变化主要由水面兴波引起。

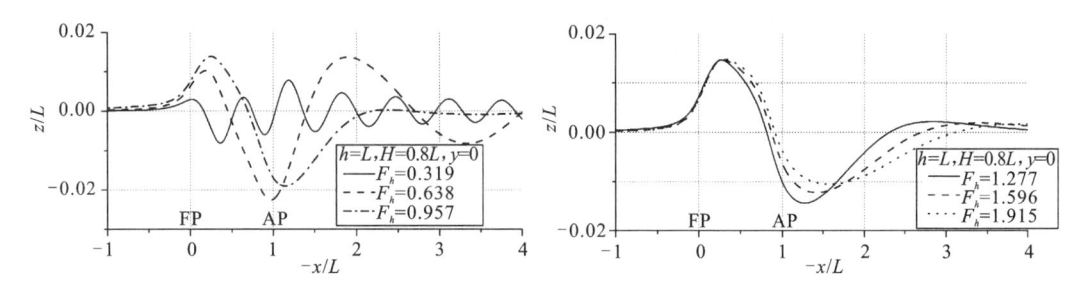

图 6.46　AFF-2 模型 $y = 0$ 时的表面波高曲线

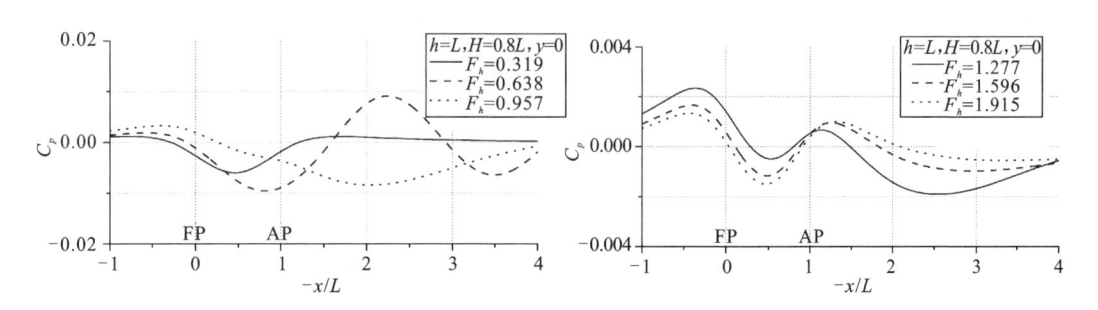

图 6.47　AFF-2 模型 $y = 0$ 时的水压通过曲线

在 $h = L$ 时,降低 AFF-2 模型距底深度为 $H = 0.5L$,计算的 $y = 0$ 处的水面兴波波形和水底压力通过曲线如图 6.48 所示。为便于对比,同一图中采用两个纵坐标,一个代表压力系数 C_p,一个代表无因次波高 z/L。在 F_h 较低时,兴波波形与水底压力的峰谷对应关系基本一致;随着 F_h 增加,兴波波形后移比较明显,而负压峰值位置几乎不变,兴波波形与水底压力的峰谷关系并不一一对应,甚至出现相反的现象。与图 6.46 和图 6.47 相比,由于图 6.48 的潜艇距底高度更小,因此图 6.48 中的压力变化主要受潜艇体积效应的影响,而潜艇兴波效应的影响减弱。

由于水底压力系数无法直观地反映不同航速时水底压力的变化数值,因此可以将压力系数转变为水底的压力变化,在 $h = L$ 时,进一步降低 AFF-2 模型距底深度为 $H = 0.2L$,计算的不同水深 Froude 数条件下 $y = 0$ 处的潜艇水压通过曲线如图 6.49 所示。图中纵坐标压力单位为 Pa,由图可见,随着航速增加,水底压力的正、负压峰值随之增加,由于潜艇离水面较远,水面兴波效应引起的水压场很弱,因而水底压力变化主要由潜艇的体积效应引起,且负压区呈现"W"型分布。

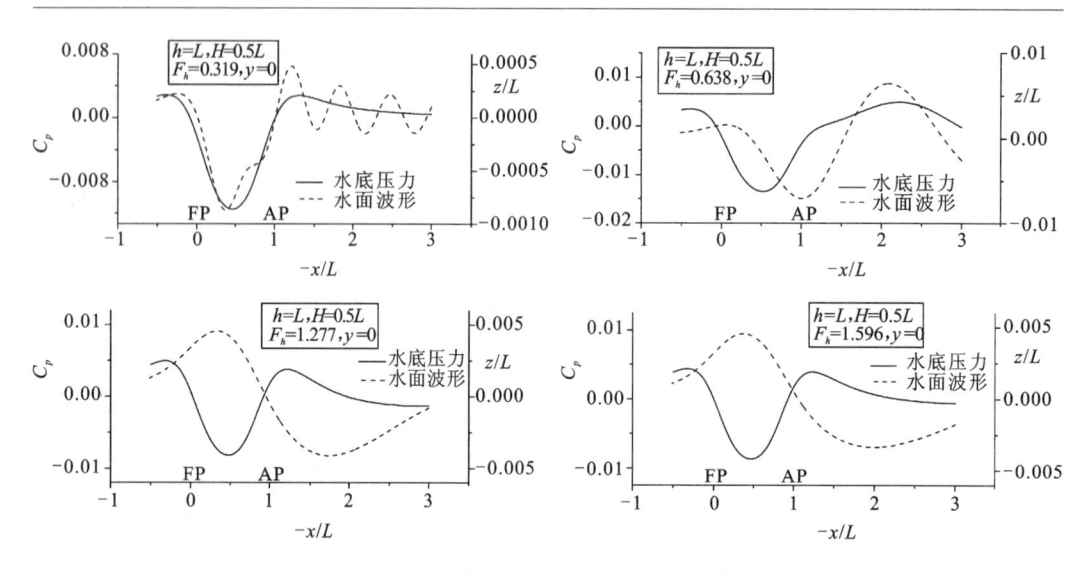

图 6.48　AFF-2 模型水面波形与水底压力曲线对比

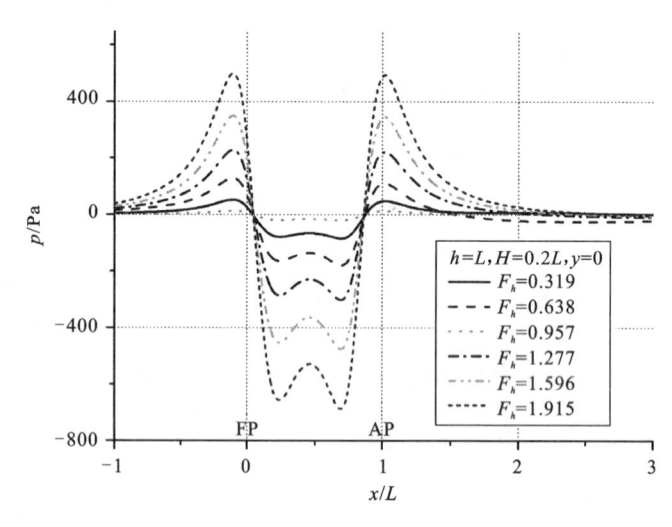

图 6.49　不同航速时 AFF-2 模型引起的水压通过曲线

6.3.3　船模 C 水压场计算结果及分析

由于船模 C 相对 SUBOFF 潜艇模型平行中体部分更加细长,因此可以划分较少的网格来进行计算,网格的面元数为 200,网格如图 6.50 所示。

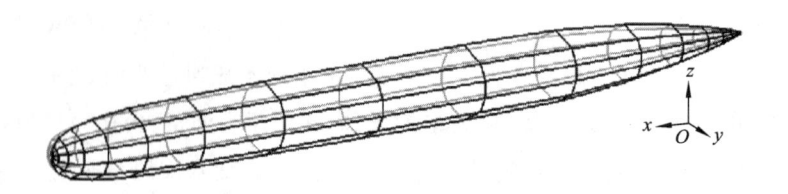

图 6.50　船模 C 的网格划分

第 6 章 有限水深潜艇水压场

在 $h=0.83L, H=0.1L, F_h=0.225, y=0$ 时,采用计及兴波效应的 Kelvin 源和不计兴波效应的 Rankine 源法得到的船模 C 水压通过曲线计算结果整体符合较好,如图 6.51 所示。本节计算与实验结果的艇艏、艇艉位置分别位于 $x/L=0$ 和 -1 处。由于潜艇近底航行且水深 Froude 数很小,因而兴波效应引起的水压场可以忽略不计,潜艇水压场主要由其体积效应引起。

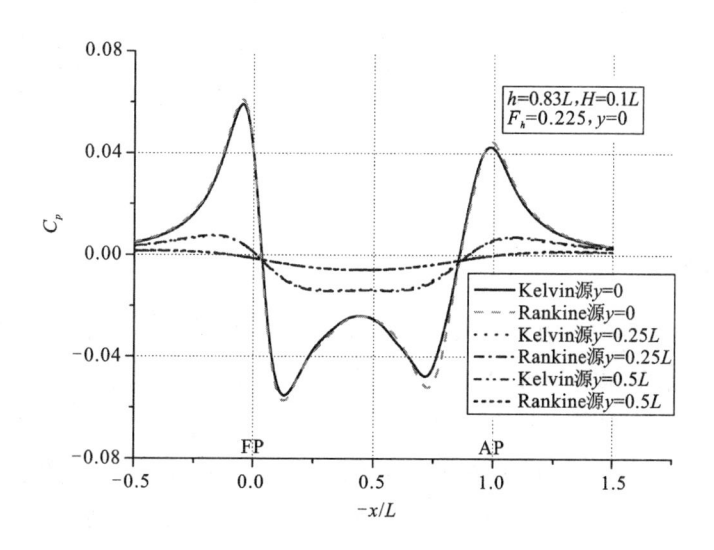

图 6.51 Kelvin 源和 Rankine 源法计算的水压通过曲线

在 $h=0.83L, F_h=0.225, y=0$ 时,针对 $H=0.2L, H=0.4L$ 两种情况,基于 Kelvin 源法计算的模型 C 水压通过曲线与实验结果对比如图 6.52、图 6.53 所示,可见具有较好的一致性,存在误差的原因是由于船模 C 采用的拖曳方式造成的。另外,当计算的水深 Froude 数取为 $F_h=0.675$ 时,在潜艇艉部以后的水压通过曲线将会产生新的波动变化,且潜艇距水面更近时(图 6.53)更为明显,显然这是由潜艇的兴波效应引起的。

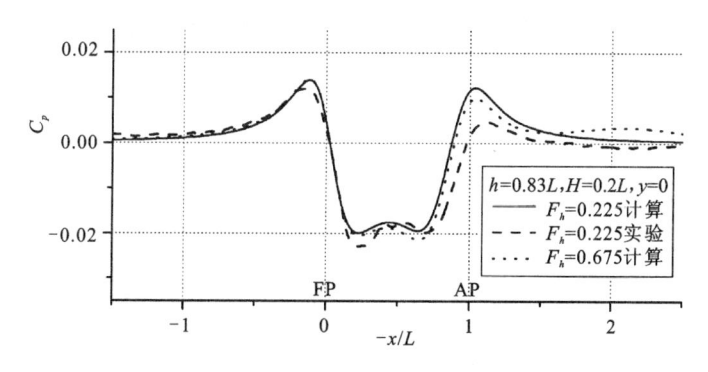

图 6.52 模型 C 水压通过曲线比较

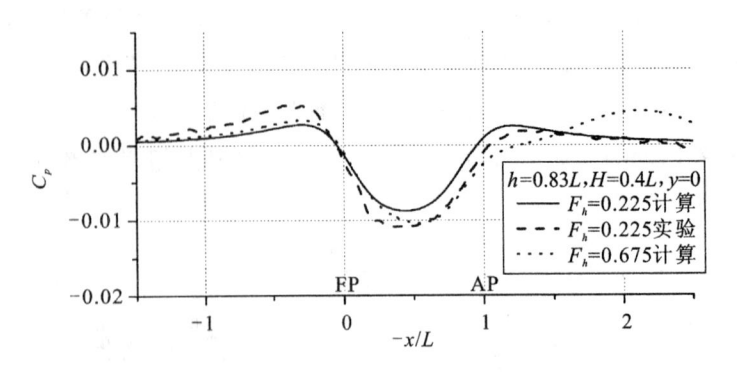

图 6.53　模型 C 水压通过曲线比较

6.3.4　小结

基于势流理论，利用有限水深 Kelvin 源 Green 函数和 Hess-Smith 方法，建立了求解计及兴波影响的潜艇水压场数学模型和数值计算方法，编写了潜艇水压场计算程序，对 SUBOFF 潜艇模型和船模 C 的水压场特性进行了计算和分析，所建立的理论模型和数值计算方法可以较好地预报航行潜艇引起的水面兴波波形和水底压力变化。

计算结果表明，潜艇水压场受自身体积效应和兴波双重影响，变化规律较为复杂。当潜艇近底航行时，水底压力系数分布主要受潜艇体积效应影响。当潜艇近水面航行时，水底压力系数分布主要受与兴波效应有关的水深 Froude 数影响。水面兴波波幅较小、波长较短、频率较高时，其引起的压力变化在水中衰减很快，利用 Kelvin 源法计算的潜艇水压场与 Rankine 源法结果一致。当水面兴波波幅增大、波长增加、频率减小时，其引起的压力变化在水中衰减较小，水面兴波对水底压力场的影响逐渐增加，不计兴波影响的 Rankine 源法和计及兴波影响的 Kelvin 源法计算结果差别也随之增加。

第 7 章　有限水深气垫船水压场

气垫船具有良好的两栖特性,能够快速越过水面和滩涂,其操纵灵活,航行速度快,对航行水深没有限制,特别适合于近海登陆作业。英国、美国、俄罗斯等国家对气垫船用于扫雷、探雷、登陆等进行了深入的研究,认为气垫船的物理场特征小,特别适用于雷区作业。开展气垫船水压场特性研究,是研制水雷水压引信以及气垫船自身防护的需要,因而具有重要的军事意义[79-84]。

7.1　数学问题

将气垫船视为均匀分布的压力面,在静止的水面上以航速 V 作匀速直线运动,水域开阔、水深均匀且为 h。取固连于船体上的坐标系 $Oxyz$,坐标原点 O 位于气垫压力面几何中心,x 轴指向气垫船运动方向,z 轴垂直向上,Oxy 平面与静水面重合。假设流体是理想不可压缩的、运动无旋。相对于船体动坐标系,来流以和船速相反的方向均匀流过,气垫船引起的扰动速度势为 ϕ,其应满足的控制方程为

$$\phi_{xx} + \phi_{yy} + \phi_{zz} = 0 \tag{7.1}$$

线性化的自由表面运动学条件为

$$\phi_z|_{z=0} + V\zeta_x = 0 \tag{7.2}$$

线性化的自由表面动力学条件为

$$p + \rho g\zeta - \rho V\phi_x|_{z=0} + \varepsilon\phi = 0 \tag{7.3}$$

式中:$\zeta = \zeta(x,y)$ 为水面波高,$p = p(x,y)$ 为作用于自由面上的气垫压力分布,这里 ε 为 Rayleigh 黏性系数,是一个趋于零的正实数。从物理上说,引入黏性耗散力,可以满足气垫船远前方扰动速度为零;从数学意义上,引入耗散力,可以确定极点位置,明确积分路径,消除解的不确定性。

由式(7.2)和式(7.3),可以得自由表面边界条件的综合形式,即在 $z = 0$ 时,有

$$V^2\phi_{xx} + g\phi_z - \varepsilon V\phi_x = Vp_x/\rho \tag{7.4}$$

水底边界条件为

$$\phi_z|_{z=-h} = 0 \tag{7.5}$$

此外,还需满足远前方无波的辐射条件。

7.2　求解方法

对上述数学问题,利用积分变换法求解扰动速度势。这里采用的双层 Fourier 变换对

形式如下

$$\tilde{f}(m,n) = \int_{-\infty}^{\infty} dx \int_{-\infty}^{\infty} f(x,y)\exp[-i(mx+ny)]dy \qquad (7.6)$$

$$f(x,y) = \frac{1}{4\pi^2}\int_{-\infty}^{\infty} dm \int_{-\infty}^{\infty} \tilde{f}(m,n)\exp[i(mx+ny)]dn \qquad (7.7)$$

对式(7.1)进行 Fourier 变换,得

$$(m^2+n^2)\int_{-\infty}^{\infty} dx \int_{-\infty}^{\infty} \phi(x,y)\exp[-i(mx+ny)]dy$$
$$= \frac{\partial^2}{\partial z^2}\int_{-\infty}^{\infty} dx \int_{-\infty}^{\infty} \phi(x,y)\exp[-i(mx+ny)]dy$$

记

$$\tilde{\phi}(m,n) = \int_{-\infty}^{\infty} dx \int_{-\infty}^{\infty} \phi(x,y)\exp[-i(mx+ny)]dy \qquad (7.8)$$

及

$$k^2 = m^2 + n^2 \qquad (7.9)$$

从而有

$$\tilde{\phi}_{zz} - k^2 \tilde{\phi} = 0 \qquad (7.10)$$

同样对式(7.5)进行 Fourier 变换,得

$$\tilde{\phi}_z\big|_{z=-h} = 0 \qquad (7.11)$$

由式(7.10)和式(7.11),可解得

$$\tilde{\phi} = A\cosh[k(z+h)] \qquad (7.12)$$

Fourier 变换应用于式(7.4),在 $z = 0$ 时,有

$$-V^2 m^2 \tilde{\phi} + g\tilde{\phi}_z - i\varepsilon V m \tilde{\phi} = iVm\tilde{p}(m,n)/\rho \qquad (7.13)$$

而

$$\tilde{p}(m,n) = \int_{-\infty}^{\infty} dx \int_{-\infty}^{\infty} p(x,y)\exp[-i(mx+ny)]dy \qquad (7.14)$$

将式(7.12)代入式(7.13),并注意到 $z = 0$,整理得

$$A = \frac{iVm\,\text{sech}(kh)}{gk\tanh(kh) - V^2 m^2 - iV\varepsilon m} \frac{\tilde{p}(m,n)}{\rho} \qquad (7.15)$$

通过对式(7.12)进行 Fourier 逆变换,代入式(7.15),得

$$\phi(x,y) = -\frac{iV}{4\pi^2 \rho}\int_{-\infty}^{\infty} dm \int_{-\infty}^{\infty} \frac{m\exp[i(mx+ny)]}{V^2 m^2 - gk\tanh(kh) + iV\varepsilon m} \frac{\cosh[k(z+h)]}{\cosh(kh)} \tilde{p}(m,n)dn \qquad (7.16)$$

化为以波数 k 为极轴,波向 θ 为极角的极坐标系统

$$m = k\cos\theta, \quad n = k\sin\theta, \quad dmdn = kdkd\theta \qquad (7.17)$$

则式(7.14)和式(7.16)成为

$$\tilde{p}(k,\theta) = \int_{-\infty}^{\infty} dx \int_{-\infty}^{\infty} p(x,y) \exp[-ik(x\cos\theta + y\sin\theta)] dy \tag{7.18}$$

$$\phi(x,y) = -\frac{i}{4\pi^2 \rho V} \int_{-\pi}^{\pi} \sec\theta d\theta \int_{0}^{\infty} \frac{\exp[ik(x\cos\theta + y\sin\theta)]}{k - g\tanh(kh)\sec^2\theta/V^2 + i\varepsilon\sec\theta/V} \frac{\cosh[k(z+h)]}{\cosh(kh)} \tilde{p}(k,\theta) k dk \tag{7.19}$$

式(2.19)即为移动气垫压力面引起的扰动速度势。

根据 Bernoulli 方程,可得气垫压力面引起的水底压力变化为

$$\Delta p = \rho V \phi_x \tag{7.20}$$

记水底压力变化与气垫均匀压力之比为

$$\Delta \bar{p} = \frac{\Delta p}{p_0} \tag{7.21}$$

7.3 不同气垫面引起的水底压力变化

7.3.1 矩形气垫

对于长为 $2l$、宽为 $2b$ 的矩形气垫压力面,其压力分布定义为

$$p(x,y) = p_0 [\text{sgn}(x+l) - \text{sgn}(x-l)][\text{sgn}(y+b) - \text{sgn}(y-b)]/4 \tag{7.22}$$

式中:sgn 为符号函数,p_0 为均匀气垫压力。

利用式(7.18),得

$$\tilde{p}(k,\theta) = p_0 \int_{-l}^{l} dx \int_{-b}^{b} \exp[-ik(x\cos\theta + y\sin\theta)] dy = 4p_0 \frac{\sin(kl\cos\theta)}{k\cos\theta} \frac{\sin(kb\sin\theta)}{k\sin\theta} \tag{7.23}$$

将式(7.23)代入式(7.19),得矩形气垫压力面引起的扰动速度势为

$$\phi(x,y) = -\frac{ip_0}{\pi^2 \rho V} \int_{-\pi}^{\pi} \sec\theta d\theta \int_{0}^{\infty} \frac{\sin(kl\cos\theta)\sin(kb\sin\theta)}{k\cos\theta\sin\theta}$$
$$\cdot \frac{\exp[ik(x\cos\theta + y\sin\theta)]}{k - g\tanh(kh)\sec^2\theta/V^2 + i\varepsilon\sec\theta/V} \frac{\cosh[k(z+h)]}{\cosh(kh)} dk \tag{7.24}$$

纵向扰动速度为

$$\phi_x(x,y) = -\frac{p_0}{\pi^2 \rho V} \frac{V^2}{g} \int_{-\pi}^{\pi} \cot\theta d\theta \int_{0}^{\infty} \sin(kl\cos\theta)\sin(kb\sin\theta)$$
$$\cdot \frac{\exp[ik(x\cos\theta + y\sin\theta)]}{\tanh(kh) - V^2 k\cos^2\theta/g - i\varepsilon V\cos\theta/g} \frac{\cosh[k(z+h)]}{\cosh(kh)} dk \tag{7.25}$$

以水深 h 为参考尺度,进行无因次化,即令

$$(\bar{x}, \bar{y}, \bar{z}, \bar{l}, \bar{b}) = (x,y,z,l,b)/h, \quad \bar{k} = kh, \quad \bar{k}\bar{l} = kl, \quad \bar{k}\bar{b} = kb$$

记 $F_h = V/\sqrt{gh}$,$\bar{\varepsilon} = V\varepsilon/g$。为了避免与 Fourier 逆变换的上标"~"相混淆,本章采用上标"—"表示无因次量。因此式(7.25)成为

$$\phi_x(x,y) = -\frac{p_0 F_h^2}{\pi^2 \rho V} \int_{-\pi}^{\pi} \cot\theta d\theta \int_0^{\infty} \sin(\bar{k}\bar{l}\cos\theta)\sin(\bar{k}\bar{b}\sin\theta)$$
$$\cdot \frac{\exp[i\bar{k}(\bar{x}\cos\theta + \bar{y}\sin\theta)]}{\tanh(\bar{k}) - F_h^2 \bar{k} \cos^2\theta - i\bar{\varepsilon}\cos\theta} \frac{\cosh[\bar{k}(\bar{z}+1)]}{\cosh(\bar{k})} d\bar{k} \tag{7.26}$$

对 θ 积分上下限进行变换,利用

$$\int_{-\pi}^{\pi} f(\theta) d\theta = \int_{-\pi/2}^{\pi/2} [f(\theta) + f(\theta - \pi)] d\theta \tag{7.27}$$

所以,式(7.26)成为

$$\phi_x(x,y)$$
$$= -\frac{p_0 F_h^2}{\pi^2 \rho V} \Big\{ \int_{-\pi/2}^{\pi/2} \cot\theta d\theta \int_0^{\infty} \sin(\bar{k}\bar{l}\cos\theta)\sin(\bar{k}\bar{b}\sin\theta) \frac{\exp[i\bar{k}(\bar{x}\cos\theta + \bar{y}\sin\theta)]}{\tanh(\bar{k}) - F_h^2 \bar{k} \cos^2\theta - i\bar{\varepsilon}\cos\theta} \frac{\cosh[\bar{k}(\bar{z}+1)]}{\cosh(\bar{k})} d\bar{k}$$
$$+ \int_{-\pi/2}^{\pi/2} \cot\theta d\theta \int_0^{\infty} \sin(\bar{k}\bar{l}\cos\theta)\sin(\bar{k}\bar{b}\sin\theta) \frac{\exp[-i\bar{k}(\bar{x}\cos\theta + \bar{y}\sin\theta)]}{\tanh(\bar{k}) - F_h^2 \bar{k} \cos^2\theta + i\bar{\varepsilon}\cos\theta} \frac{\cosh[\bar{k}(\bar{z}+1)]}{\cosh(\bar{k})} d\bar{k} \Big\}$$

进一步整理,得

$$\phi_x(x,y)$$
$$= -\frac{2 p_0 F_h^2}{\pi^2 \rho V} \int_0^{\pi/2} \cot\theta d\theta \Big\{ \int_{0(L_1)}^{\infty} \sin(\bar{k}\bar{l}\cos\theta)\sin(\bar{k}\bar{b}\sin\theta) \frac{\cos(\bar{k}\bar{y}\sin\theta)\exp(i\bar{k}\bar{x}\cos\theta)}{\tanh(\bar{k}) - F_h^2 \bar{k} \cos^2\theta - i\bar{\varepsilon}\cos\theta} \frac{\cosh[\bar{k}(\bar{z}+1)]}{\cosh(\bar{k})} d\bar{k}$$
$$+ \int_{0(L_2)}^{\infty} \sin(\bar{k}\bar{l}\cos\theta)\sin(\bar{k}\bar{b}\sin\theta) \frac{\cos(\bar{k}\bar{y}\sin\theta)\exp(-i\bar{k}\bar{x}\cos\theta)}{\tanh(\bar{k}) - F_h^2 \bar{k} \cos^2\theta + i\bar{\varepsilon}\cos\theta} \frac{\cosh[\bar{k}(\bar{z}+1)]}{\cosh(\bar{k})} d\bar{k} \Big\}$$
$$\tag{7.28}$$

式中:L_1 表示极点在实轴下方,积分路径从上方绕过,L_2 表示极点在实轴上方,积分路径从下方绕过。

记

$$I_{L_1} = \int_{0(L_1)}^{\infty} \sin(\bar{k}\bar{l}\cos\theta)\sin(\bar{k}\bar{b}\sin\theta) \frac{\cos(\bar{k}\bar{y}\sin\theta)\exp(i\bar{k}\bar{x}\cos\theta)}{\tanh(\bar{k}) - F_h^2 \bar{k} \cos^2\theta - i\bar{\varepsilon}\cos\theta} \frac{\cosh[\bar{k}(\bar{z}+1)]}{\cosh(\bar{k})} d\bar{k}$$

$$I_{L_2} = \int_{0(L_2)}^{\infty} \sin(\bar{k}\bar{l}\cos\theta)\sin(\bar{k}\bar{b}\sin\theta) \frac{\cos(\bar{k}\bar{y}\sin\theta)\exp(-i\bar{k}\bar{x}\cos\theta)}{\tanh(\bar{k}) - F_h^2 \bar{k} \cos^2\theta + i\bar{\varepsilon}\cos\theta} \frac{\cosh[\bar{k}(\bar{z}+1)]}{\cosh(\bar{k})} d\bar{k}$$

由留数定理,并令 $\bar{\varepsilon} \to 0$,得

$$I_{L_1} = \text{V.P} \int_0^{\infty} \sin(\bar{k}\bar{l}\cos\theta)\sin(\bar{k}\bar{b}\sin\theta) \frac{\cos(\bar{k}\bar{y}\sin\theta)\exp(i\bar{k}\bar{x}\cos\theta)}{\tanh(\bar{k}) - F_h^2 \bar{k} \cos^2\theta} \frac{\cosh[\bar{k}(\bar{z}+1)]}{\cosh(\bar{k})} d\bar{k}$$
$$- \pi i \sin(\bar{k}_h \bar{l}\cos\theta)\sin(\bar{k}_h \bar{b}\sin\theta) \frac{\cos(\bar{k}_h \bar{y}\sin\theta)\exp(i\bar{k}_h \bar{x}\cos\theta)}{\text{sech}^2(\bar{k}_h) - F_h^2 \cos^2\theta} \frac{\cosh[\bar{k}_h(\bar{z}+1)]}{\cosh(\bar{k}_h)}$$
$$\tag{7.29}$$

$$I_{L_2} = \text{V.P} \int_0^{\infty} \sin(\bar{k}\bar{l}\cos\theta)\sin(\bar{k}\bar{b}\sin\theta) \frac{\cos(\bar{k}\bar{y}\sin\theta)\exp(-i\bar{k}\bar{x}\cos\theta)}{\tanh(\bar{k}) - F_h^2 \bar{k} \cos^2\theta} \frac{\cosh[\bar{k}(\bar{z}+1)]}{\cosh(\bar{k})} d\bar{k}$$

$$+ \pi \mathrm{i} \sin(\bar{k}_h \bar{l} \cos\theta) \sin(\bar{k}_h \bar{b} \sin\theta) \frac{\cos(\bar{k}_h \bar{y} \sin\theta) \exp(-\mathrm{i}\bar{k}_h \bar{x} \cos\theta)}{\mathrm{sech}^2(\bar{k}_h) - F_h^2 \cos^2\theta} \frac{\cosh[\bar{k}_h(\bar{z}+1)]}{\cosh(\bar{k}_h)}$$

(7.30)

式中：$\bar{k}_h$ 是以 $\bar{k}$ 为未知量的色散方程

$$\tanh(\bar{k}) - F_h^2 \bar{k} \cos^2\theta = 0 \tag{7.31}$$

的正实根，而 V.P 表示对积分取 Cauchy 主值。

以下分 $F_h < 1$ 和 $F_h > 1$ 两种情况分别讨论。

(1) 当 $F_h < 1$ 时。由式(7.28)~式(7.30)，得

$$\phi_x(x,y)$$

$$= -\frac{4p_0 F_h^2}{\pi^2 \rho V} \int_0^{\pi/2} \cot\theta \mathrm{d}\theta \mathrm{V.P} \int_0^\infty \sin(\bar{k}\bar{l}\cos\theta)\sin(\bar{k}\bar{b}\sin\theta) \frac{\cos(\bar{k}\bar{x}\cos\theta)\cos(\bar{k}\bar{y}\sin\theta)}{\tanh(\bar{k}) - F_h^2 \bar{k}\cos^2\theta} \frac{\cosh[\bar{k}(\bar{z}+1)]}{\cosh(\bar{k})} \mathrm{d}\bar{k}$$

$$-\frac{4p_0 F_h^2}{\pi \rho V} \int_0^{\pi/2} \sin(\bar{k}_h \bar{l}\cos\theta)\sin(\bar{k}_h \bar{b}\sin\theta) \frac{\sin(\bar{k}_h \bar{x}\cos\theta)\cos(\bar{k}_h \bar{y}\sin\theta)}{\mathrm{sech}^2(\bar{k}_h) - F_h^2 \cos^2\theta} \frac{\cosh[\bar{k}_h(\bar{z}+1)]}{\cosh(\bar{k}_h)} \cot\theta \mathrm{d}\theta$$

(7.32)

(2) 当 $F_h > 1$ 时。由于要求方程(7.31)有正实根，因而必须满足 $F_h^2 \cos^2\theta \leqslant 1$，即要求 $\cos\theta \leqslant 1/F_h$，所以在 $[0,\pi/2]$ 范围内，要求

$$\theta_0 \leqslant \theta \leqslant \pi/2 \tag{7.33}$$

式中：$\theta_0 = \cos^{-1}(1/F_h)$。

综合上述(1)、(2)两种情形，无论 $F_h < 1$ 或 $F_h > 1$，可以统一写成

$$\phi_x(x,y)$$

$$= -\frac{4p_0 F_h^2}{\pi^2 \rho V} \int_0^{\pi/2} \cot\theta \mathrm{d}\theta \mathrm{V.P} \int_0^\infty \sin(\bar{k}\bar{l}\cos\theta)\sin(\bar{k}\bar{b}\sin\theta) \frac{\cos(\bar{k}\bar{x}\cos\theta)\cos(\bar{k}\bar{y}\sin\theta)}{\tanh(\bar{k}) - F_h^2 \bar{k}\cos^2\theta} \frac{\cosh[\bar{k}(\bar{z}+1)]}{\cosh(\bar{k})} \mathrm{d}\bar{k}$$

$$-\frac{4p_0 F_h^2}{\pi \rho V} \int_{\theta_0}^{\pi/2} \sin(\bar{k}_h \bar{l}\cos\theta)\sin(\bar{k}_h \bar{b}\sin\theta) \frac{\sin(\bar{k}_h \bar{x}\cos\theta)\cos(\bar{k}_h \bar{y}\sin\theta)}{\mathrm{sech}^2(\bar{k}_h) - F_h^2 \cos^2\theta} \frac{\cosh[\bar{k}_h(\bar{z}+1)]}{\cosh(\bar{k}_h)} \cot\theta \mathrm{d}\theta$$

(7.34)

式中：

$$\theta_0 = \begin{cases} 0, & F_h < 1 \\ \cos^{-1}(1/F_h), & F_h > 1 \end{cases} \tag{7.35}$$

当 $\bar{z} = -1$ 时，矩形均匀气垫压力移动引起的水底压力变化由式(7.20)和式(7.34)确定，而由式(7.21)得水底压力变化与气垫均匀压力之比为

$$\Delta \bar{p} = -\frac{4F_h^2}{\pi^2}(I_1 + \pi I_2) \tag{7.36}$$

式中

$$I_1 = \int_0^{\pi/2} \cot\theta \mathrm{d}\theta \mathrm{V.P} \int_0^\infty \sin(\bar{k}\bar{l}\cos\theta)\sin(\bar{k}\bar{b}\sin\theta) \frac{\cos(\bar{k}\bar{x}\cos\theta)\cos(\bar{k}\bar{y}\sin\theta)}{\tanh(\bar{k}) - F_h^2 \bar{k}\cos^2\theta} \frac{\mathrm{d}\bar{k}}{\cosh(\bar{k})}$$

$$I_2 = \int_{\theta_0}^{\pi/2} \sin(\bar{k}_h \bar{l} \cos\theta) \sin(\bar{k}_h \bar{b} \sin\theta) \frac{\sin(\bar{k}_h \bar{x} \cos\theta) \cos(\bar{k}_h \bar{y} \sin\theta)}{\operatorname{sech}^2(\bar{k}_h) - F_h^2 \cos^2\theta} \frac{\cot\theta \mathrm{d}\theta}{\cosh(\bar{k}_h)}$$

θ_0 根据 $F_h < 1$ 或 $F_h > 1$，由式(7.35)确定。

7.3.2 椭圆形气垫

对于长轴为 $2l$、短轴为 $2b$ 的椭圆形气垫压力面，其压力分布 $p(x,y)$ 仍为均压 p_0，类似矩形气垫压力面的推导方式，得椭圆形气垫压力面引起的扰动速度势为

$$\phi(x,y) = -\frac{\mathrm{i} p_0 l b}{2\pi\rho V} \int_{-\pi}^{\pi} \sec\theta \mathrm{d}\theta \int_0^{\infty} \frac{J_1(k\sqrt{l^2\cos^2\theta + b^2\sin^2\theta})}{\sqrt{l^2\cos^2\theta + b^2\sin^2\theta}} \\ \cdot \frac{\exp[\mathrm{i}k(x\cos\theta + y\sin\theta)]}{k - g\tanh(kh)\sec^2\theta/V^2 + \mathrm{i}\varepsilon\sec\theta/V} \frac{\cosh[k(z+h)]}{\cosh(kh)} \mathrm{d}k \tag{7.37}$$

式中：J_1 为第一类一阶 Bessel(贝塞尔)函数。

同样地，以水深为参考长度，进行无因次化，得纵向扰动速度为

$\phi_x(x,y)$
$$= -\frac{2\bar{l} p_0 F_h^2 \bar{b}}{\pi\rho V} \int_0^{\pi/2} \cos^2\theta \mathrm{d}\theta \mathrm{V.P} \int_0^{\infty} \frac{J_1(\bar{k}\sqrt{\bar{l}^2\cos^2\theta + \bar{b}^2\sin^2\theta})}{\sqrt{\bar{l}^2\cos^2\theta + \bar{b}^2\sin^2\theta}} \frac{\cos(\bar{k}\bar{x}\cos\theta)\cos(\bar{k}\bar{y}\sin\theta)}{\tanh(\bar{k}) - F_h^2 \bar{k}\cos^2\theta} \frac{\cosh[\bar{k}(\bar{z}+1)]}{\cosh(\bar{k})} \bar{k}\mathrm{d}\bar{k}$$
$$- \frac{2\bar{l} p_0 F_h^2 \bar{b}}{\rho V} \int_{\theta_0}^{\pi/2} \cos^2\theta \frac{J_1(\bar{k}\sqrt{\bar{l}^2\cos^2\theta + \bar{b}^2\sin^2\theta})}{\sqrt{\bar{l}^2\cos^2\theta + \bar{b}^2\sin^2\theta}} \frac{\sin(\bar{k}_h\bar{x}\cos\theta)\cos(\bar{k}_h\bar{y}\sin\theta)}{\operatorname{sech}^2(\bar{k}_h) - F_h^2\cos^2\theta} \frac{\cosh[\bar{k}_h(\bar{z}+1)]}{\cosh(\bar{k}_h)} \mathrm{d}\theta$$
$$\tag{7.38}$$

式中：θ_0 由式(7.35)确定，$\bar{k}_h$ 为式(7.31)的正实根。

当 $\bar{z} = -1$ 时，由式(7.21)得水底压力变化与椭圆均匀气垫压力之比为

$$\Delta\bar{p} = -\frac{2\bar{l} F_h^2 \bar{b}}{\pi}(I_1 + \pi I_2) \tag{7.39}$$

式中

$$I_1 = \int_0^{\pi/2} \cos^2\theta \mathrm{d}\theta \mathrm{V.P} \int_0^{\infty} \frac{J_1(\bar{k}\sqrt{\bar{l}^2\cos^2\theta + \bar{b}^2\sin^2\theta})}{\sqrt{\bar{l}^2\cos^2\theta + \bar{b}^2\sin^2\theta}} \frac{\cos(\bar{k}\bar{x}\cos\theta)\cos(\bar{k}\bar{y}\sin\theta)}{\tanh(\bar{k}) - F_h^2 \bar{k}\cos^2\theta} \frac{1}{\cosh(\bar{k})} \bar{k}\mathrm{d}\bar{k}$$

$$I_2 = \int_{\theta_0}^{\pi/2} \cos^2\theta \frac{J_1(\bar{k}\sqrt{\bar{l}^2\cos^2\theta + \bar{b}^2\sin^2\theta})}{\sqrt{\bar{l}^2\cos^2\theta + \bar{b}^2\sin^2\theta}} \frac{\sin(\bar{k}_h\bar{x}\cos\theta)\cos(\bar{k}_h\bar{y}\sin\theta)}{\operatorname{sech}^2(\bar{k}_h) - F_h^2\cos^2\theta} \frac{1}{\cosh(\bar{k}_h)} \mathrm{d}\theta$$

7.4 气垫船水压场特性分析

为验证数学模型和计算方法的正确性和有效性，设计和进行了气垫船模型实验。在原型和模型系统几何相似前提下，还需保证两者之间 Froude 数以及 Euler 数分别相等。保证 Froude 数相等，要求气垫船模型的拖曳速度为

第 7 章　有限水深气垫船水压场

$$V_m = V_n / \sqrt{C_l} \tag{7.40}$$

式中：V_n 为气垫船原型的航行速度，C_l 为原型和模型的几何尺度之比。

保证 Euler 数相等，要求气垫船模型的气垫压力为

$$p_m = p_n / C_l \tag{7.41}$$

式中：p_n 为气垫船原型的气垫压力。

根据实验测得的气垫船模型引起的水底压力变化 Δp_m，可以换算得到气垫船原型在航速为 V_n 时引起的水底压力变化为

$$\Delta p_n = C_l \Delta p_m \tag{7.42}$$

计算气垫船引起的水底压力变化，涉及一个双重积分和一个单重积分，由于被积函数的复杂性，只能采用数值计算方法。这些被积函数与第 4、5 章中有限水深舰船水压场数学模型中的被积函数类似，因而可以采用相同的处理方法进行处理，此处不再赘述。

气垫船水压场数值计算与实验结果对比表明，两者具有较好的一致性，反映相同的变化规律。

(1) 在亚临界航速时，船底下方大部分区域水底压力变化为负压值，其量值比气垫压力小，随着水深变浅和 Froude 数增加，压力变化量将增加。当气垫船从亚临界增加至近临界航速时，负压峰值从船艏逐渐向船艉方向移动。当气垫船以超临界航速运动时，在船体正下方大部分区域的水底压力变化为正压值，其量值与气垫压力具有同一量级，随水深变浅，压力变化量增大。

(2) 椭圆形压力分布面引起的水底压力变化量较矩形分布面的小。在相同长宽比条件下，椭圆形的面积较矩形小，作用于水面上气垫压力区域小，从而引起的流场扰动小；另外，由于椭圆形气垫面引起的兴波较矩形小，而兴波是引起水底压力变化的重要因素，很强的兴波在水底引起的压力变化量就大。

(3) 气垫船正、负压力系数峰值随 Froude 数变化的规律与其他水面舰船情况类似，低亚临界航速时变化较小；高亚临界航速时逐渐增加；跨临界航速时急剧增加，至最大值后又逐渐减小；而在超临界航速时趋于一定值，随 Froude 数增加变化不大。

(4) 气垫船速度快，在浅水区域通常处于超临界航速，此时在船体下方大部分区域的水底压力变化为正压值，因而针对负压延时引爆的水压水雷不能对付气垫船。如果设计研制采用正压变化动作的水压引信，将有效打击高速航行中的气垫船。

(5) 由于气垫船吨位通常较水面舰船小，因而气垫船的水底压力变化通常较小。但计算和实验结果表明，气垫船水压场的数值还是具有一定的量级，尤其在浅水区域高速航行时。

第 3 篇　舰船水压场特性获取方法及其工程应用

本篇依据相似理论,提出了船模水压场实验应满足的相似准则和换算方法,建立了水面波浪－水底压力联合测试系统,开展了船模兴波和水底压力的实验测量,提出了基于水面波形或水底扰动速度间接获取水压场的方法。基于舰船水压场理论模型和数值计算方法开发了舰船水压场预报软件,并应用于水压引信的负压延时和舰船通过雷区的危险航速预报。

第8章 基于压力测量方法获取舰船水压场

8.1 船模及波浪水压场实验方法

8.1.1 相似原理

在正常的巡航速度和水深范围内,舰船引起的水底动压一般在几百帕范围内变化,由于风浪、海流、潮汐等环境水压场的干扰,准确测量实船水压场有一定困难。而实验室具有环境干扰因素少、船模相对压力传感器能够准确定位、测量系统便于标定、测量精度能够保证以及便于开展系列实验等优点,因而成为研究舰船水压场的重要手段。通过船模水压场实验和相似换算,可以达到系统获取实船水压场特征量值大小和分布规律的目的[6,22,27,84]。

以两种水面舰船和一种潜艇作为研究对象,制作的船模分别命名为船模 A、船模 B 和船模 C。首先,根据几何相似要求,制作实验船模。其次,研制水压场测试系统,并对船池拖曳系统进行联调。在满足流体动力相似和几何相似条件下,通过变水深、变航速、变横距,对船模水压场进行精细测量,获取船模水压场系统实验资料。依据相似理论换算方法,对船模水压场实验数据进行处理,换算得到不同水深、不同航速、不同横距条件下实船的水压场资料,进一步分析得到实船的水压场特征量值大小和变化规律。

为了能将船模水压场实验结果换算到实船上去,必须保证船模与实船流动的现象相似。除了要保证船模及其流动边界与实船及其航行环境边界几何相似外,还需保证两者流动之间的动力相似。

航行舰船在水底引起的压力变化 Δp 与下列因素有关

$\Delta p = f$(舰船几何尺度,船速 V,水深 h,纵向距离 x,横向距离 y,流体密度 ρ,流体运动黏度 ν,重力加速度 g)

取 V,ρ 和船长 L 作为基本量,依据 π 定理,则水底压力系数为

$$C_p = f_1(\text{几何相似船模}, \bar{h}, \bar{x}, \bar{y}, Re, F_h)$$

式中:$C_p = \Delta p/(0.5\rho V^2)$;$\bar{h} = h/L$ 为无因次水深;$\bar{x} = x/L$,$\bar{y} = y/L$ 为无因次纵向距离和横向距离;$Re = VL/\nu$ 为 Reynolds(雷诺)数;$F_h = V/\sqrt{gh}$ 为水深 Froude 数。

进行船模水压场实验,难于实现模型与原型流动的全部相似,只能实现部分相似。对于水面舰船而言,流体黏性对水面舰船引起的水底压力变化影响较小,因而可以忽略与黏性有关的 Re 的影响。对水面舰船而言,舰船引起的水面兴波对水底压力变化的影响很大,

通常必须考虑与舰船兴波有关的 F_h 的影响,即

$$C_p = f_2(\text{几何相似船模}, \bar{h}, \bar{x}, \bar{y}, F_h)$$

该式是指导水面舰船模型水压场实验以及将模型水压场实验结果换算到实船原型水压场结果的依据。

1. 水面舰船和气垫船

对水面舰船和气垫船而言,首先要保证船模与实船几何相似,此外还要保证船模实验的场点与实船的场点几何相似,最主要的是要在进行船模实验时,保证船模的水深 Froude 数与实船的 Froude 数相等。通过几何相似和 Froude 数相等准则,可以首先确定模型实验的拖曳速度。

因为 $(F_h)_n = (F_h)_m$,$\dfrac{V_n}{\sqrt{gh_n}} = \dfrac{V_m}{\sqrt{gh_m}}$,所以船模拖曳速度为

$$V_m = \sqrt{\dfrac{h_m}{h_n}} V_n = \dfrac{V_n}{\sqrt{C_l}} \tag{8.1}$$

式中:C_l 为原型和模型尺度之比;下标 n 表示原型,下标 m 表示模型。

由于模型和原型之间满足了几何相似和 Froude 数相等准则,所以船模和实船的压力系数相等,由此可以通过船模水压场实验结果换算得到实际舰船的水压场结果。根据船模和实船的压力系数相等,得

$$\dfrac{\Delta p_n}{0.5\rho_n V_n^2} = \dfrac{\Delta p_m}{0.5\rho_m V_m^2} \tag{8.2}$$

$$\Delta p_n = \dfrac{\rho_n V_n^2}{\rho_m V_m^2} \Delta p_m = \dfrac{\rho_n}{\rho_m} \dfrac{l_n}{l_m} \Delta p_m = \dfrac{\rho_n}{\rho_m} C_l \Delta p_m \tag{8.3}$$

式中:ρ_n 和 ρ_m 分别为海水和船池中水的密度,Δp_m 为通过模型实验获取的水压场,依据式(8.3)可换算得到原型的水压场 Δp_n。

如果取 $\rho_n \approx \rho_m$,则 $\Delta p_n = C_l \Delta p_m$。这说明只要在原型和模型系统之间满足几何相似和 Froude 数相等准则条件下进行实验,则通过测量船模引起的水底压力变化 Δp_m,再乘以原型与模型的几何尺度比 C_l,即可换算得到对应相似条件下实船的水底压力变化。

2. 深潜潜艇

对潜艇模型水压场实验而言,如果潜艇近水面高速航行,则潜艇兴波引起的水压场不容忽视,此时潜艇实验与水面舰船实验需要满足的相似条件和实验结果的换算方法相同。如潜艇低速或在大潜深条件下航行,则兴波很小、重力效应可以忽略,此时有

$$C_p = f_3(\text{几何相似船模}, \bar{h}, \bar{x}, \bar{y}) \tag{8.4}$$

由此可知,只需要求潜艇模型与潜艇原型系统之间满足几何相似,即可保证两者之间压力系数相等,根据潜艇模型实验结果,即可得到原型潜艇的水压场结果为

$$\Delta p_n = \dfrac{\rho_n V_n^2}{\rho_m V_m^2} \Delta p_m \tag{8.5}$$

8.1.2 测量方法

1. 压力测量方法[85-86]

在实验室条件下,由于船池宽度限制,船模尺度不宜太大,由于船模尺度小,因而模型的水底动压一般在几帕到几十帕范围内变化。在几万帕的水池静压背景作用下,测量出水底几十帕乃至几帕的动压变化,是水压场测量系统研制的难点和关键。选用高精度微差压传感器,内设前置放大器。差压传感器的一端用于测量水底压力变化,直接与水接触;另一端用于连接静压平衡系统,由于该端口不能直接与水接触,故采用空气隔开。在正式测量前可调整静压平衡系统,使差压传感器两端压力相同,以保证测量出的结果是水底的动压变化。静压平衡系统及标定装置如图 8.1 所示。

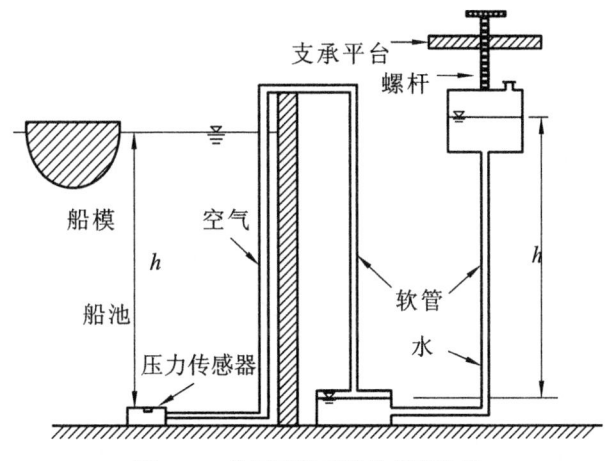

图 8.1 静压平衡系统及标定装置

通过旋转螺杆可以精确调整传感器两端的静压平衡,此外,由于螺距值已知,故可通过旋转螺杆提升或降低水柱高度来对测量系统进行标定。水池外侧安装有船模定位触发器,该触发器由红外发射管与接受管组成,当船模随拖车一起运动时,安装于拖车上的遮光片穿过船模定位触发器的红外发射管与接受管间隙,在 A/D 板上产生电压脉冲,从而确定船艏、船艉距离压力传感器的纵向位置,并由此得到沿船长纵向分布的水底压力变化。如果在垂直舰船运动方向不同横距的位置上布置若干个压力传感器,则由一个航次便可得到航行舰船在整个水底引起的动压分布。压力传感器横向位置如图 8.2 所示。

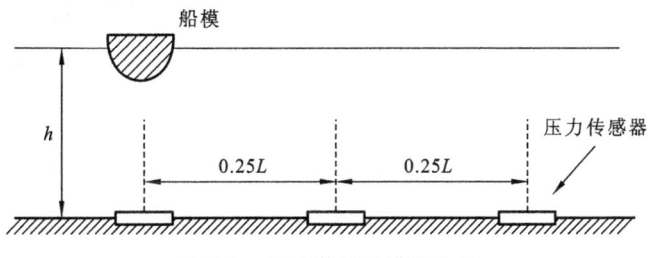

图 8.2 压力传感器横向布置

实验测压系统采用高精度差压传感器。差压传感器安装于金属外壳内,平衡用的空气压力以及测压信号线分别采用中空的橡胶软管引入。压力传感器安装时与水底齐平,以避免压力传感器金属外壳对舰船水压场产生畸变影响。测量前,对水压场测量系统进行预先标定。然后根据实验计划,通过改变水深和船速逐一进行实验。水压场信号通过数据采集系统处理后可以根据需要直接在屏幕上显示,也可将实验原始数据存储于计算机硬盘上。根据船模尺度大小和速度要求,可以分别选择不同的拖曳船池进行实验。实验时,船模前端安装于拖车牵引杆上,随拖车作匀速直线运动,船模可以在水面上自由升沉。

2. 波浪-压力联合测量方法[25,87]

舰船航行和波浪运动均会引起水底压力变化。对舰船水压场而言,需要建立舰船在不同水深、航速、横距条件下与水底压力场的定量关系;对波浪水压场而言,则需要建立不同水深条件下波浪要素(如波高、波长、周期等)与水底压力场的定量关系。获取水底压力场和水面波浪要素的定量数据,需要研制水底压力——水面波浪测量系统。该系统也可用于舰船在波浪中航行时,舰船兴波和入射波相互作用时的波浪要素与水底压力场的测量。

研制的波浪-压力联合实时测量系统由微差压传感器、浪高仪、静压平衡及标定装置、二级放大器、A/D 转换器、站位控制电路和微机等构成,该系统具有测量误差小、分辨率高的特点。水面波形和水底压力变化可在微机屏幕上直接显示或以数据文件形式存于硬盘上。

采用的 LGY-IA 型浪高仪主要由钽丝传感器和单结晶体管与可控硅斩波电路组成。钽丝传感器总长 48 cm,浪高测量范围为:0～+20 cm,被测浪高频率为 0～5 Hz,其电压输出为 0～+5 V。静校直线误差不大于 0.5% FS(FS 为满格读数),零点漂移每小时不大于 0.2% FS。传感器属钽丝电容式传感器,实际上是一只线性电容器。钽丝直径 0.2 mm～0.4 mm,为电容器正极,钽丝外附绝缘层为电容介质,传感器弓架通过水(水为导体)与介质外层接触为电容器负极。钽丝浸水部分有电容,而空气中的钽丝部分无电容,波浪上下变化时,钽丝浸水部分电容量也随之变化,将此变化的电容量输入浪高仪整机,整机则把电容量转变为相应的电压信号,即把水面波高变化参数转变为电压信号输出,再经 A/D 板转换为数据信号后接入计算机中保存。

研制的水底压力——水面波浪测量系统可同时测量水面波高和水底压力变化,该系统在船池中的平面布置和传感器的空间布置如图 8.3、图 8.4 所示。压力传感器布置于舰船航线一侧的水底,之间距离可根据船模长度大小予以适当调整,除舰船航线正下方的压力传感器外,其他压力传感器正上方的水面处均布置有钽丝传感器,用于同时测量表面波高的变化。在距压力传感器一倍船长的右方布置有另一浪高仪,用于测量船模前方造波机产生的入射波浪。考虑到变水深时波浪测量的需要,在池壁上安装有滑槽,可供钽丝传感器的支架上下滑动。为保持支架水平和保持支架与航线垂直，支架两侧安装有横向支撑杆。由于没有池底支撑，因而对波浪没有干扰。

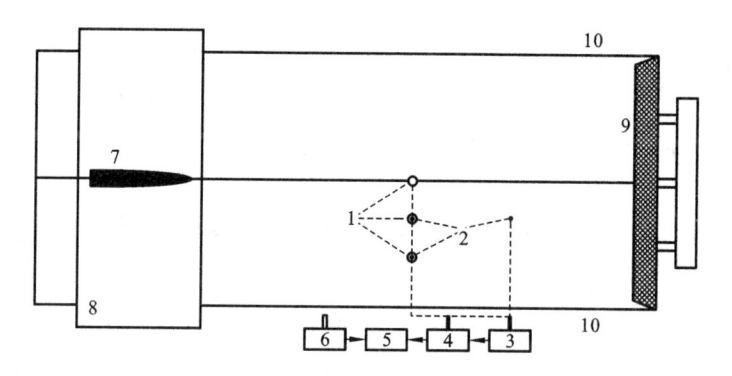

图 8.3　水压-浪高测量系统平面布置

1.压力传感器；2.浪高仪；3.压力平衡及标定系统；4.压力、浪高测量系统；
5.数据记录控制系统；6.船模定位触发器；7.船模；8.拖车；9.摇板造波系统；10.船池池壁

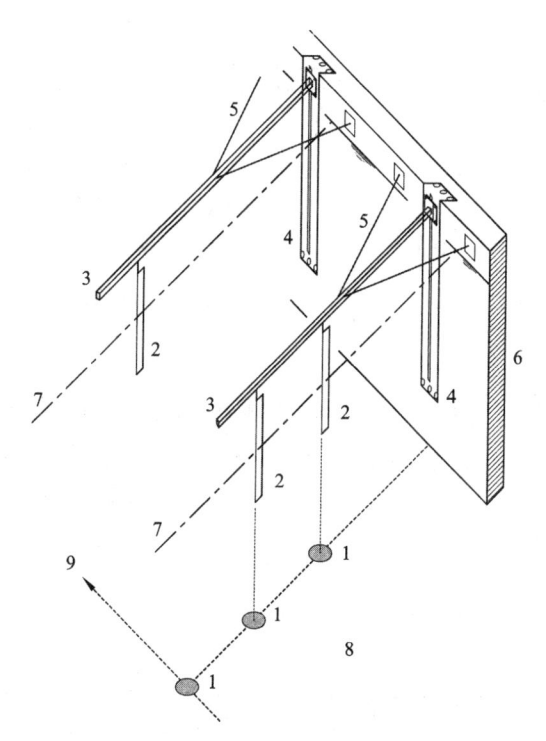

图 8.4　压力传感器-浪高仪布置方式

1.压力传感器；2.浪高仪；3.浪高仪支架；4.滑槽；5.横向支撑杆；
6.池壁；7.水面；8.池底；9.船模航向

测量系统可以进行以下几方面的实验：① 航行舰船引起的兴波波形和水底压力变化；② 规则波波高与水底压力变化；③ 航行舰船在规则波中运动的波高和水底压力变化；④ 随机波波高与水底压力变化；⑤ 航行舰船在随机波中运动的波高和水底压力变化。

8.2 船模水压场纵向通过曲线

8.2.1 船模 A

船模 A 无因次主尺度：$B/L=0.09857$，$T/L=0.03191$；$\nabla/L^3=1.768\times10^{-3}$，棱形系数 $\phi=0.60$。

1) 船模 A 典型水压通过曲线

舰船水压通过曲线信号特征明显，可资利用。水面舰船水压场最大特点是受舰船兴波影响，因而亚临界航速和超临界航速的舰船水压场通过曲线信号特征不尽相同，如图 8.5、图 8.6 所示。特别地，在极浅水临界航速附近，船前产生周期性前传孤立波，导致水底在船前($x/L \leqslant -0.5$)也会出现具有孤立波特征的压力变化，如图 8.7 所示。

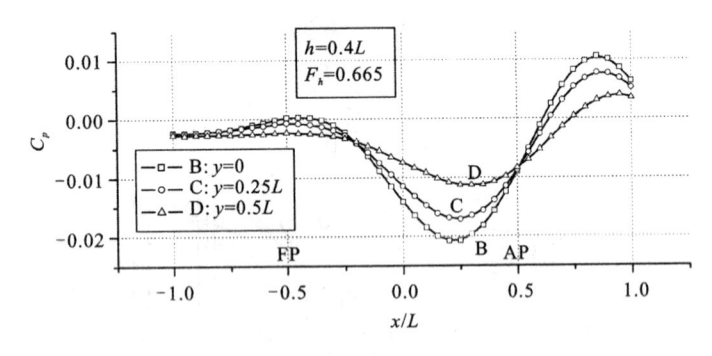

图 8.5 亚临界航速舰船水压通过曲线

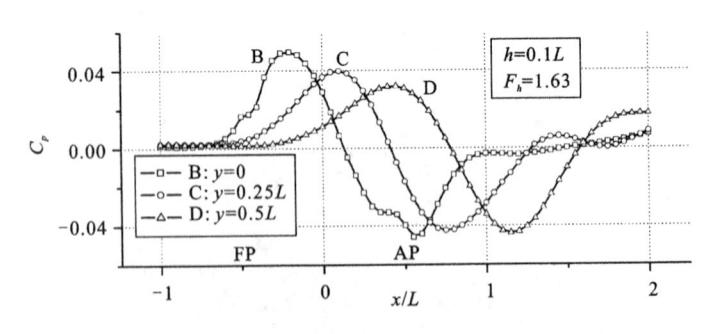

图 8.6 超临界航速舰船水压通过曲线

2) 船模 A 典型水压通过曲线特征描述

在水深 $h/L=0.2$，$F_h=0.418$ 时，船模 A 正下方的典型舰船水压场纵向通过曲线如

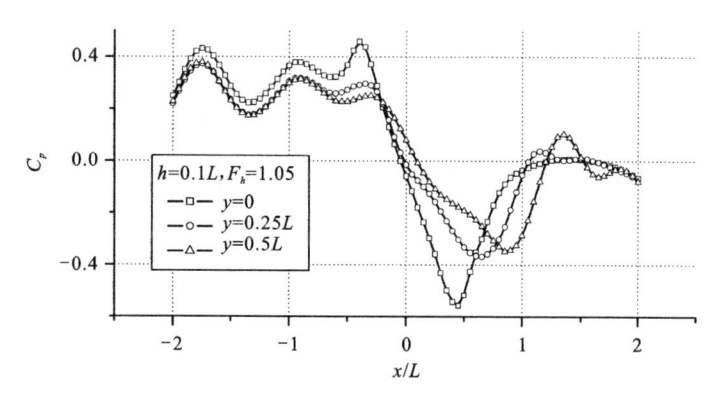

图 8.7　跨临界航速舰船水压通过曲线

图 8.8 所示。在低亚临界航速时，舰船水压场纵向通过曲线一般在船艏和船艉附近出现正压系数峰值 $C_{p\max 1}$，$C_{p\max 2}$，在船舯下方出现负压系数峰值 $C_{p\min}$。通常负压区呈现"V"型分布，但对肥胖船型和极浅水情况，负压区有时也呈现"W"型分布。由于峰值相对船舯的位置对舰船自身安全航行有重要影响，为分析方便，用 $L_{p\min}$ 表示负压峰值与船舯 $x=0$ 处的无因次距离，并用 $L_{p\max 1}$，$L_{p\max 2}$ 表示船艏正压峰值和船艉正压峰值与 $x=0$ 处的无因次距离，而 L_{p0} 表示船体下方负压区压力系数跨零点之间的无因次距离。

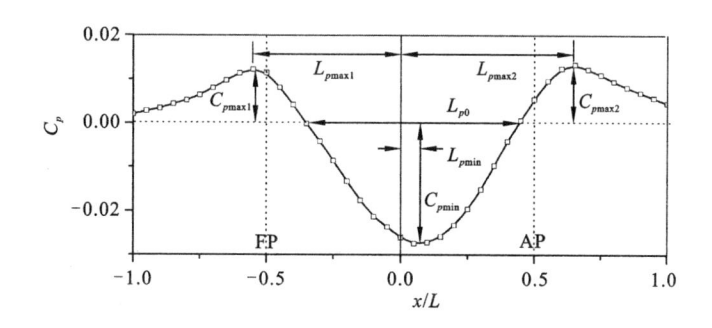

图 8.8　船模 A 典型水压通过曲线特征描述

3）负压系数峰值 $C_{p\min}$ 随 F_h 的变化规律

船模 A 的 $C_{p\min}$ 随 F_h 的变化规律如图 8.9 所示。对舰船水压场而言，F_h 是一个重要参数，$C_{p\min}$ 随 F_h 的变化规律明显。在低亚临界和高超临界航速时，$C_{p\min}$ 变化较小，而在跨临界航速（$F_h=0.8\sim 1.2$）范围内，$C_{p\min}$ 变化较快，特别是在近临界航速附近时，$C_{p\min}$ 变化迅速。从图中还可看出，水深极浅时，$C_{p\min}$ 在临界航速附近达到极值，类似浅水舰船兴波阻力系数的"驼峰"现象，随着水深增加，$C_{p\min}$ 的位置朝小的 F_h 方向移动；而在相同水深条件下，随着横距增加，负峰压力系数曲线峰值朝临界航速方向移动。

4）负压系数峰值位置 $L_{p\min}$ 随 F_h 的后移变化规律

低 F_h 时，舰船水压通过曲线的 $L_{p\min}$ 在船舯靠后处，且位置比较稳定，这主要取决于

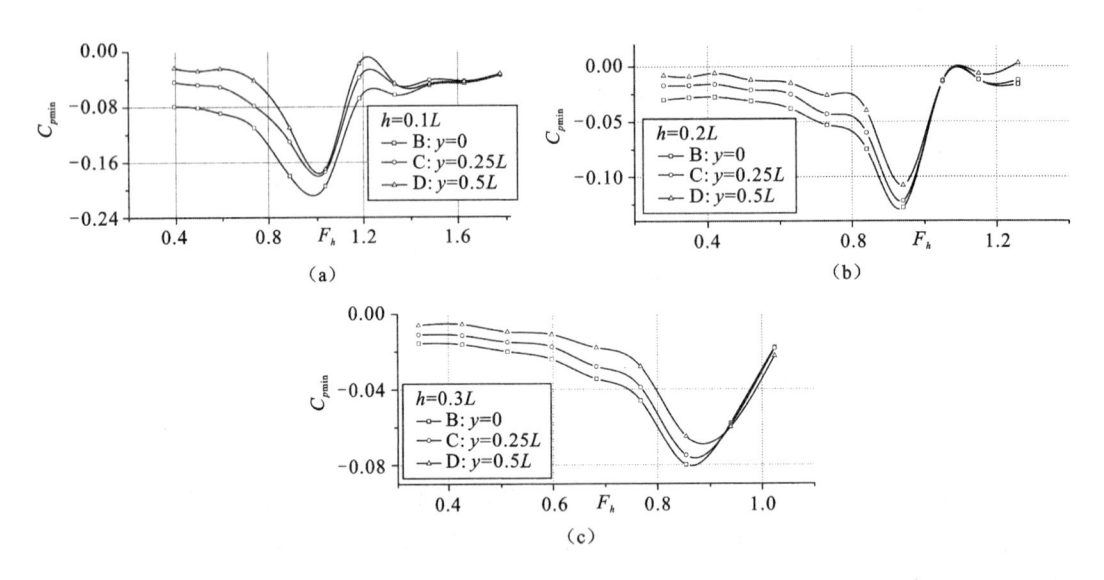

图 8.9　船模 A 负压系数峰值随 F_h 的变化

船体的横截面积分布；而当 F_h 增加时，$L_{p\min}$ 将向船艉方向移动，并有可能移至船艉之后，这与舰船兴波现象有关。水深较小时，$L_{p\min}$ 在跨临界航速范围内（$F_h = 0.8 \sim 1.2$）迅速后移，随着 F_h 增加，后移也进一步增加，但后移幅度与横距有关，横距越大，后移幅度越大，如图 8.10(a)、(b) 所示。水深增加时，负压系数峰值明显后移的水深 Froude 数也随之提前，如图 8.10(c)、(d) 所示。

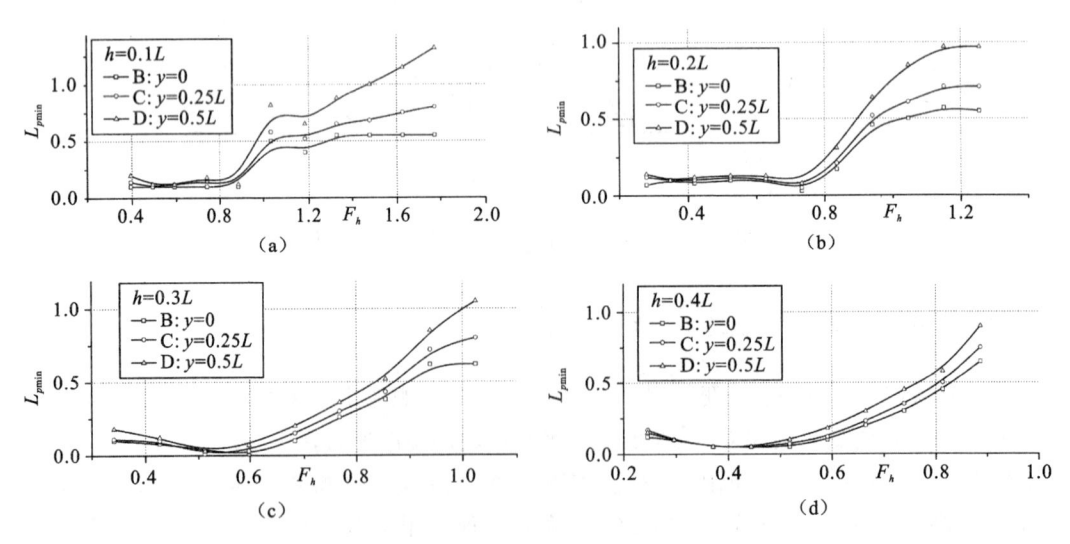

图 8.10　船模 A 负压系数峰值位置随 F_h 的变化

5) 负压区压力系数跨零间距 L_{p0} 随 F_h 的变化规律

根据 L_{p0} 和船速大小，可以确定负压持续时间，该持续时间是确定水雷触发爆炸的另一重要特征。在水深较小时,低亚临界航速范围内的 L_{p0} 变化较小,但在跨临界航速范围内($F_h = 0.8 \sim 1.2$),L_{p0} 先是迅速增加,而后迅速减小,在超临界航速范围内,L_{p0} 变化较小,如图 8.11 所示。

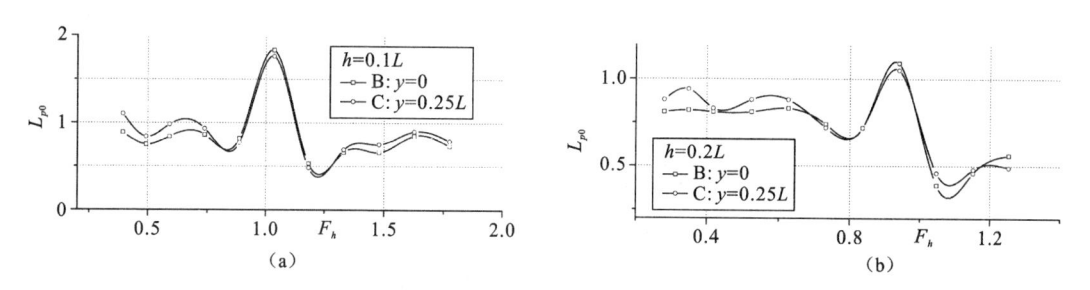

图 8.11 船模 A 负压区压力系数跨零间距随 F_h 的变化

如果仅考虑 $y=0$ 时的 L_{p0} 随水深和 F_h 的变化规律,从图 8.12 可以看出,在 $F_h < 0.8$ 时,L_{p0} 近似在 $0.75 \sim 0.95$ 之间变化。事实上,在浅水、薄船、亚临界航速条件下,利用第 2 章舰船水压场解析模型通过计算也可以得到 $L_{p0} = 0.835$,可见理论结果和实验结果基本一致。

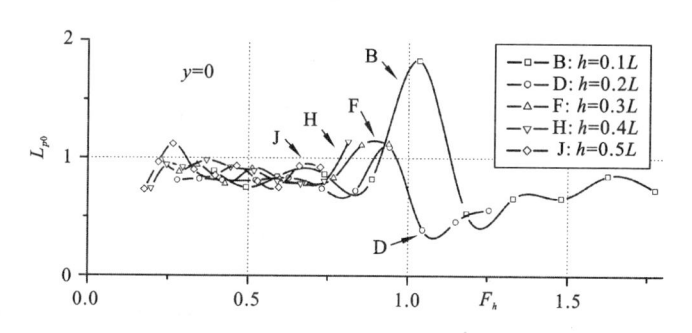

图 8.12 船模 A 负压区压力系数跨零间距随 F_h 的变化

6) 正压系数峰值随 F_h 的变化规律

船艏正压系数峰值 $C_{p\max1}$ 在 $F_h < 0.8$ 时变化较小,在 $F_h = 0.8 \sim 1.2$ 时变化迅速,而当 $F_h > 1.2$ 时,$C_{p\max1}$ 变化趋于平缓,如图 8.13 所示。船艉正压系数峰值 $C_{p\max2}$ 的变化规律与船艏正压系数峰值 $C_{p\max1}$ 的变化规律有所不同,在低亚临界航速时,$C_{p\max2}$ 变化平缓,在高亚临界航速时,$C_{p\max2}$ 迅速增加,接近临界航速时,$C_{p\max2}$ 大幅下降,随着 F_h 进一步增加,$C_{p\max2}$ 又迅速增加,随后变化趋于平缓,如图 8.14 所示。

7) 正压系数峰值位置随 F_h 的后移变化规律

在 $h = 0.1L$ 时,随着 F_h 增加,船艏正压峰值位置 $L_{p\max1}$ 和船艉正压峰值位置 $L_{p\max2}$ 均有后移的趋势,在 $F_h < 0.8$ 时,峰值位置后移不明显,在跨临界航速范围内($F_h = 0.8 \sim$

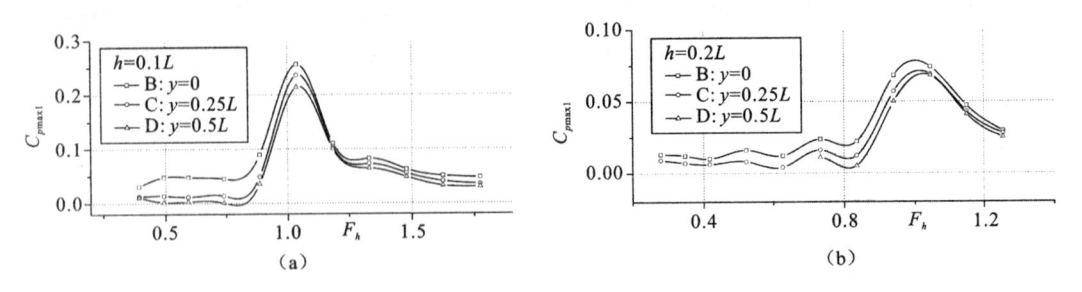

图 8.13　船模 A 船艏正压系数峰值随 F_h 的变化

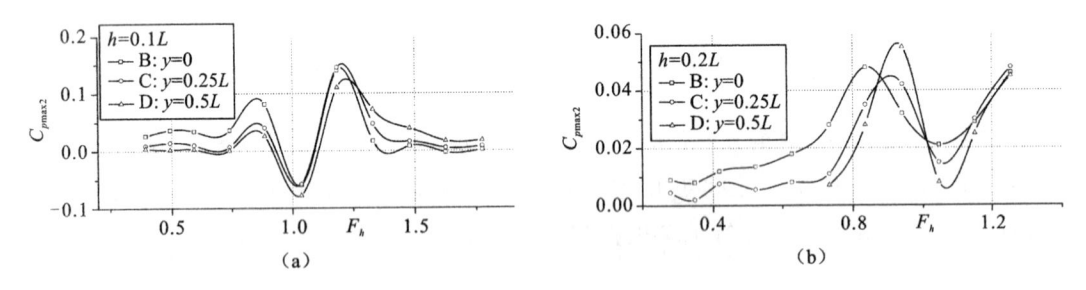

图 8.14　船模 A 船艉正压系数峰值随 F_h 的变化

1.2),峰值位置后移迅速,之后随着 F_h 增加,峰值位置还将进一步后移,如图 8.15(a)所示。在水深增加(如 $h=0.3L$)时,峰值位置后移规律与前者稍有不同,如图 8.15(b)所示。

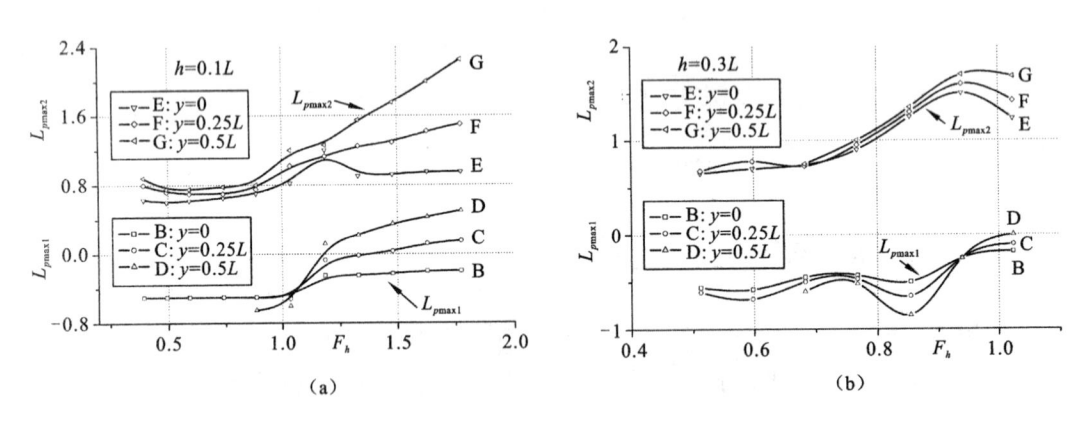

图 8.15　船模 A 正压系数峰值位置随 F_h 的变化

水深 Froude 数是舰船水压场的一个重要控制参数。舰船水压场的压力系数、船艏和船艉附近的正压系数峰值及其位置、船舯附近的负压系数峰值及其位置、负压区压力系数跨零间距等参数的变化规律均与水深 Froude 数密切相关。在低亚临界、跨临界和超临界航速时,上述参数呈现不同的变化规律,特别是在跨临界航速范围内,这些参数变化尤为剧烈。

8.2.2 船模 B

船模 B 无因次主尺度：$B/L=0.198, T/L=0.052, \nabla/L^3 = 4.738 \times 10^{-3}$，棱形系数 $\phi=0.63$。

1) 船模 B 典型水压通过曲线

在不同水深和速度条件下，船模 B 的典型水压通过曲线如图 8.16 所示。

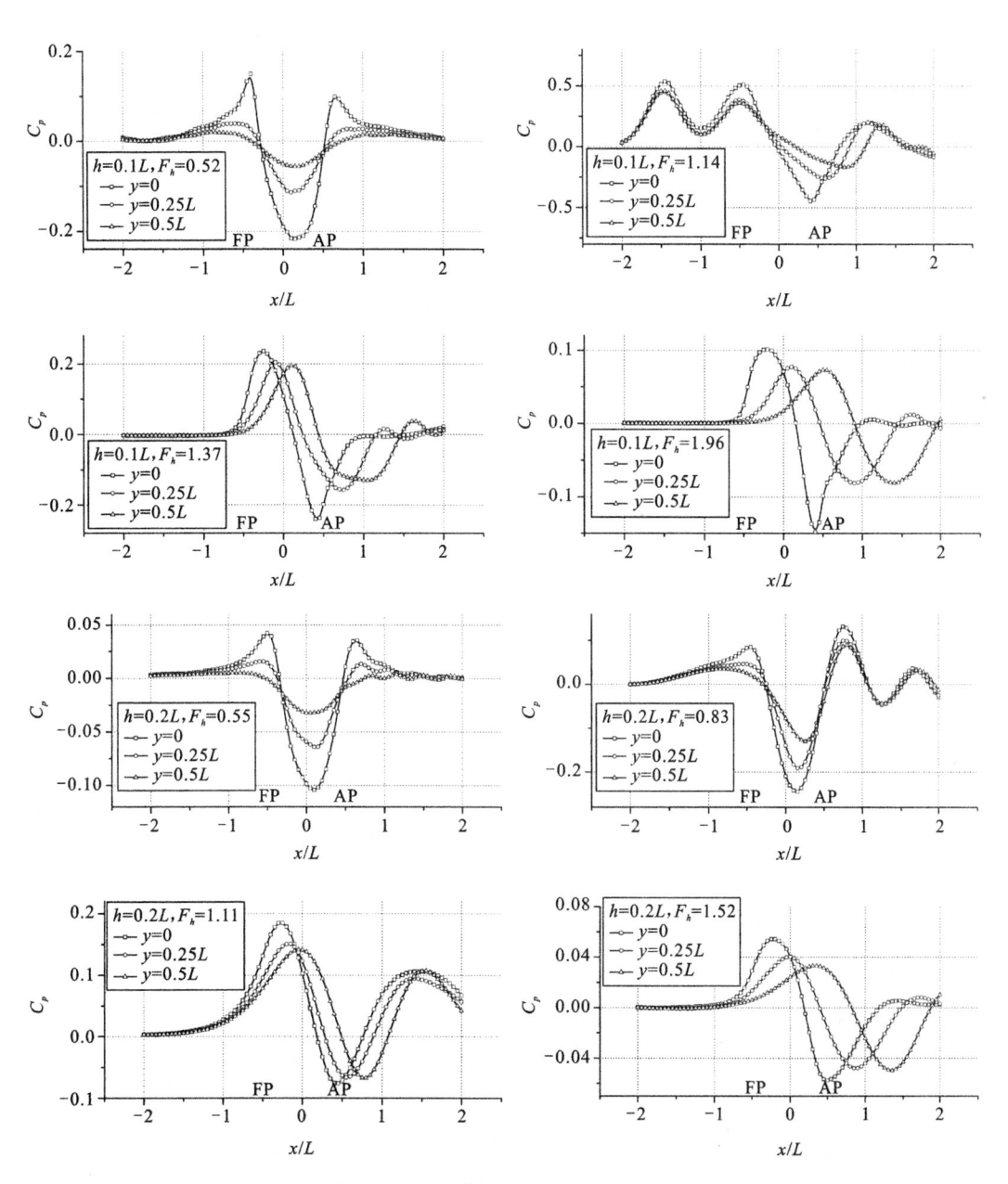

图 8.16 船模 B 典型水压通过曲线

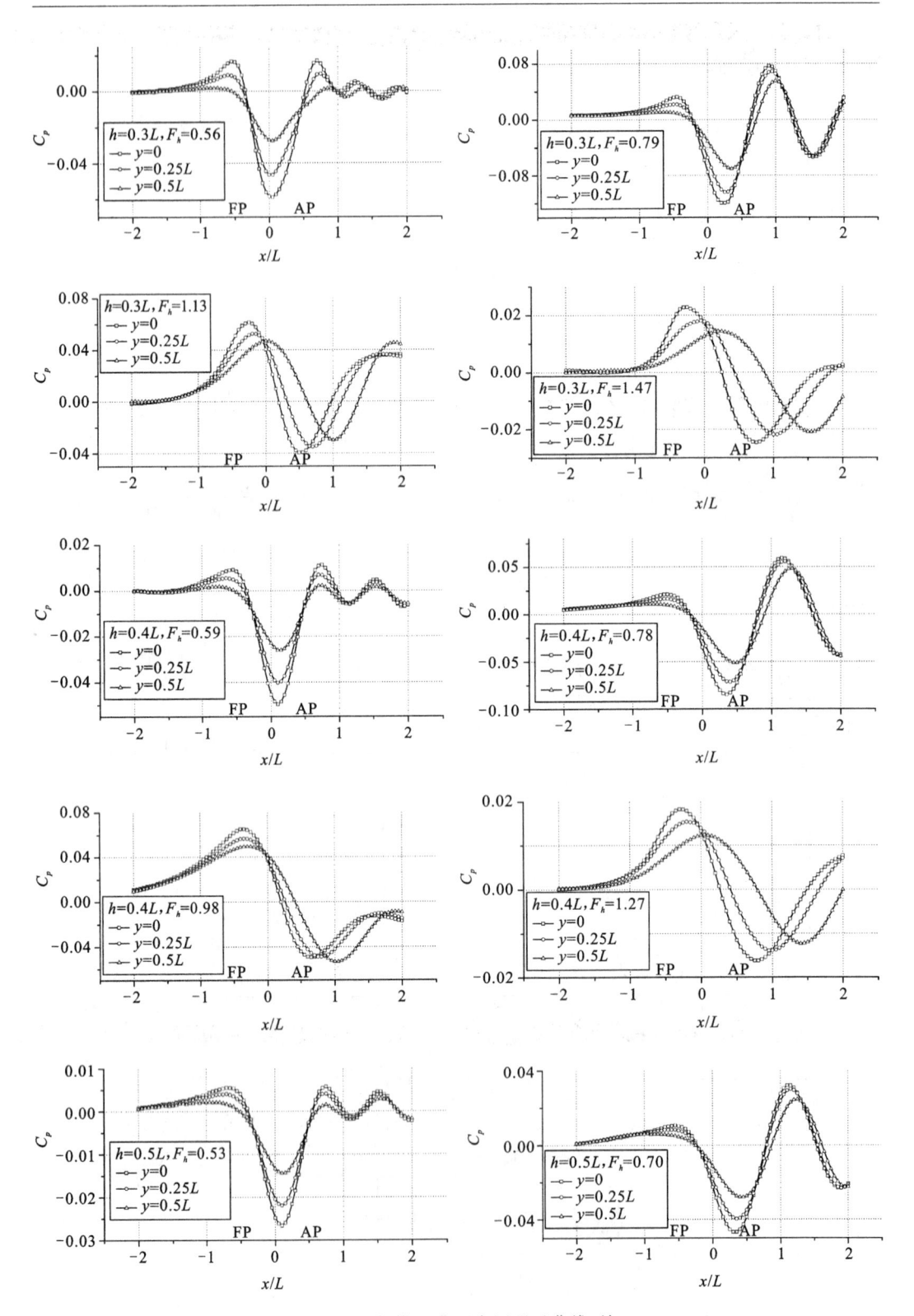

图 8.16　船模 B 典型水压通过曲线(续)

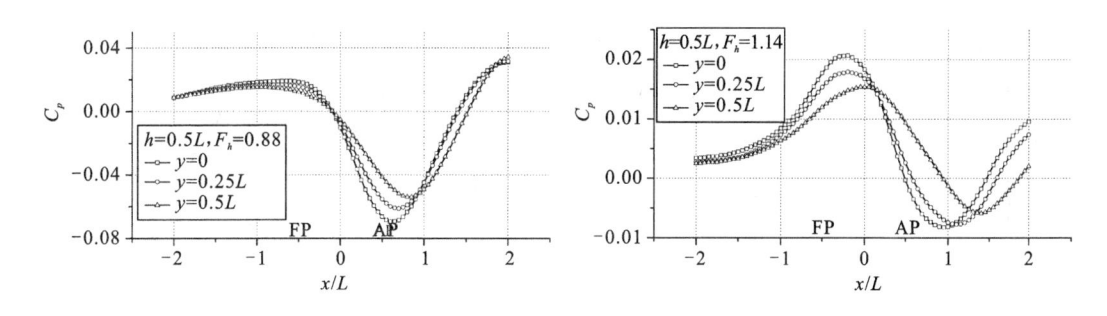

图 8.16　船模 B 典型水压通过曲线(续)

2) 船模 B 水压通过曲线特征分析

类似船模 A 水压通过曲线特征参数的定义，对船模 B 的水压场实验结果进行整理，可以分析得出类似船模 A 水压场的一些变化规律，如图 8.17 所示。

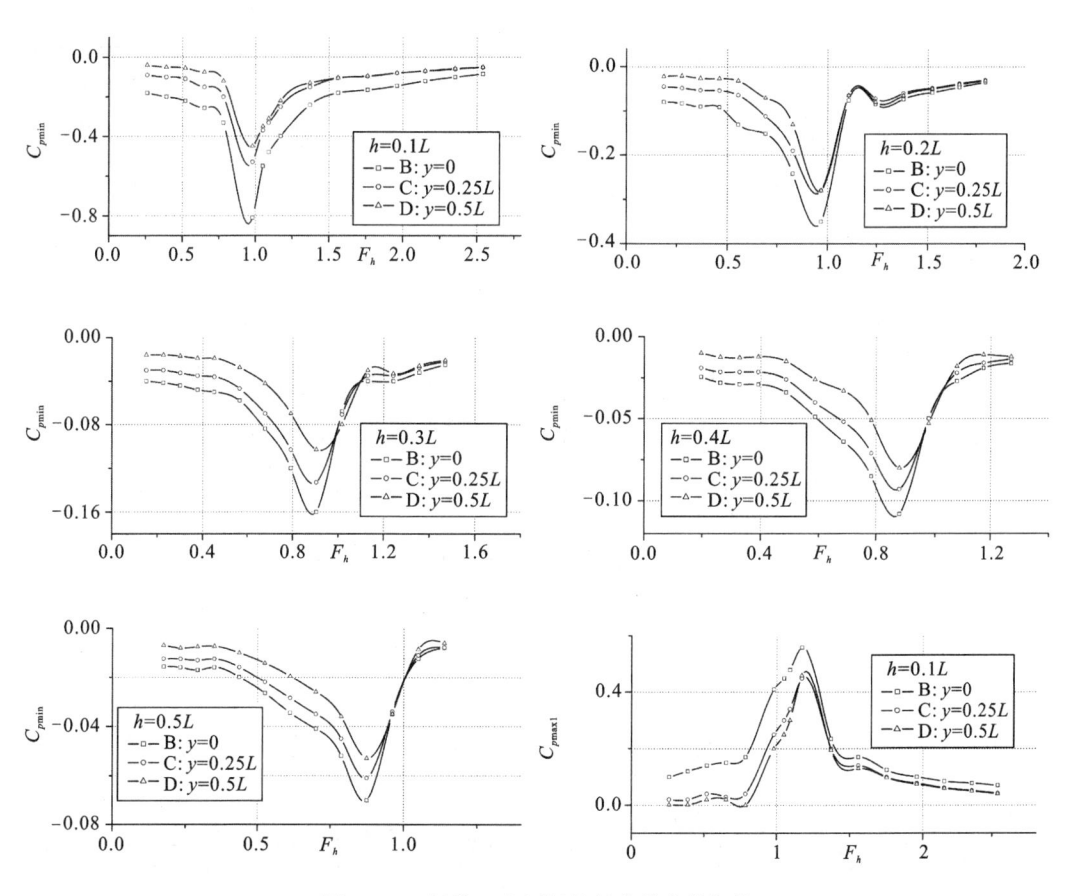

图 8.17　船模 B 水压场特征参数变化规律

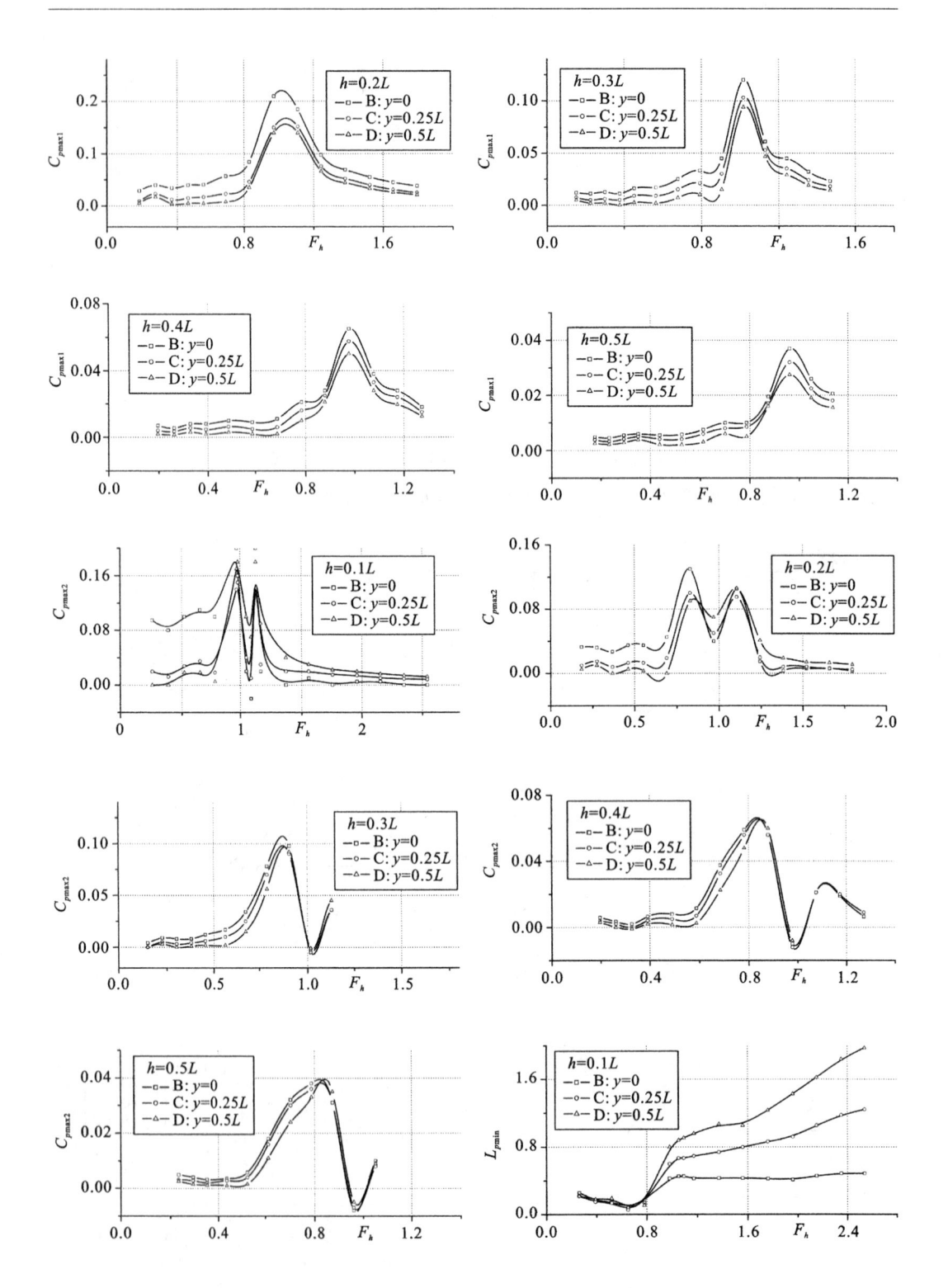

图 8.17 船模 B 水压场特征参数变化规律(续)

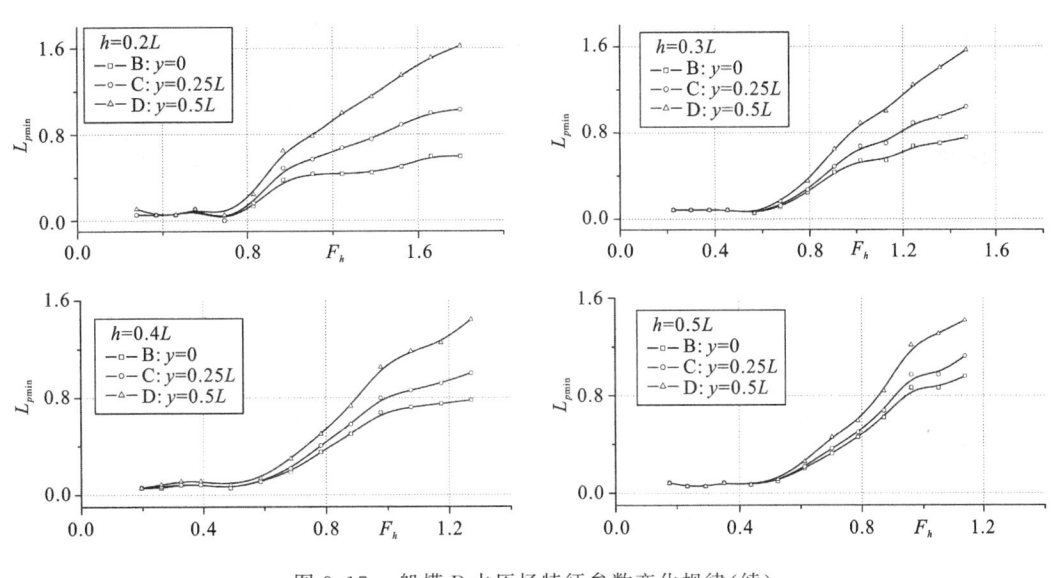

图 8.17　船模 B 水压场特征参数变化规律(续)

8.2.3　船模 C

船模 C 为水下潜体，其光体长度取为 1，最大直径为 0.085，线型如图 6.4 所示。在测量船模 C 水压场时，为了能够实现水下稳定拖曳，在拖车纵向位置上固定安装了两根垂直朝下的剑，连接在船模的前端和尾部，起到固定和牵引的作用，船模 C 拖曳方式如图 8.18 所示。由于剑穿出水面，尽管剑为翼型剖面，但在高速拖曳时仍会引起水面较大的兴波，因而测量结果中综合包含了船模 C 本身和剑运动引起的水压场。

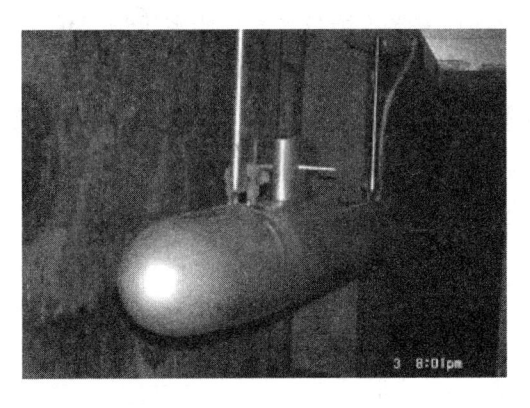

图 8.18　船模 C 拖曳方式

1) 船模 C 典型水压通过曲线

在水深 $h = 0.83L$ 保持不变情况下，改变船模 C 距底高度 H 和拖曳速度 V，通过实验测得的船模 C 水压场典型通过曲线如图 8.19 所示。

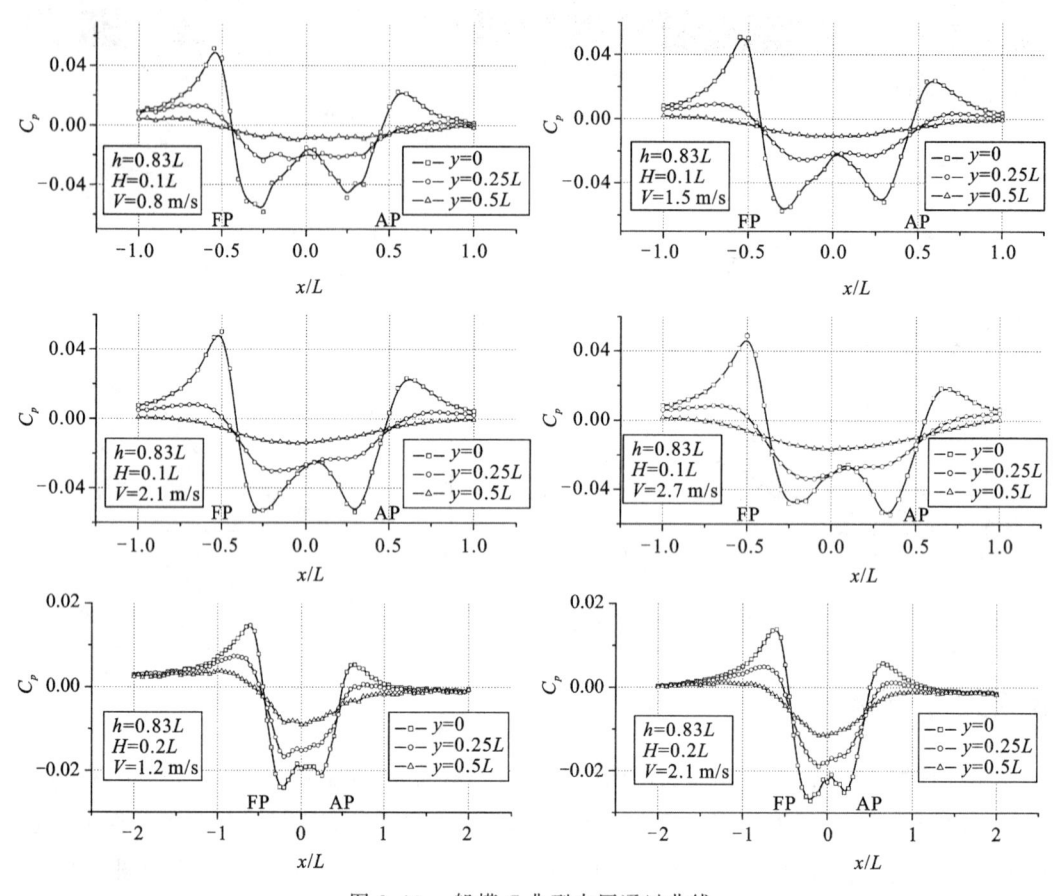

图 8.19　船模 C 典型水压通过曲线

2) 船模 C 水压通过曲线特征参数描述

当船模 C 在水面航行时,其水压场与水面舰船水压场变化规律类似。当船模 C 潜航时,根据水深、潜深和航速的不同,船模 C 水压场有与舰船水压场变化规律不尽相同的特性。船模 C 近底航行时水压场负压区呈现"W"型,随着距底高度增加,负压区逐渐由"U"型转为"V"型。船模 C 典型水压通过曲线特征参数描述如图 8.20 所示。

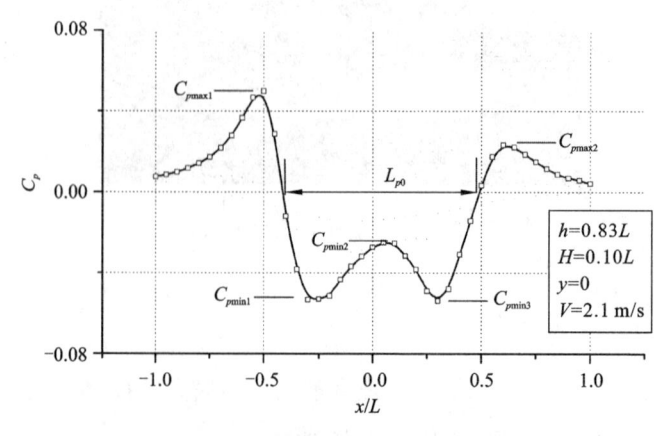

图 8.20　船模 C 典型水压通过曲线特征参数描述

从图中看出，船模 C 艏部下方为正压区，舯部下方大部分区域为负压区，艉部下方仍为正压区。除艏部正压峰值 $C_{p\max1}$ 比艉部正压峰值 $C_{p\max2}$ 要大以外，水压通过曲线基本呈左右对称分布。当船模 C 距水底较近时，负压区通常呈"W"型分布，负压峰值分别用 $C_{p\min1}$，$C_{p\min2}$ 和 $C_{p\min3}$ 表示；当场点距船模 C 距离大约为 $0.25L$ 时，负压区通常呈"U"型分布；当场点距船模距离进一步增加时，负压区通常呈"V"型分布。对于负压区为"U"型和"V"型分布时，仅有一个负压系数峰值且记为 $C_{p\min}$。因此，根据负压区的形状，大致可以判断船模距离水底的远近。

3) 压力系数峰值随速度的变化关系

与水面舰船压力系数峰值随水深 Froude 数的变化规律不同，在大潜深情况下，船模 C 水压场通过曲线形状和压力系数峰值基本不随速度增加而变化。也即是说，水底压力变化与航速的平方成正比，此与不计及兴波影响的潜艇水压场理论模型计算结果相一致。当船模 C 距水底更远即离水面更近时，随着航速增加，船模 C 水压场压力系数峰值将不再保持为常数。说明船模 C 兴波影响不容忽视，此时采用理论模型进行计算应计入兴波的作用。压力系数峰值随速度的变化关系如图 8.21 所示。

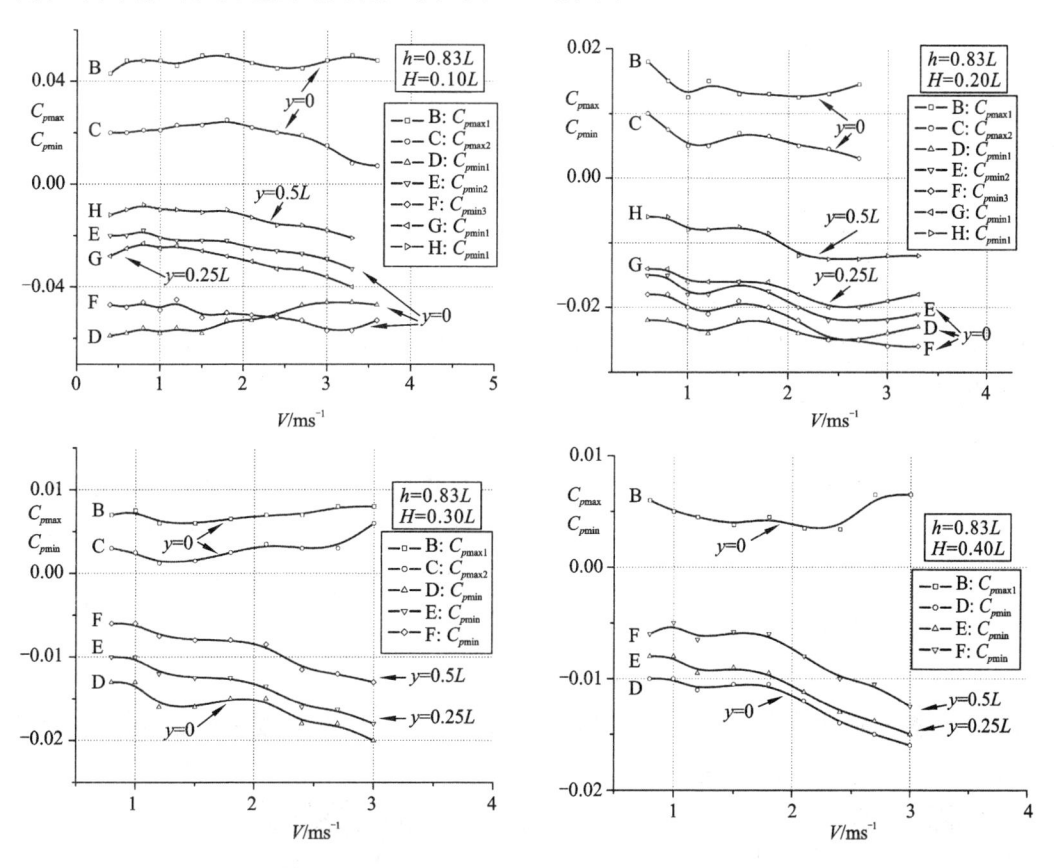

图 8.21 船模 C 压力系数峰值随速度的变化关系

4) 负压区压力系数跨零间距 L_{p0} 随速度的变化规律

船模 C 的 L_{p0} 随速度增加或水深增加而缓慢增加,如图 8.22 所示,这与水面舰船有所不同。航速相同时,L_{p0} 随船模 C 距底高度增加而增大;距底高度一定时,L_{p0} 随船模 C 航速增加而增大。但在船模 C 距底较近(如 $H = 0.1L$)时,L_{p0} 随速度增加基本保持不变,说明 L_{p0} 的变化也与船模 C 兴波现象密切相关。

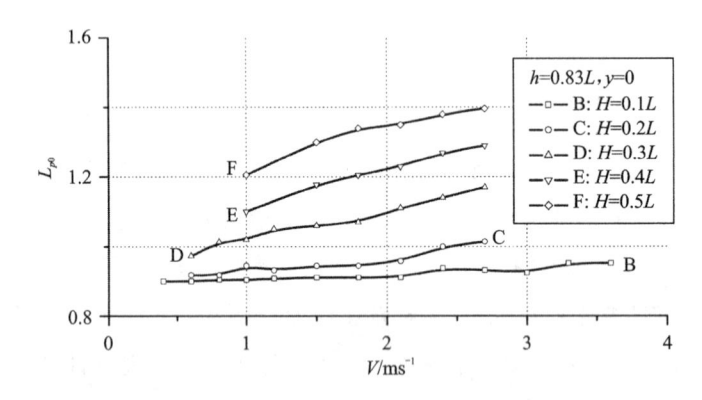

图 8.22 船模 C 的 L_{p0} 随速度的变化关系

8.3 波浪水压场特性曲线

8.3.1 规则波水压场

通过造波机产生波浪,波浪要素由浪高仪记录,对应的水底压力由水压场测量系统记录。以下对规则波浪、非规则波浪、舰船在规则波浪中航行以及舰船在非规则波浪中航行的水压场基本特征进行简单介绍[87]。

规则波水压场。水深 $h = 2.0$ m,通过浪高仪和压力传感器记录的水面波形和水底压力随时间的变化如图 8.23 所示。图中横坐标为记录的时间 t,单位为 s;纵坐标为浪高和水底压力变化 ζ 及 p_b,为便于比较,单位均采用 mmH$_2$O 柱。对微幅规则波,也通过水面波形可以预报水底压力变化。首先根据实测的波形曲线计算出波浪平均周期 T(或圆频率 $\omega = 2\pi/T$),由有限水深色散关系

$$\omega^2 = kg\tanh(kh) \tag{8.5}$$

计算出波数 k(或波长 $\lambda = 2\pi/k$)。在图 8.23 中,已知 $T = 2.37$ s,故 $k = 0.783$ m^{-1},然后根据下式计算规则波在水底引起的压力变化为

$$p_b = \frac{\rho g A}{\cosh(kh)}\cos(kx - \omega t) = \frac{\rho g \zeta}{\cosh(kh)} \tag{8.6}$$

式中:A 为波幅,ρ 为水密度,g 为重力加速度,ζ 为波高。

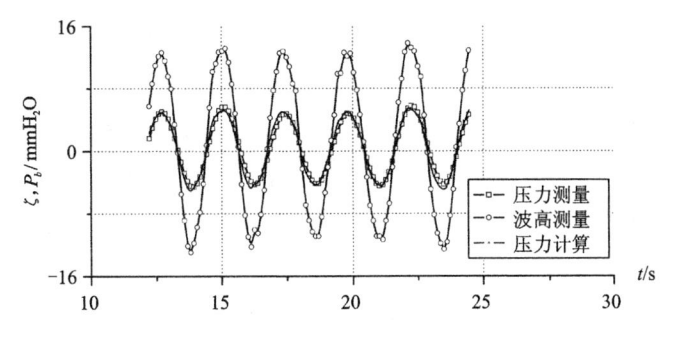

图 8.23　规则波水面波形和水底压力变化

类似地,在图 8.24 中,有 $T = 4.07\text{ s}, k = 0.38\text{ m}^{-1}$。可见对微幅规则波,理论预报和实验测量的水底压力变化均具有较好的一致性。从中还可发现,周期短、波数大的波浪,水中压力衰减幅度较大,反之较小。

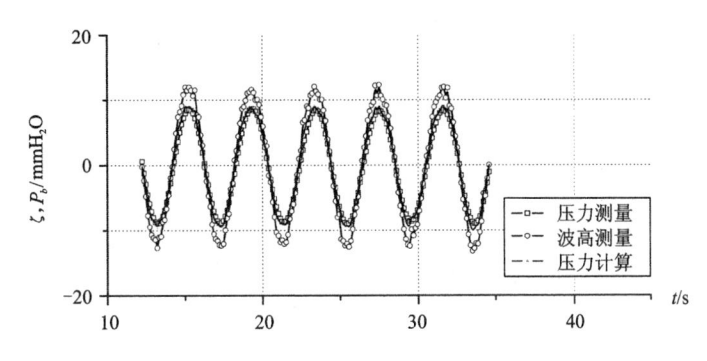

图 8.24　规则波水面波形和水底压力变化

8.3.2　非规则波水压场

变波高情况。水深 $h = 2.0\text{ m}$,根据要求使造波机产生周期基本相同但波高不同的波浪,同时记录浪高和水底压力变化。从浪高仪记录的波高曲线中计算出波浪平均周期,类似规则波的压力计算方法,进一步计算出水底压力的历时曲线,并与实验结果进行对比,发现两者也具有较好的一致性,如图 8.25 所示。

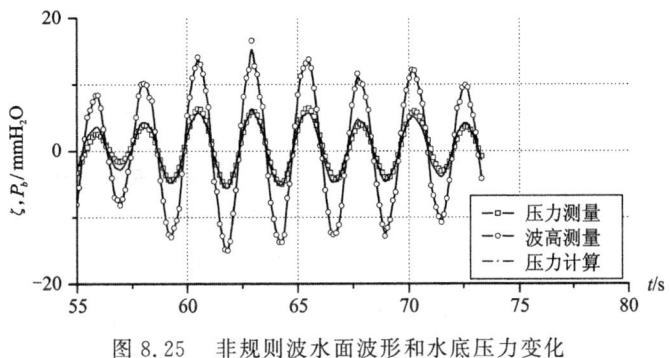

图 8.25　非规则波水面波形和水底压力变化

变周期、变波高情况。水深 $h=2.0\text{ m}$，使造波机产生变周期、变波高的波浪，同时记录波高和压力变化过程，如图 8.26 所示。实验结果表明：

(1) 在造波机启动初始阶段（$t=3\sim12\text{ s}$），造波机转动频率较慢，波浪周期较长，波长较长，因此水中压力衰减小，而且水底压力针对表面波浪变化的跟随性也较好。

(2) 在波浪周期逐渐减小阶段（$t=12\sim35\text{ s}$），虽然波高有所增加，但是波长减小，水底压力衰减率增大，因此，随着波高逐渐增加，水底压力反而逐渐减小，但水底压力跟随性仍较好。

(3) 在 $t>35\text{ s}$ 以后，先期的波浪反射回来，与造波机产生的波浪在压力传感器附近激起更大的波浪，此时波高明显增加，水底压力也有所增加，但是两者增加的幅度并不成比例。

(4) 在 $t>50\text{ s}$ 以后，波高仍然大幅度振荡，具有较强的随机性，此时水底压力针对水面波浪的跟随性不好，有些压力峰值被抹平，压力变化的周期也随之变大。根据水面波浪要素对水底压力变化进行预报的方法见第 9 章。

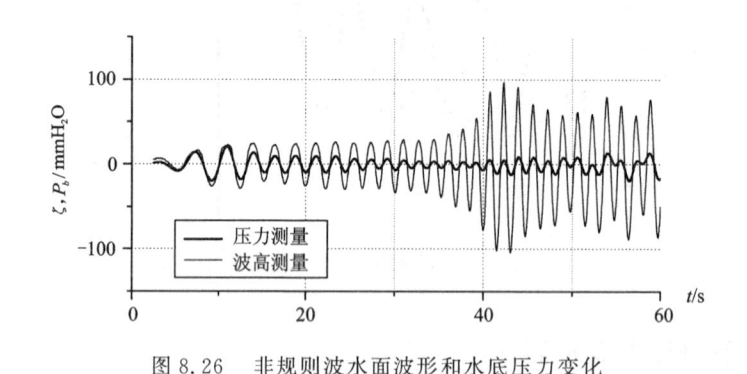

图 8.26 非规则波水面波形和水底压力变化

8.3.3 船模 B 及其与规则波相互作用的水压场

在水深 $h=0.2L$、水深 Froude 数 $F_h=0.55$ 的情况下，首先进行不造波条件的船模水压场实验，并同时记录横距 $y=0.25L$ 的水面兴波和水底压力变化，实验结果如图 8.27 所示。为了便于进行浪高和水底压力的对比，特别地将船模引起的水底压力变化由压力系数转换成 mmH_2O 柱高度。从图中看出，船模首尾通过测量点的时间约为 2.0 s，其引起兴波的波幅在 $\pm18\text{ mm}$ 之内，水底压力变化在 $\pm5\text{ mm}$ 之内。虽然船模兴波的波高曲线呈现振荡变化，但水底压力变化却有相当光滑的曲线，主要原因是船模水压场是由 Bernoulli 效应和兴波水压场两部分组成，在水深 Froude 数较低情况下，船模兴波的高频振荡在水底引起的压力变化衰减较大，因而在舰船水压场中占据的份额较小。

其次，在同样的水深和水深 Froude 数条件下，进行造波和船模水压场实验。在造波机产生稳定规则波后，船模顶浪航行，浪高和相应的水底压力变化记录曲线如图 8.28 所示。

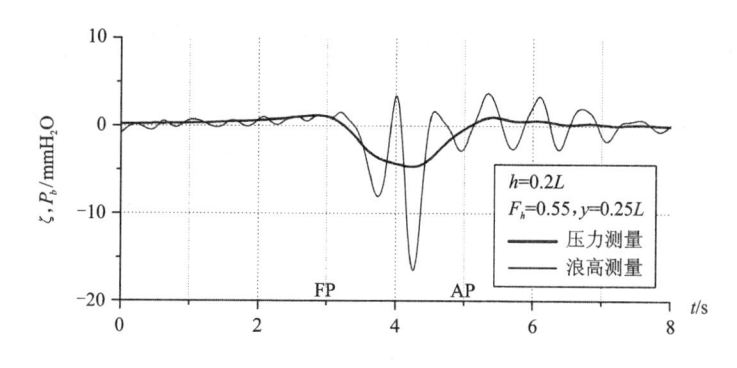

图 8.27 船模 B 水面波形及其水底压力变化

实验结果表明：

(1) 在 $t < 37$ s 时,实验结果中记录的是规则波的波高及其水底压力信号,水底压力具有较好的跟随性,并可通过波浪要素进行计算得到。

(2) 在 $t = 37$ s 以后,船模接近并通过测量点,浪高仪和压力传感器记录的是规则波和船模兴波共同作用下产生的浪高及其水底压力变化信号,此时水压场与规则波水压场有明显区别。

(3) 在 $t > 45$ s 以后,反射波回来并通过测量点,与原来遗留下来的波浪共同作用,形成更大波幅和更大的水底压力变化。

从图 8.28 看出,规则波浪的最大波幅在 ± 5 mm 左右,引起的最大水底压力变化在 ± 3 mm 左右,而规则波浪和船模兴波叠加的波浪波幅为 ± 21 mm 左右,水底压力变化为 ± 7 mm 左右。对比图 8.27 看出,规则波与舰船兴波叠加以后的浪高和压力变化没有超过上述两者的线性叠加,由于船模水压场信号比规则波水压场信号明显,因此船模水压场通过曲线的形状受波浪水压场的影响较小。

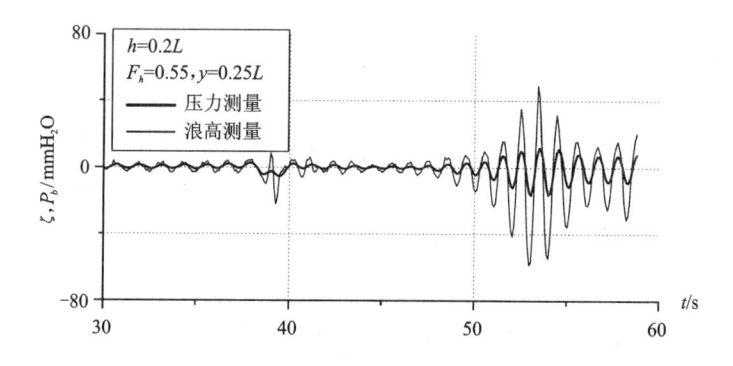

图 8.28 船模 B 与波浪相互作用的水面波形和水底压力变化

8.3.4 船模 B 及其与非规则波相互作用的水压场

船模亚临界航速情况。首先,进行不造波条件的船模水压场实验,记录 $h=0.2L$,$F_h=0.69$,$y=0.25L$ 时的船模兴波波高和水底压力变化,如图 8.29 所示。其次,在同样的条件下,进行造波和船模航行实验,浪高及水底压力变化如图 8.30 所示。

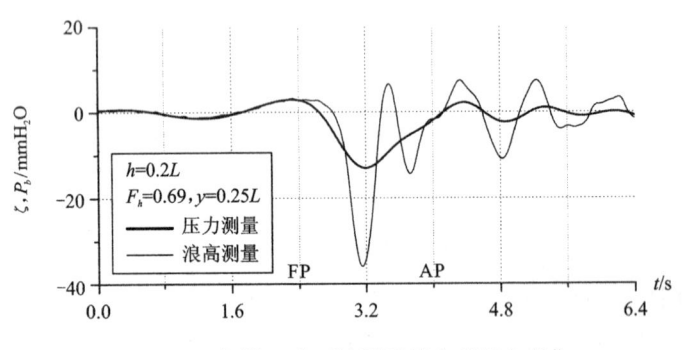

图 8.29 船模 B 水面波形及其水底压力变化

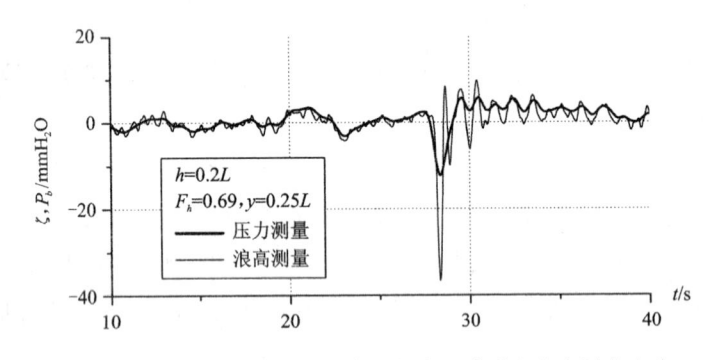

图 8.30 船模 B 与波浪相互作用的水面波形和水底压力变化

实验结果表明:

(1) 在 $t<25\,\mathrm{s}$ 时,记录的是非规则波浪的波高及其在水底产生的压力历时曲线,水面波高较小,周期较短,频率较高。由于高频分量在水底衰减较大,因此水底压力较小,曲线变化较为平滑,但浪高和水底压力的波峰、波谷之间仍有较好的跟随性。

(2) 在 $t=27\,\mathrm{s}$ 左右,船模通过浪高仪和水底压力传感器附近,虽然船模处于亚临界航速区运动,但船模兴波波幅相对非规则波浪波幅要大得多,因此,航行船模引起的兴波和水底压力变化占据主要地位,从波高、压力记录曲线中,可以清楚判断船模的存在和具体位置。当船模通过测量点后,船模尾波和非规则波浪继续导致波高和水底压力的振荡变化并逐步衰减。

根据图 8.29 和图 8.30 看出,船模首尾通过测量点的时间约为 1.6 s,航行船模引起的波幅在 $\pm 36\,\mathrm{mm}$ 之内,水底压力变化在 $\pm 13\,\mathrm{mm}$ 之内,非规则波浪的最大波幅在 $\pm 5\,\mathrm{mm}$

左右,引起的最大水底压力变化在±4 mm之内,而非规则波浪和船模兴波叠加的波高达到±38 mm左右,水底压力变化峰值达到±13 mm左右,说明叠加以后的浪高和压力变化没有超过非规则波浪和舰船兴波的线性叠加,在非规则波浪中仍然反映出了航行船模水压场的特征。

船模超临界航速情况。首先进行不造波条件下的船模水压场实验,记录 $h = 0.2L$, $F_h = 1.25$, $y = 0.25L$ 时船模的兴波和水底压力变化,船模首尾通过测量点的时间约为 0.9 s,航行船模引起的波幅在±60 mm之内,水底压力变化在±30 mm之内,船模处于超临界航速运动时,水面兴波与水底压力变化波形显示了较好的一致性,如图 8.31 所示。其次,在不规则波的基础上,同时进行船模水压场实验,记录浪高及水底压力变化,如图 8.32 所示。实验结果显示:

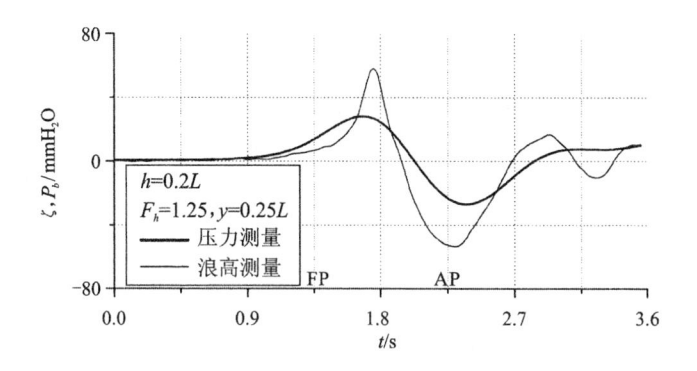

图 8.31　船模 B 水面波形及其水底压力变化

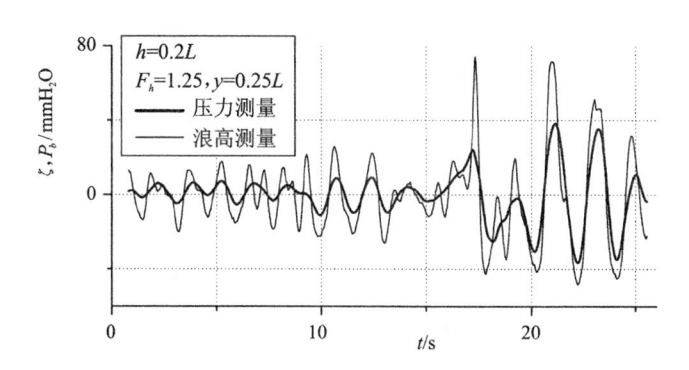

图 8.32　船模 B 与波浪相互作用的水面波形和水底压力变化

(1) 在 $t < 15\text{ s}$ 时,记录的是非规则波浪的波高及其在水底产生的压力历时曲线,水底压力和水面波高之间具有较强的关联性。

(2) 在 $t = 17\text{ s}$ 左右,船模通过浪高仪和水底压力传感器附近,由于船模以超临界航速运动,船模引起的兴波波幅较大,加之非规则波浪和船模兴波相互作用,因而导致较大的波高变化,同时在水底也形成较大的压力变化,船模通过之后继续维持波高和水底压力的较大幅度振荡。

非规则波浪的最大波幅在±20 mm左右,引起的最大水底压力变化在±10 mm左右,而非规则波浪和船模兴波叠加的波高达到±80 mm左右,水底压力变化达到±40 mm左右,叠加以后的浪高和压力变化没有超过非规则波浪和舰船兴波的线性叠加,但船模水压场通过曲线的形状受非规则波浪的影响已发生了较大变化。

上述实验结果表明,在某些条件下,水面波浪对舰艇水压场的干扰较小,在波浪中航行的舰艇水压场具有明显的特征,容易区分和识别;而在另外一些条件下,水面波浪的压力场对船模水压场信号存在较大的畸变性和掩盖性,从包含波浪和船模的水底压力信号中,很难判断船模是否存在及其存在的确切位置,因此是一个需要进一步深入研究的课题。

依据相似理论,本章介绍了进行舰艇模型水压场实验需要满足的相似准则和换算方法;研制了高精度的水面波浪-水底压力船池测量系统,对两种水面舰船模型和一种潜艇模型的水面兴波波形和水底压力变化进行了系统测量;初步研究了舰船兴波、规则波和非规则波浪波形与水底压力之间的变化关系,分析了舰船在波浪中航行时水压场的基本特征。

实验研究表明:

(1) 水深Froude数是影响水面舰船水底压力变化的一个重要控制参数。舰船水压场通过曲线、正负压系数峰值及其位置、负压区压力系数跨零间距等参数的变化均与水深Froude数密切相关。在不同的航速范围(亚临界、跨临界和超临界航速)内,水压场特征参数呈现不同的变化规律。

(2) 当潜艇潜航时,根据水深、潜深和航速的不同,潜艇水压场与水面舰船水压场的变化规律不尽相同。潜艇在大水深、近底航行时,潜艇水压通过曲线及其特征参数与水深Froude数或航速变化基本无关。

(3) 水面舰船低速航行时,舰船水压场主要由Bernoulli效应引起,舰船兴波与水底压力峰谷变化基本上没有一致性;水面舰船高速航行时,舰船水压场主要由兴波效应引起,水底压力变化相对舰船兴波而言具有较好的跟随性。

(4) 规则波水压场相对规则波波形而言具有较好的跟随性,利用规则波理论模型可以对水压场进行比较准确的预报。舰船在波浪中航行时,将引起舰船周围的水面波浪和水底压力发生比较复杂的变化,之间关系有待于进一步研究。

第9章 基于波浪和速度测量方法获取舰船水压场

基于水面波形测量结果,采用 Fourier 级数展开法计算其系数,通过计算各组成波的振幅和初相位角,利用线性叠加法反演重构出原来水面波形,根据有限水深色散关系计算不同频率组成波的波数,从而进一步计算出非规则波、舰船兴波以及舰船在波浪中航行时的水面波形在水底引起的压力变化[88]。在无法获取水面波形数据情况下,基于已有的有限水深海浪谱,给出了一种通过海浪谱来模拟随机海浪从而计算水底压力变化的方法。另外,基于速度场测量,给出了一种利用纵向扰动速度分量间接获取舰船水压场特性的方法[89]。

9.1 基于水面波形测量方法

海浪通常可视为一平稳随机过程,描述一个固定点的波面可由一系列不同周期和不同随机初位相的余弦波叠加而成

$$\zeta(t) = \sum_{i=0}^{M} a_i \cos(\omega_i t + \theta_i) \tag{9.1}$$

式中:$\zeta(t)$ 为波动水面相对于静水面的瞬时高度;a_i,ω_i,θ_i 分别为第 i 个组成波的振幅、圆频率和初位相。

将式(9.1)改写成下列形式

$$\zeta(t) = \frac{A_0}{2} + \sum_{i=1}^{M} (A_i \cos\omega_i t + B_i \sin\omega_i t) \tag{9.2}$$

式中:$A_i = a_i\cos\theta_i, B_i = -a_i\sin\theta_i$。其中

$$a_i = \sqrt{A_i^2 + B_i^2}, \quad \theta_i = \tan^{-1}\left(\frac{-B_i}{A_i}\right) \tag{9.3}$$

因此,以上问题归结为求 A_i 和 B_i,这可由 Fourier 级数法求得。通过把实验测量的水面波形 $\zeta(t)$ 展开成 Fourier 级数,得其系数为

$$A_i = \frac{2}{T}\int_0^T \zeta(t)\cos\omega_i t\,\mathrm{d}t = \frac{2}{N}\sum_{n=1}^{N}\zeta(t_n)\cos\omega_i t_n \tag{9.4}$$

$$B_i = \frac{2}{T}\int_0^T \zeta(t)\sin\omega_i t\,\mathrm{d}t = \frac{2}{N}\sum_{n=1}^{N}\zeta(t_n)\sin\omega_i t_n \tag{9.5}$$

式中:$i = 0,1,2,\cdots,M; B_0 = 0;\omega_i = i2\pi/T; T = N\Delta t$($\Delta t$ 为采样时距,N 为总的样本个数);$t_n = nT/N = n\Delta t$;取 $M = N/2$ 以满足 Nyquist(奈奎斯特)采样定理。

利用式(9.4)、式(9.5)计算得到 A_i 和 B_i 后,即可利用式(9.3)计算各组成波的振幅

a_i 和初相位角 θ_i，然后再代入式(9.1)即可通过数学模拟方法反演重构出原来波形[90~92]。计算 θ_i 时，注意其为多值函数，应判断其所在象限。

基于线性叠加方法可进一步计算出有限水深随机海浪在水底引起的压力变化

$$p_b(t) = \rho g \sum_{i=0}^{M} K_{pi} a_i \cos(\omega_i t + \theta_i) \tag{9.6}$$

式中：p_b 为水底压力变化；ρ 为水密度；g 为重力加速度；$K_{pi} = 1/\cosh(k_i h)$ 为波压转换函数，是一个衰减因子；k_i 为与圆频率 ω_i 相对应的第 i 个组成波的波数；h 为水深。

通过有限水深色散关系，可对 k_i 进行计算，即

$$\omega_i^2 = k_i g \tanh(k_i h) \tag{9.7}$$

对于已知的圆频率 ω_i，波数 k_i 可由 Newton 迭代法求出。

计算结果的实验验证。图 9.1 为造波机所造非规则波的波形及其水底压力变化的测量曲线，水深 $h = 0.72$ m。横坐标为时间历程 $t(s)$，纵坐标为水面波形 ζ 和水底压力变化 p_b（为便于对比，单位均采用 mmH$_2$O 柱）。图 9.2 为依据图 9.1 水面波形测量数据，根据式(9.1)~式(9.5)反演得到的水面计算波形与测量波形之间的比较，两者之间近乎重合。在所有算例中，无论是非规则波、舰船兴波，还是舰船在波浪中航行时的水面波形，反演结果和实验结果均非常吻合。图 9.3 为依据反演的各组成波，通过式(9.6)、式(9.7)计算得到的水底压力变化与测量结果之间的比较，可见两者之间也非常吻合。

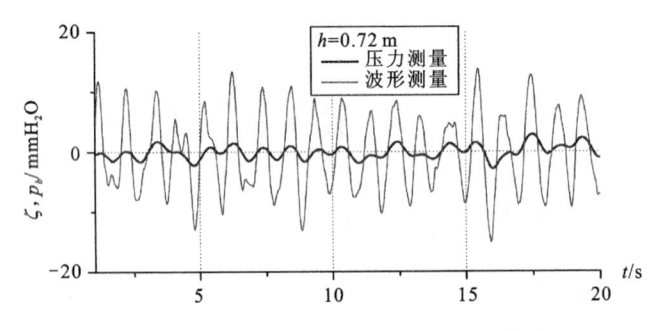

图 9.1 水面波形与水底压力变化测量结果

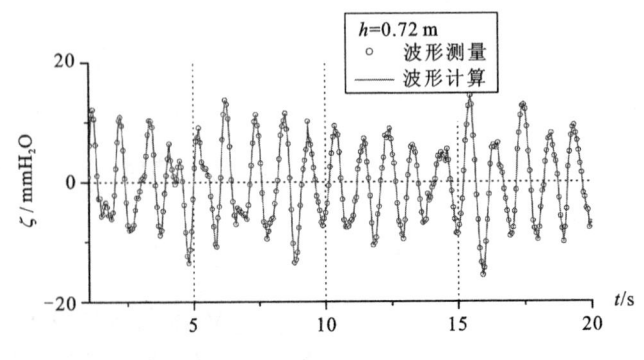

图 9.2 水面波形测量与反演结果比较

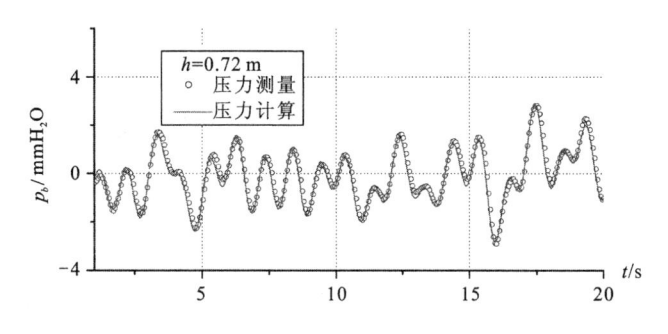

图 9.3　水底压力变化测量与计算结果比较

类似由水面波浪计算水底压力的做法,依据水底压力测量结果反演水面波浪时,要对不同频率的压力组成波波幅乘以放大因子 $\cosh(k_i h)$,该因子对高频波而言数值巨大,如果不对压力信号进行高频滤波就进行反演,则有可能出现不合理结果。这里仅考虑 $k_i h \leqslant 1.2\pi$,即 $h/\lambda_i \leqslant 0.6$ 的压力组成波参与对波浪反演的计算,忽略高频压力波对波浪的贡献,则依据图 9.1 水底压力变化测量结果反演水面波形时,将会在峰值上出现一定误差,如图 9.4 所示。如何依据水底压力变化准确反演水面波形值得进一步深入研究。

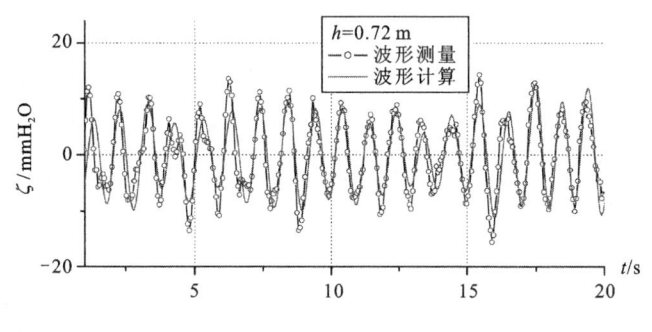

图 9.4　水面波形测量与计算结果比较

图 8.27、图 9.5 和图 9.6 是船模 B 在静水中航行时所测量的水面兴波和水底压力变化曲线。图 8.27 中船模出现在 $t=3\sim5\,\mathrm{s}$ 之间,实验结果表明,水面波形相对于水底压力变化振荡频率较高,水面波形和水底压力变化之间并非完全峰谷对应,水体作用等价于一个低通滤波器,水底压力变化较之于表面波有更低的频率,更长的周期。图 9.5 中 $F_h=1.80$,处于超临界航速,船模出现在 $t=0.9\sim1.5\,\mathrm{s}$ 之间,水面波形与水底压力变化振荡频率基本一致。图 9.6 中 $F_h=1.14$,处于浅水跨临界航速范围内,船模出现在 $t=2.0\sim3.4\,\mathrm{s}$ 之间,船前形成多个孤立波,水面波形与水底压力变化之间幅度和频率接近一致,水底压力变化基本无衰减。

利用图 8.27、图 9.5 和图 9.6 中的水面波形测量结果通过式(9.1)~式(9.7)计算水

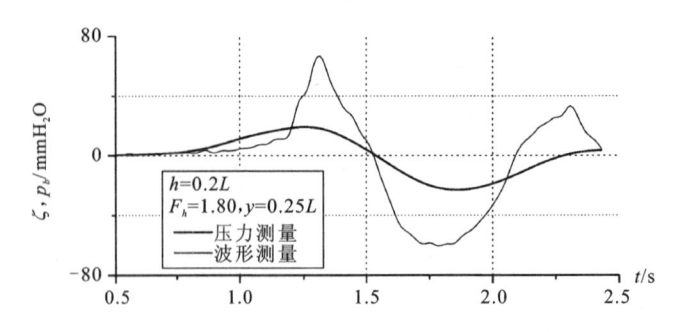

图 9.5　船模 B 兴波与水底压力变化测量结果

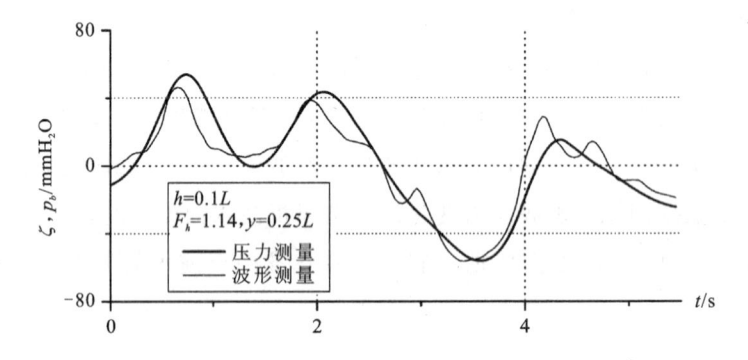

图 9.6　船模 B 兴波与水底压力变化测量结果

底压力变化,反演的结果与水底压力实验结果的比较分别见图 9.7～图 9.9,结果表明,无论是亚临界、跨临界或超临界航速,反演的水底压力计算结果与实验结果均有较好的一致性。图 9.9 中船前孤立波峰值附近反演结果有较大差别,此时船模兴波非线性效应强烈,采用线性叠加方法势必带来较大误差。

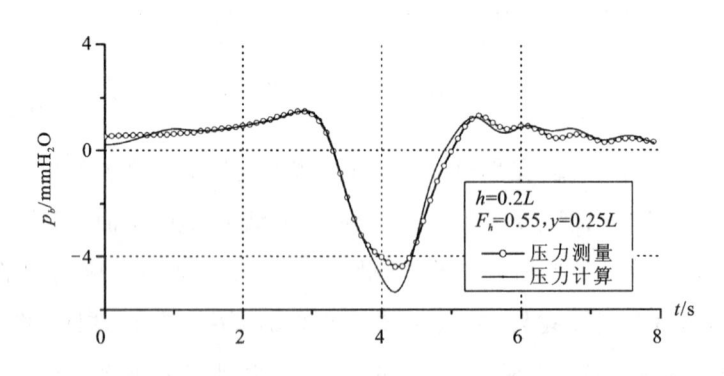

图 9.7　船模 B 水底压力测量与反演结果的比较

图 9.10、图 9.11 是船模 B 在非规则波中航行时所测量的水面波形和水底压力变化曲线。图 9.10 中 $F_h = 0.39$,处于亚临界航速状态,船模航行在 $t = 26$ s 附近遭遇波浪,由于船速较小、水深较大,船模水压场被波浪水压场掩盖,此时信噪比小。从图 9.10 还看出,随

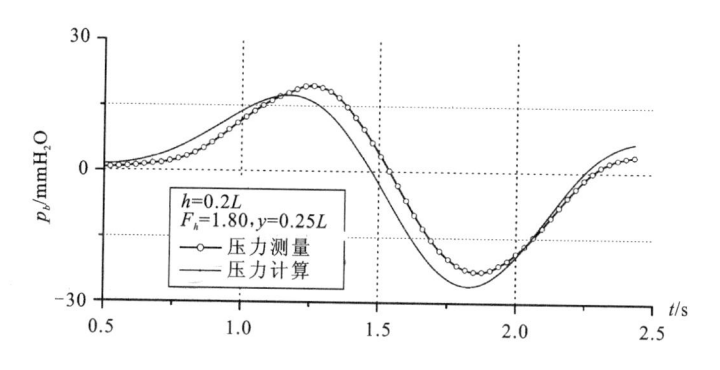

图 9.8 船模 B 水底压力测量与反演结果的比较

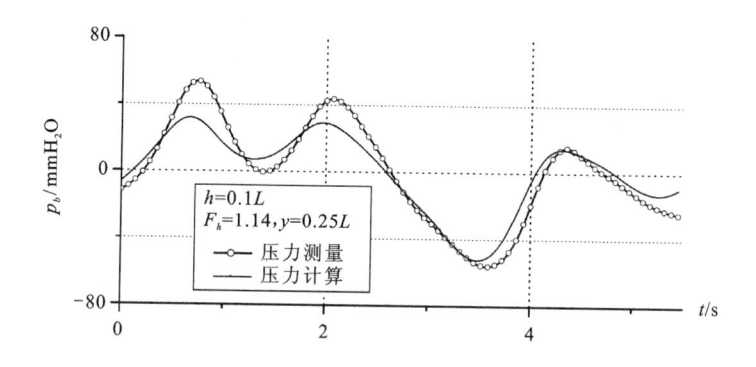

图 9.9 船模 B 水底压力测量与反演结果的比较

着时间推移,虽然水面波幅越来越大,但水底压力变化却呈逐渐减小的趋势,主要原因是波浪频率逐渐增加,导致水底压力衰减变大。图 9.11 中 $F_h=1.38$,处于超临界航速状态,船模航行在 $t=13\text{ s}$ 附近遭遇波浪,此时水面波形和水底压力均发生大幅度变化,船模水压场畸变严重。

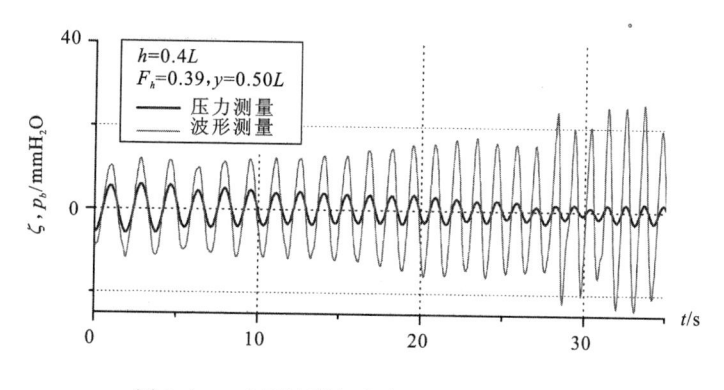

图 9.10 水面波形与水底压力变化测量结果

图 9.12 和图 9.13 是分别依据图 9.10 和图 9.11 的水面波形测量结果,反演得到的水

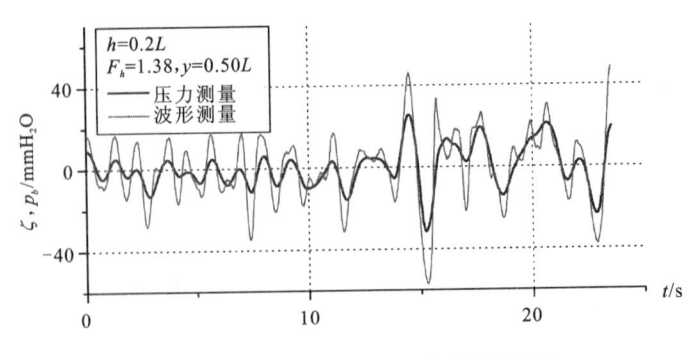

图 9.11　水面波形与水底压力变化测量结果

底压力变化与测量结果之间的比较。特别是在超临界航速状态下,尽管水面波形变化随机且剧烈,但水底压力计算与实验结果仍然吻合较好,说明线性叠加法不仅适用于舰船在波浪中以亚临界速度航行而且也适用于以超临界速度航行的情况。

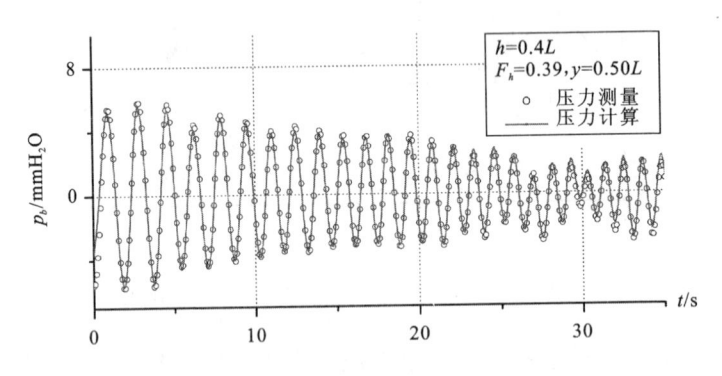

图 9.12　水底压力变化测量与反演结果比较

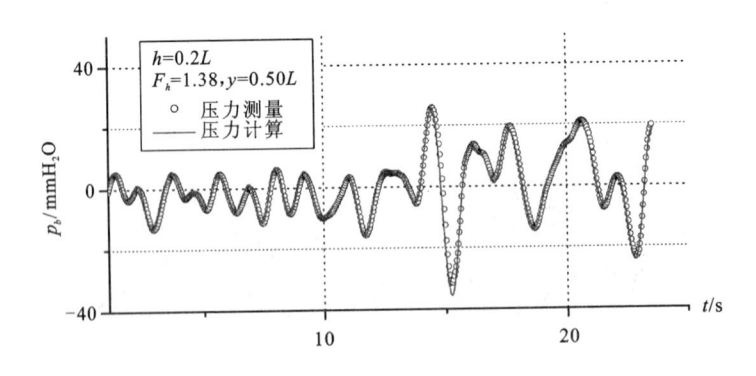

图 9.13　水底压力变化测量与反演结果比较

9.2 基于有限水深海浪谱方法

如果没有某海域固定点处的波浪测量结果,也可通过海浪谱来模拟随机海浪[7,90]。这需要预先知道当地海区的波浪谱 $S(\omega)$,将圆频率范围划分成 M 个区间,通过叠加方法得到海浪的波面方程为

$$\zeta(t) = \sum_{i=1}^{M} a_i \cos(\widetilde{\omega}_i t + \varepsilon_i) \quad (9.8)$$

组成波的波幅为

$$a_i = \sqrt{2S(\hat{\omega}_i)\Delta\omega_i} \quad (9.9)$$

式中:$\Delta\omega_i = \omega_i - \omega_{i-1}$;$\hat{\omega}_i = (\omega_i + \omega_{i-1})/2$;$\widetilde{\omega}_i, \varepsilon_i$ 分别为第 i 个组成波的代表圆频率和在 $(0, 2\pi)$ 范围内随机均布的初位相。

圆频率范围 $\omega_L \sim \omega_H$ 的选取,取决于模拟波浪的精度,一般允许高低频两侧各略去 0.2% 的总能量,或取 ω_H 为谱峰频率的 3~4 倍,这里取 $\omega_L = 0.5 \text{ rad/s}, \omega_H = 5 \text{ rad/s}$。频率区间的划分采用等分频率法,一般取 $M = 50 \sim 100$,这里取

$$M = 100, \quad \Delta\omega = (\omega_H - \omega_L)/M$$

为避免模拟的波浪以周期 $2\pi/\Delta\omega$ 重复出现,这与实际海浪不符,应在各区间内均匀随机地选取频率作为该区间的代表频率,这里代表频率 $\widetilde{\omega}_i$ 取在各相应频率区间的后半区间内,即

$$\widetilde{\omega}_i = \hat{\omega}_i + 0.5\Delta\omega \cdot \text{RAN}_i, \quad \text{其中} \quad \hat{\omega}_i = \omega_L + (i - 0.5)\Delta\omega$$

RAN_i 为在 $(0,1)$ 内均布的随机数。

类似式(9.6),得非规则波浪在水底固定点处引起的压力变化为

$$p_b(t) = \rho g \sum_{i=1}^{M} \frac{a_i}{\cosh(\hat{k}_i h)} \cos(\widetilde{\omega}_i t + \varepsilon_i) \quad (9.10)$$

式中:与圆频率 $\hat{\omega}_i$ 对应的组成波波数 $\hat{k}_i$ 仍由式(9.7)计算求得。

采用《海港水文规范》(1998)年推荐的考虑了水深影响的海浪谱[93-94],即

$$S(\omega) = 0.0109 H_s^2 T_s P \exp\left\{-95 \times \ln\left[\frac{P(5.813 - 5.137\widetilde{H})}{(6.77 - 1.088P + 0.013P^2)(1.307 - 1.426\widetilde{H})}\right]\right.$$

$$\left. \cdot (0.1751 T_s \omega - 1)^{12/5}\right\} \qquad \text{当 } 0 \leqslant \omega \leqslant 6.597/T_s \text{ 时}$$

$$S(\omega) = 0.0109 H_s^2 T_s \frac{(6.77 - 1.088P + 0.013P^2)(1.307 - 1.426\widetilde{H})}{5.813 - 5.137\widetilde{H}} \cdot \left(\frac{6.597}{T_s \omega}\right)^{(4-2\widetilde{H})}$$

$$\text{当 } \omega > 6.597/T_s \text{ 时} \quad (9.11)$$

式中:T_s, H_s 为有效波周期和波高;尖度因子 $P = 95.3 H_s^{1.35}/T_s^{2.7}$;无因次水深 $\widetilde{H} = $

$0.626H_s/h$。该谱已写成只包含波高和周期的形式,理论计算与我国不同海区实测资料结果符合较好。

基于有限水深海浪谱方法,根据式(9.11)计算了典型海况条件下的海浪谱如图9.14所示。计算取值:水深 $h = 34$ m;二级海况:$H_s = 0.9$ m,$T_s = 4.33$ s;三级海况:$H_s = 1.4$ m,$T_s = 5.11$ s;四级海况:$H_s = 1.9$ m,$T_s = 5.66$ s。根据式(9.8)~式(9.11),分别计算出典型海况非规则波浪的波形和水底的压力变化,如图9.15~图9.17所示,注意这里 p_b 单位采用 Pa。

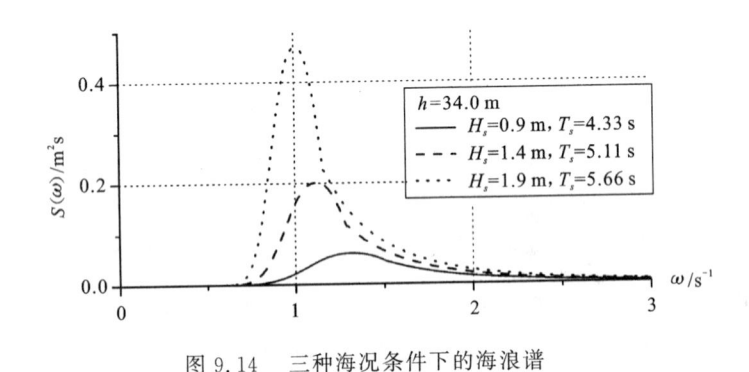

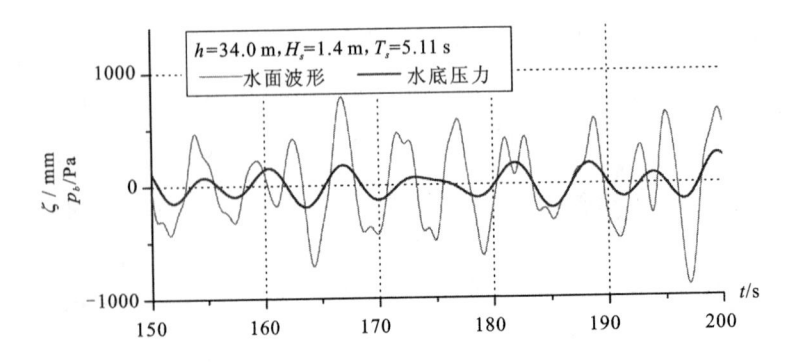

图 9.14 三种海况条件下的海浪谱

图 9.15 二级海况水面波形及其水底压力变化

图 9.16 三级海况水面波形及其水底压力变化

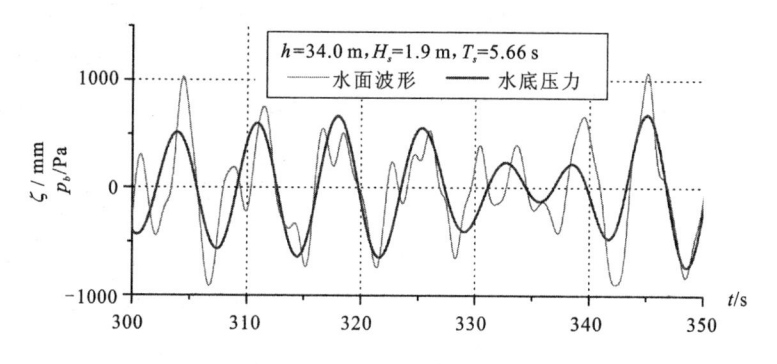

图 9.17 四级海况水面波形及其水底压力变化

引入平均波压转换函数

$$\bar{K}_p = |\bar{p}_b|/|\rho g \bar{\zeta}| = \sum_{n=1}^{N}|p_b(t_n)|/\sum_{n=1}^{N}|\rho g \zeta(t_n)|$$

取 $N=5000$, $\Delta t=0.1\text{ s}$, 波浪模拟时间为 500 s。经统计分析：本算例二、三、四级海况的 $\bar{K}_p$ 分别为 0.0292, 0.0465, 0.0764, 水底平均压力幅值变化 $|\bar{p}_b|$ 分别为：50.95 Pa, 126.91 Pa 和 274.63 Pa, 这说明海况级别越高, 波压转换函数的值就越大。

另外, 也可将海浪谱转换为压力谱：$S_p(\omega)=K_p^2 S(\omega)$, 根据压力谱分解得到各压力组成波后, 再作线性叠加得到随机海浪在水底引起的压力变化。

9.3 基于扰动速度测量方法

设舰船运动引起的流场扰动速度分量为 u_x, u_y, u_z, 根据式(1.75)可知压力系数为

$$C_p = \frac{2u_x}{V} \tag{9.12}$$

通过测量扰动速度场可以获取扰动压力变化, 式(9.12)是依据测速法换算得到舰船水压场的理论依据。为考察换算精度, 研制了一套水底扰动速度与水底压力变化的联合测量系统, 并进行了船模 A 的船池实验[89,95-96]。实验水深 $h=0.2L$, 在拖曳船模经过的一侧 $y=0.1L$ 的水底附近对应测点上, 分别安装有微差压传感器和点式流速仪, 测量点距水底高度均为 0.05 m。

实验采用的 Vectrino 小威龙点式流速仪系挪威 Nortek AS 公司研制, 其高分辨率探头利用声学 Doppler(多普勒)原理, 可以测量三维速度场。流速测量范围：$\pm 0.01 \sim \pm 4$ m/s；测量精度：测量值的 $\pm 0.5\% \pm 1$ mm/s。安装时使测速仪探头的 z_1 轴保持铅垂方向, x_1 轴和 y_1 轴可以在水平面内旋转, 当 x_1 轴、y_1 轴与船体坐标系 x 轴、y 轴相互平行时, 定义 x_1 与 x 轴之间的角度 $\alpha=0°$。图 9.18 所示是水深 Froude 数 $F_h=0.7$ 时, 船模通过测速仪测出的 3 个速度分量 u_x, u_y, u_z 随时间的变化曲线(已转换成无因次距离)。纵坐标 u 代表扰

动速度 3 个分量，单位为 m/s。横坐标为无因次纵向距离。显然，在扰动速度 3 个分量中，u_x 变化的幅值最大，u_y 变化的幅值其次，u_z 因接近水底受到壁面限制变化的幅值最小。由于 u_x，u_y 纵向通过曲线规律明显，因此其信号特征也可利用。

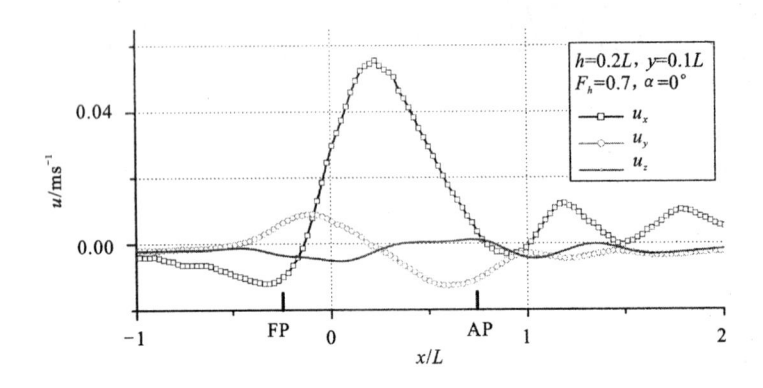

图 9.18　扰动速度分量测量结果

图 9.19 所示是将所测的 u_x 利用式(9.12)换算后再与通过直接测量压力得到的压力系数进行的比较，两者有较好的吻合，这说明通过测速方法换算得到舰船水压场是行之有效的。在实际海洋中使用测速仪时，考虑到舰船航向相对于测速探头的不确定性，例如设舰船上的 x 轴与测速仪探头的 x_1 轴成 α 角，如图 9.20 所示。则此时测速仪测得的速度分量 u_{x_1}，u_{y_1} 和 $\alpha = 0$ 时的速度分量 u_x，u_y 之间应满足如下换算关系

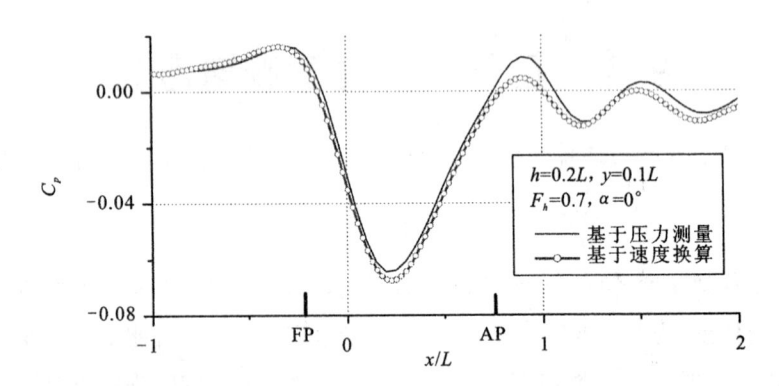

图 9.19　基于速度测量结果换算的压力系数比较

$$u_x = u_{x_1} \cos\alpha - u_{y_1} \sin\alpha \tag{9.13}$$
$$u_y = u_{x_1} \sin\alpha + u_{y_1} \cos\alpha \tag{9.14}$$

在 $\alpha = 30°$ 时实验测得的速度分量为 u_{x_1}，u_{y_1}，通过式(9.13)、式(9.14)计算得到 $\alpha = 0°$ 的速度分量 u_x，u_y，然后再与 $\alpha = 0°$ 的实验结果进行对比，两者之间吻合良好，如图 9.21 所示。说明测速仪探头布放于水底后，通过一次船模实验结果即可换算得到其他航向的速度分量，这为舰船目标的探测、定位和实际应用提供了便利条件。

船模实验根据相似理论在拖曳船池内进行，船模和实船之间除了满足几何相似外，

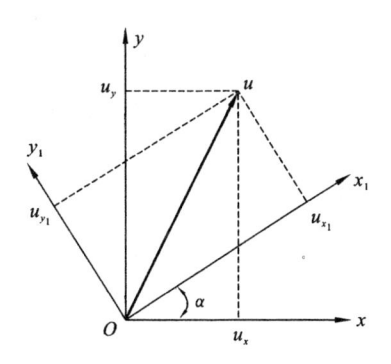

图 9.20 速度分量的换算坐标系

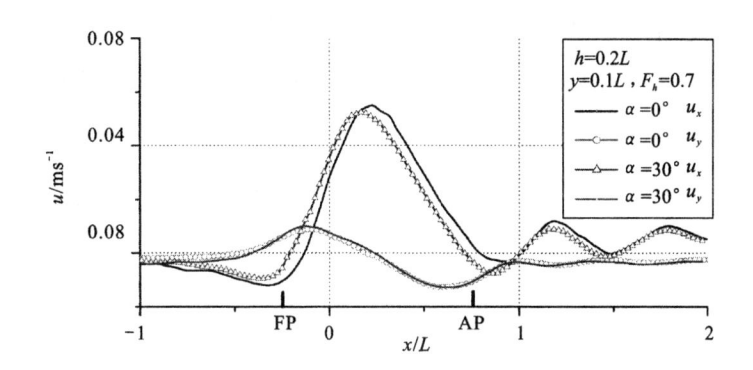

图 9.21 速度分量换算之后的比较

还需满足重力相似准则。根据式(8.3)可知,$\Delta p_m = \Delta p_n / C_l$,其中 Δp_m,Δp_n 分别为船模和实船引起的扰动压力变化,C_l 是实船与船模的几何尺度比。由于船模运动引起的压力变化微小,仅为实船的 $1/C_l$,为提高测量精度,实验需采用高精度微差压传感器,通过水深静压平衡系统补偿背景压力,使得测量结果仅为船模运动引起的水底动压变化。采用上述直接法测量舰船水压场,由于变水深实验时需要不断精细地调整静压平衡系统,而且所测得的压力变化仅是数量大小,因此存在使用不便以及船模目标特性信息量不足等问题。

对水面舰船通过相似理论分析,扰动速度之间应满足

$$u_m = u_n / \sqrt{C_l} \tag{9.15}$$

式中:u_m,u_n 分别为船模和实船引起的扰动速度分量。

由式(8.3)和式(9.15)可知,如果 $C_l = 64$,则船模的扰动压力为实船的 1/64,而船模的扰动速度为实船的 1/8,可见相比较压力测量而言,在船池实验中采用速度测量法更为有利。

开展非规则波浪和航行舰船在水底引起的压力场的测量工作,因压力测试系统需要布放于水底,因而具有布放回收、测量体精确定位以及数据传输等诸多困难。而海浪

测量可以采用浪高仪等观测仪器,因其布放于水面所以相对于水底压力测量具有更加灵活方便的特点。基于扰动速度的间接测量方法利用纵向扰动速度分量也可以换算得到舰船水压场,而横向扰动速度分量可以提供舰船目标的更多信息,有利于舰船的识别和定位。

根据海浪谱、水面波形和速度场可以获取舰船在水底引起的压力变化特性。通过有限水深海浪谱模拟随机海浪分布,从而获取随机海浪水底压力变化的统计特性;通过水面波形测量结果反演水底压力变化,该方法不仅适用于规则波与非规则波,而且适用于舰船兴波以及舰船在非规则波中的航行情况,由于仅需在水面安装浪高测量系统,相较于传统的压力直接测量法和扰动速度测量法具有更加便利的优点。

本章在压力直接测量法基础上,建立了基于表面波高和扰动速度间接获取舰船水压场的理论反演模型,利用研制的浪高-压力场和速度-压力场测试系统,通过船模实验验证了所提出的两种方法效果良好,为舰船水压场的获取开辟了新的技术途径。

第10章 舰船水压场预报软件的实现及其应用

10.1 舰船水压场预报软件的实现

10.1.1 软件功能

基于第4、5章有限水深舰船水压场理论模型和计算方法,用VC++语言编制了舰船水压场预报软件[46,47,97]。利用该软件,可以计算亚临界和超临界航速时的水压场。水压场的计算域:纵向 $x=-3L\sim 3L$,横向 $y\geqslant 0$(因为对称性,只考虑一半区域),垂向 $z=-h$(水深 h 可任意取值)。

软件界面如图10.1所示,输入相应的船型参数(包括船长、船宽和吃水深度)和计算参数(包括水深、航速和横距),根据需要设定网格线、纵轴过零线、x 轴范围,选取余项截断法或Laguerre积分法,就可直观地计算出水压场曲线。计算结果可采用无因次压力系数或实际压力值显示。根据设定的横距 y 值,可以得到不同横距的水压场曲线。采用Laguerre积分法计算速度快,但远场计算精度不够,主要用于快速预判舰船水压场的近场特性;采用余项截断法计算速度慢,但整体计算精度高,可用于各段水压场的精细研究。计算所需时间也可在软件界面上显示。

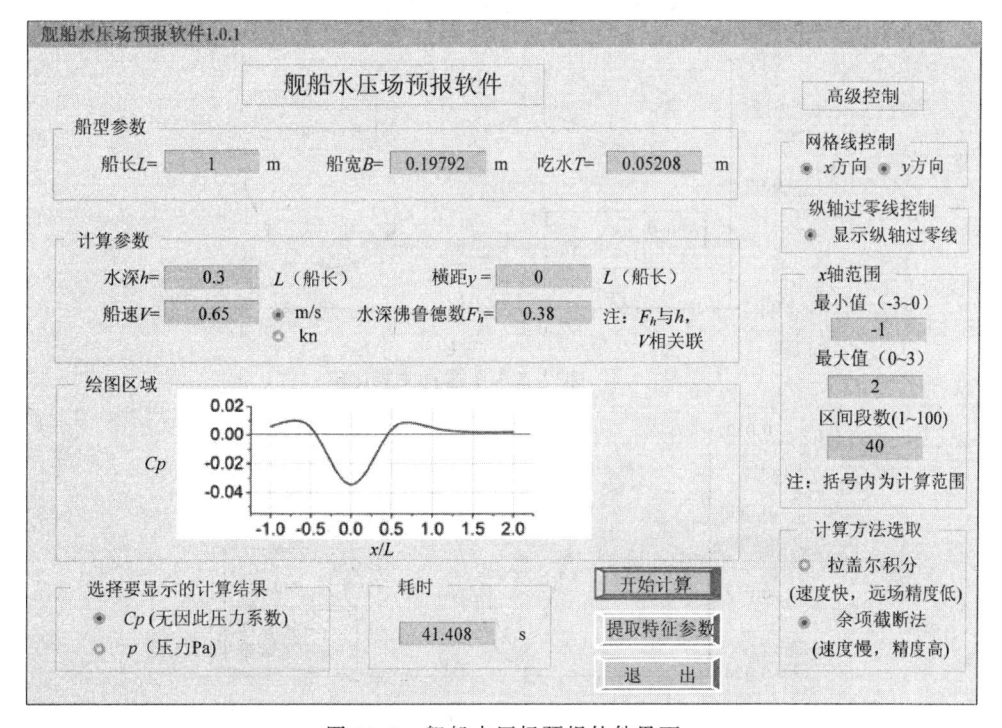

图10.1 舰船水压场预报软件界面

10.1.2 结果验证

利用船模 B 水压场实验结果对预报软件计算精度进行验证。基于有限水深舰船水压场理论模型得到的计算结果与实验结果符合良好,如图 10.2～图 10.5 所示。

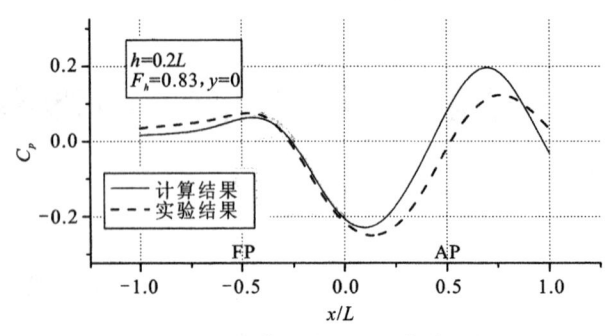

图 10.2 船模 B 水压通过曲线比较

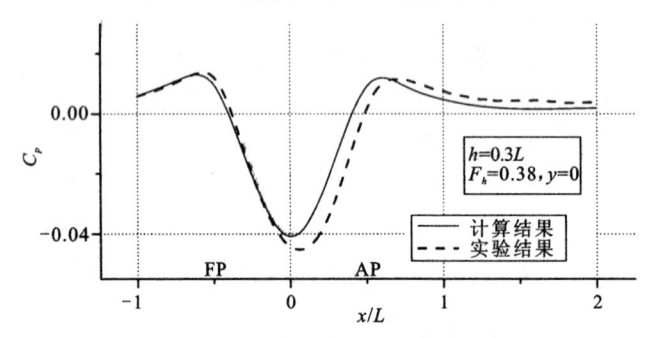

图 10.3 船模 B 水压通过曲线比较

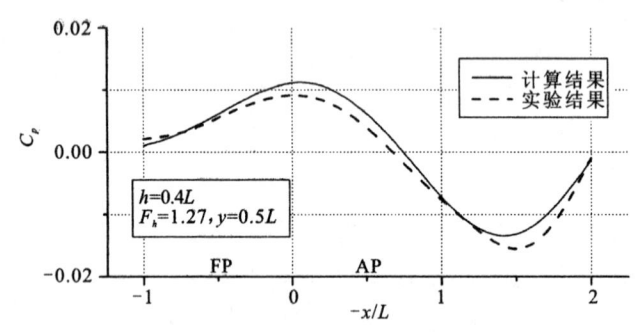

图 10.4 船模 B 水压通过曲线比较

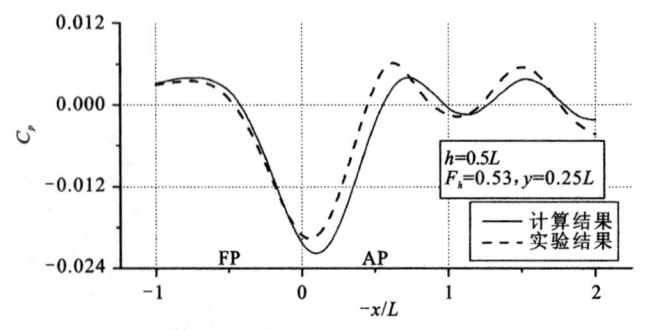

图 10.5 船模 B 水压通过曲线比较

10.2 舰船水压场预报软件的应用

10.2.1 负压延时预报

水雷水压引信通常采用负压延时组合来设计[98-100],即根据舰船水压场变化,设定水雷负压阈值(记为 Δp)及其持续时间(记为 t_p)。利用该软件,可以预先计算不同水深、不同航速下特定舰船的水压场曲线,并提取水压场特征值。图 10.6～图 10.9 所示是利用本软件在水深和负压阈值分别为 $h=0.2L$,$\Delta p=-98$ Pa;$h=0.3L$,$\Delta p=-98$ Pa;$h=0.4L$,$\Delta p=-392$ Pa 和 $h=0.5L$,$\Delta p=-392$ Pa 条件下计算得到的负压持续时间和航速的对应关系曲线。

对于给定的负压阈值和航速,可以得到对应的负压持续时间,便于水压引信的设计。通过观察图 10.6～图 10.9,发现计算结果与实验结果整体趋势变化一致。在实用中,可以给定一个安全系数,或者与实验结果相结合,进一步修正计算结果。

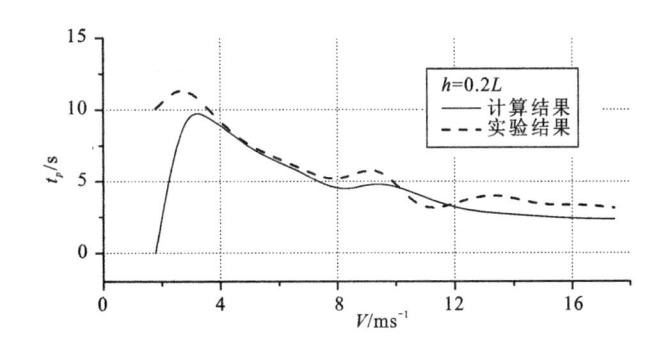

图 10.6　$\Delta p=-98$ Pa 时的负压延时与航速的关系

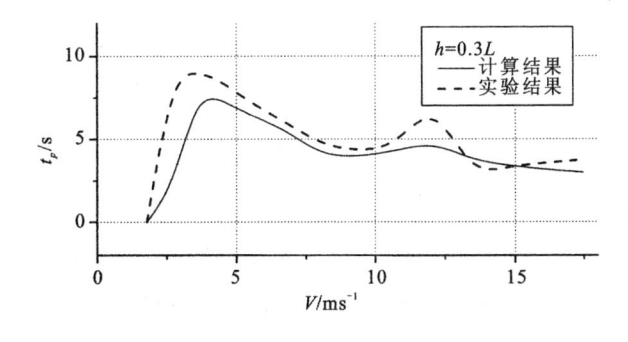

图 10.7　$\Delta p=-98$ Pa 时的负压延时与航速的关系

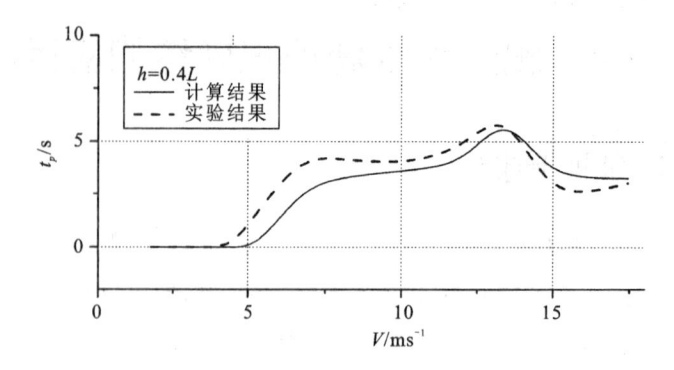

图 10.8　$\Delta p = -392$ Pa 时的负压延时与航速的关系

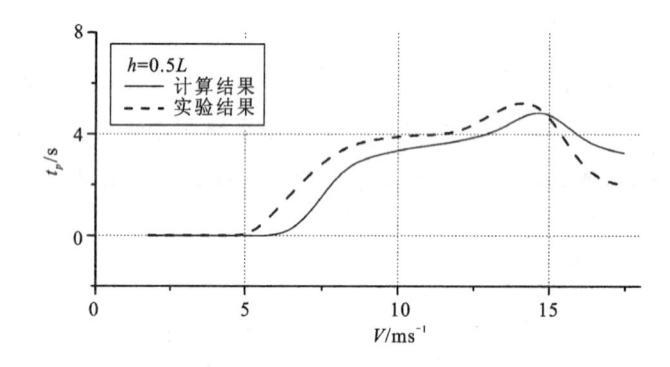

图 10.9　$\Delta p = -392$ Pa 时的负压延时与航速的关系

10.2.2　危险航速预报

对于舰船自身防护而言,舰船在通过雷区时可以根据当地海区的水深和船型参数,利用水压场软件,快速计算出在不同航速时的水压场特性曲线,针对不同的水雷水压引信动作参数,计算出舰船通过雷区的危险航速曲线,再根据危险航速曲线选择相对安全的速度航行[46,48,101-102]。

已知美国 A-6 水雷水压引信最高灵敏度采用负压阈值 -196 Pa 和延迟时间 5 s 组合,意大利 MR-80 水雷最高灵敏度采用负压阈值 -58.8 Pa 和延迟时间 4 s 组合。针对这两种水压引信参数组合,计算得到的某船危险航速曲线如图 10.10 所示。在实际应用时,根据水深数值在图中向上作垂线,与曲线相交,其交点所对应的航速即为水压引信参数组合对应的舰船危险航速的临界值,舰船以低于此临界值的速度航行是安全的。

利用所编制的计算软件获取的舰船水压场曲线与模型实验结果符合较好。在给定水深和负压阈值条件下,计算得到的负压时间,也和实际情况比较一致。在设计负压及其延

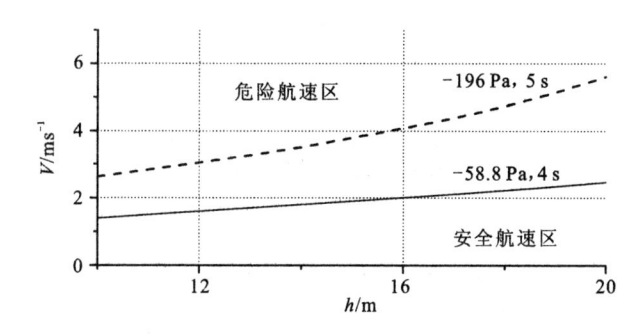

图 10.10　舰船通过雷区危险航速预报结果

时组合水压引信时,可以预先计算不同海域、不同航速条件下特定舰船的水压场,通过提取相关特征后可以优化水压引信动作参数的设置,以便有选择性地打击某类舰船目标。针对不同灵敏度的水压引信,可以预先确定舰船在不同海域航行时的危险航速,通过在雷区限速航行以实现舰船的自身防护。

参 考 文 献

[1] Jiang. T. Ship waves in shallow water[M]. Germany: Fortschritt-Berichte VDI, Series 12, No. 466, 2001.

[2] 张志宏,顾建农. 流体力学[M]. 北京:科学出版社,2015.

[3] 张兆顺,崔桂香. 流体力学[M]. 第二版. 北京:清华大学出版社,2006.

[4] Chen. X. N. Hydrodynamics of wave-making in shallow water[M]. Germany Aachen: Shaker Verlag, 1999.

[5] 刘应中. 船舶兴波阻力理论[M]. 北京:国防工业出版社,2003.

[6] 张志宏. 亚临界和超临界航速舰船水压场研究及其工程应用[D]. 武汉:海军工程大学博士学位论文,2003.

[7] 林春生,龚沈光. 舰船物理场[M]. 第二版. 北京:兵器工业出版社,2007.

[8] 郑学龄. 浅水舰船水压场的一种新算法[J]. 水中兵器,1986,(2):10-21.

[9] 邱永寿,唐俊. 浅水中跨临界绕流水压场的换算问题[J]. 海工学报,1987,(4):45-47.

[10] 徐德耀. 浅水舰船水压场控制方程和相似律[J]. 水中兵器,1986,(2):22-28.

[11] 徐德耀. 超临界航速舰船水压场相似律及其特性分析[J]. 水中兵器,1989,(3):11-14.

[12] 郑学龄. 舰船水压场的相似性及换算[J]. 水中兵器,1989,(3).

[13] Tuck. E. O. Shallow-water flows past slender bodies[J]. Journal of Fluid Mechanics. 1966,26(1):81-95.

[14] Beck. R. F, Newman. J. N, Tuck. E. O. Hydrodynamic forces on ships in dredged channels[J]. Journal of Ship Research,1975,19(3):166-171.

[15] Beck. R. F. Forces and moments on a ship moving in a shallow channel[J]. Journal of Ship Research,1977,21(2):107-119.

[16] Gourlay. T. Mathematical and computational techniques for predicting the squat of ships[D]. Australia:Ph. D. thesis,Dept. Applied Mathematics,University of Adelaide,2000.

[17] Gourlay. T. Slender-body methods for predicting ship squat[J]. Ocean Engineering,2008,35(2):191-200.

[18] Gourlay. T,Tuck. E. O. The maximum sinkage of a ship[J]. Journal of Ship Research,2001,45(1):50-58.

[19] 孙帮碧. 浅水舰船水压场特性研究[D]. 武汉:海军工程大学硕士学位论文,2013.

[20] 孙帮碧,张志宏,刘巨斌,邓辉. 浅水航道舰船水压场理论解及其计算[J]. 舰船科学技术,2014,36(4):17-21.

[21] Zhihong. Zhang,Hui. Deng,Chong. Wang. Analytical models of hydrodynamic pressure field causing by a moving ship in restricted waterways[J]. Ocean Engineering,2015,106:563-570.

[22] 张志宏. 舰船水压场的理论和实验研究[D]. 武汉:海军工程学院硕士学位论文,1989.

[23] 张志宏,郑学龄,邱永寿. 狭窄航道舰船水压场的计算[J]. 海军工程学院学报,1988,(3):65-73.

[24] Mei. C. C. Flow around a thin body moving in shallow water[J]. Journal of Fluid Mechanics, 1976(77):737-751.

[25] 张志宏,顾建农.浅水高速船舶引起的波浪和压力场研究[J].船舶力学,2006,10(2):15-22.

[26] 张志宏,顾建农,郑学龄,龚沈光.航行船舶在浅水水底引起的压力变化[J].中国造船,2002,43(2):9-14.

[27] 张志宏,顾建农,郑学龄,龚沈光.有限水深船舶水压场的实验研究[J].水动力学研究与进展(A辑),2002,17(6):720-728.

[28] 邓辉,张志宏,刘巨斌,顾建农.浅水亚临界航速舰船水压场数值计算方法研究.[J] 应用数学和力学,2013,34(8):846-854.

[29] 邓辉,张志宏,刘巨斌,顾建农.考虑非线性效应的浅水亚临界航速船舶水压场数值计算与分析[J].中国造船,2014,55(1):11-18.

[30] Chen. X. N, Sharma. S. D. A slender ship moving at a near-critical speed in a shallow channel[J]. Journal of Fluid Mechanics ,1995,291:263-285.

[31] 邓辉,张志宏,顾建农,刘巨斌.浅水超临界航速舰船水压场数值计算[J].船舶力学,2015,(1):1-6.

[32] 张志宏,龚沈光,郑学龄.超临界航速船舶水压场[J].海军工程大学学报,2000,(2):28-31.

[33] Deng. H, Zhang. Z. H, Liu J. B, Gu. J. N. Nonlinear effects on hydrodynamic pressure field caused by ship moving at supercritical speed in shallow water[J]. Ocean Engineering,2014,82(5):144-149.

[34] Deng. H, Zhang. Z. H, Gu. J. N, Liu. J. B. Hydrodynamic pressure field caused by ship sailing nearm coast[J]. Journal of Coastal Research,2016,Doi:10.2112/JCOASTRES-D-14-00235.

[35] Müller. E. Analysis of the potential flow field and of ship resistance in water of finite depth[J]. I. S. P,1985,(32):266-277.

[36] Baar. J. J. M, Price. W. G. Evaluation of the wavelike disturbance in the Kelvin wave source potential [J]. Journal of Ship Research,1988,32(1):44-53.

[37] Doctors. L. J, Beck. R. F. Numerical aspects of the Neumann-Kelvin problem[J]. Journal of Ship Research,1987,31(1):1-13.

[38] Newman. J. N. Evaluation of the wave-resistance Green function: Part 1-the double integral[J]. Journal of Ship Research,1987,31(2):79-90.

[39] Noblesse F. The fundamental solution in the theory of steady motion of a ship[J]. Journal of Ship Research,1977,21(2):82-88.

[40] Endo. H. Numerical evaluation of principal value integral by Gauss-Laguerre quadrature[J]. Journal of AIAA,1983,21(1):149-151.

[41] Endo. H. Shallow-water effect on the motions of three-dimensional bodies in waves[J]. Journal of Ship Research,1987,31(1):34-40.

[42] 陶建华,吴岩.三维布源法计算大尺度物体波浪力中奇点积分的处理[J].水动力学研究与进展,1987,2(4):16-22.

[43] 李世谟.兴波理论基础[M].北京:人民交通出版社,1986.

[44] 刘应中,缪国平.海洋工程水动力学基础[M].北京:海洋工程出版社,1991.

[45] Abramowitz. M, Stegun. I. A. Handbook of mathematical functions[M]. New York: Dover publications, inc.,1972.

[46] 缪涛. 舰船通过雷区危险航速预报模型研究[D]. 武汉:海军工程大学硕士学位论文,2008.

[47] 缪涛. 有限水深舰船在规则波中航行的表面波形和水底压力变化研究[D]. 武汉:海军工程大学博士学位论文,2012.

[48] 缪涛,张志宏,顾建农. 浅水低速舰船通过雷区危险航速的预报模型[J]. 舰船科学技术,2008,30(5):125-127.

[49] 缪涛,张志宏,顾建农,刘巨斌. 基于开尔文源面元法的有限水深兴波阻力计算[J]. 华中科技大学学报(自然科学版),2011,39(8):58-61.

[50] 缪涛,张志宏,顾建农,刘巨斌,王冲. 有限水深 Kelvin 源格林函数及其导数的快速计算[J]. 海军工程大学学报,2012,24(1):45-51.

[51] 缪涛,张志宏,顾建农,刘巨斌,王冲. 面元法求解有限水深船舶兴波及水底压力变化[J]. 计算力学学报,2012,29(3):464-469.

[52] 缪涛,张志宏,刘巨斌,顾建农,王冲. 时域 Rankine 源法求解有限水深船舶在规则波中的水底压力变化[J]. 计算力学学报,2013,30(6):834-840.

[53] 缪涛,张志宏,王冲,顾建农. 有限水深双船航行水底压力计算与实验研究[J]. 华中科技大学学报(自然科学版),2012,40(9):128-132.

[54] 张志宏,缪涛,顾建农,刘巨斌. 规则波中航行船舶引起的表面波形及水底压力[J]. 华中科技大学学报(自然科学版),2013,41(11):91-96.

[55] Yang. Q. Z. Wash and wave resistance of ships in finite water depth[D]. Trondheim:Department of Marine Hydrodynamics, Norwegian University of Science and Technology,2002.

[56] Yang. Q. Z, Faltinsen. O. M, Zhao R. Green function of steady motion in finite water depth[J]. Journal of Ship Research,2006,50(2):120-137.

[57] Dahlouist. G. B. A, Anderson. N. Numerical method[M]. Englewood Cliffs, New Jersey:Prentice-Hail Inc,1974.

[58] Erdelyi. A. Asymptotic expansions[M]. New York:Dover Publications,1950.

[59] Monacella. V. J. The disturbance due to a slender ship oscillating in waves in a fluid of finite depth[J]. Journal of Ship Research,1966,10:242-252.

[60] Lunde. J. K. On the linearized theory of wave resistance for displacement ships in steady and accelerated motion[J]. Trans SNAME,1951,59:25-76.

[61] Brard. R. The representation of a given ship form by singularity distribution when the boundary condition on free surface is linearized[J]. Journal of Ship Research,1972,16(1):79-92.

[62] 戴遗山,段文洋. 船舶在波浪中运动的势流理论[M]. 北京:国防工业出版社,2008.

[63] 刘应中,缪国平. 船舶在波浪中的运动理论[M]. 上海:上海交通大学出版社,1987.

[64] Hess. J. L, Smith. A. M. O. Calculation of non-lifting potential flow about arbitrary three-dimensional bodies[J]. Journal of Ship Research,1964,8(2):22-44.

[65] 宋竞正,段文洋,邹元杰,等. 高斯求积在三维分布源法中的应用[J]. 哈尔滨工程大学学报,2002,23(1):15-19.

[66] Helte. A. Computation of the pressure field around a underwater vehicle by a boundary integral method[R]. PB2002-100697/XAB.

[67] Lillberg. E, Alin. N, Fureby. C. Pressure distributions around submarines and ship hulls[R].

PB2002-100709/XAB.

[68] 张志宏,顾建农,郑学龄,龚沈光.水下航行体引起水底压力变化的算方法[J].武汉理工大学学报(交通科学与工程版),2004,28(2):155-158.

[69] 金永刚,张志宏,顾建农,缪涛.大深度水下航行体引起的水底压力变化[J].武汉理工大学学报(交通科学与工程版),2013,37(5):1098-1101.

[70] 黎昆.舰船与波浪水压场特性及相互作用初步研究[D].武汉:海军工程大学硕士学位论文,2010.

[71] 黎昆,张志宏,顾建农,缪涛.利用面元法计算舰船在水底引起的压力分布[J].海军工程大学学报,2011,23(1):43-46.

[72] 黎昆,张志宏,顾建农,缪涛.利用面元法计算潜艇在水底引起的压力分布[J].舰船科学技术,2014,36(2):29-32.

[73] 王鲁峰.带附体潜艇水压场特性研究[D].武汉:海军工程大学硕士学位论文,2012.

[74] 王鲁峰,张志宏,顾建农,缪涛.带附体水下航行体近底运动时引起的压力变化[J].海军工程大学学报,2012,24(6):58-64.

[75] Groves. N. C, Huang. T. T, Chang. M. S. Geometric characteristics of DARPA models[R]. Bethesda: David Taylor Research Center, 1989.

[76] Huang. T. T, Liu. H. L, Groves. N. C. Experiments of the DARPA SUBOFF program[R]. Bethesda: David Taylor Research Center, 1989.

[77] Alin. N, Fureby. C. LES of the flow past simplified submarine hulls[C]. The 8th international conference on numerical ship hydrodynamics. Busan, Korea, 2003: 22-25.

[78] Huang. T. T, Liu. H. L, Groves. N. C. Measurements of flows over an axisymmetric body with various appendages in a wind tunnel[C]. Proceedings of 19th symposium on naval hydrodynamics. Seoul, Korea: National Academy Press, 1994: 321-346.

[79] Huang. T. T, Wong. K. K. The dynamic pressure trace at the sea bottom created by a ground effect machine[R]. Hydronautics, incorporated technical report 505-1, 1966.

[80] Huang. T. T, Wong. K. K. Disturbance induced by a pressure distribution moving over a free surface [J]. Journal of Ship Research, 1970, 14 (3), 195-203.

[81] Sahin. I, Hyman. M. C. Hydrodynamics of a moving surface pressure distribution on a finite-depth fluid[J]. Ocean Engineering, 2001, 28(12): 1621-1630.

[82] 郑学龄,张志宏,周志兵.全垫升气垫船水压场分布特性及其计算方法[J].水中兵器,1993,(3):57-62.

[83] 周志兵.气垫船水压场的理论和实验研究[D].武汉:海军工程学院硕士学位论文,1991.

[84] 周志兵,郑学龄.气垫船水压场的理论计算和实验研究[J].海军工程学院学报,1991,(3):60-67.

[85] 顾建农,张志宏,郑学龄.水压场信息处理系统[J].海军工程学院学报,1998,(1):39-43.

[86] 王冲,张志宏,刘巨斌,顾建农.亚临界航速时双船水压场数值计算与实验研究[J].海军工程大学学报,2015(2):51-56.

[87] 张万平,张志宏,顾建农,王家楣.表面波引起的水底压力脉动[J].武汉理工大学学报(交通科学与工程版),2005,29(1):87-90.

[88] 张志宏,顾建农,缪涛,王冲.基于表面波形获取水底压力的计算方法及其实验验证[J].大连海事大学学报,2009,35(1):1-4.

[89] 张志宏,王冲,顾建农,缪涛,邓辉.舰船水压场实验的新方法[J].武汉理工大学学报,2012,36(3):567-570.

[90] 俞聿修.海浪的数值模拟[J].大连工学院学报,1981,20(2):84-90.

[91] 俞聿修.随机波浪及其工程应用[M].大连:大连理工大学出版社,2000.

[92] 张宁川,俞聿修.三维随机波列的数值反演[J].水动力学研究与进展,1998,13(2):221-228.

[93] Wen S C,Guan C L,Sun S C,et al. Effect of water depth on wind-wave frequency spectrum:Spectral form[J]. Chinese Journal of Oceanology and Limnology,1996,14(2):97-105.

[94] 文圣常,张大错,郭佩芳等.改进的理论风浪频谱[J].海洋学报,1990,12(3):271-283.

[95] 顾建农,张志宏,王冲,缪涛,田雪冰.基于扰动压力与速度测量水中目标航向与航速的方法[J].舰船科学技术,2012,34(5):47-50.

[96] 王冲,张志宏,顾建农,缪涛.浅水舰船引起水底附近的扰动速度研究[J].计算力学学报,2011,28(3):488-492.

[97] 王冲,张志宏,缪涛,顾建农.基于Kelvin源格林函数的船舶水压场的预报软件实现及其应用[J].海军工程大学学报,2016(4):11-15.

[98] 张志宏.关于舰船对水压水雷的防护问题[J].水雷战与舰船防护,1994(1):50-52.

[99] 张志宏.水压引信动作参数的设定[J].水中兵器,1994(3):2-4.

[100] 张志宏,郑学龄.舰船水压场负压区的快速估算[J].海军工程学院学报,1994(2):34-37.

[101] 铃木胜雄.航行船舶引起海底压力变化的确定[J].关西造船协会志,1992(9):181-191.

[102] 张志宏,顾建农,郑学龄.舰船通过水压水雷区危险航速的确定[J].水中兵器,1998,(3).